U0453002

厦门大学
哲学社会科学繁荣计划
2011—2021

■ 国家社科基金项目"社会质量视角下的农民工市民化研究"（15BSH070）结项成果

■ 本书受厦门大学哲学社会科学繁荣计划的资助

厦门大学公共事务学院文库

SHEHUI ZHILIANG YU SHIMINHUA
Shehui Zhiliang Yu Shiminhua

社会质量与市民化

徐延辉 著

中国社会科学出版社

图书在版编目（CIP）数据

社会质量与市民化 / 徐延辉著 . —北京：中国社会科学出版社，2019.11

ISBN 978-7-5203-5394-6

Ⅰ.①社… Ⅱ.①徐… Ⅲ.①民工—城市化—研究—中国 Ⅳ.①D422.64

中国版本图书馆 CIP 数据核字（2019）第 229048 号

出 版 人	赵剑英
责任编辑	孔继萍
责任校对	夏慧萍
责任印制	郝美娜

出　　版	中国社会科学出版社
社　　址	北京鼓楼西大街甲 158 号
邮　　编	100720
网　　址	http://www.csspw.cn
发 行 部	010-84083685
门 市 部	010-84029450
经　　销	新华书店及其他书店
印刷装订	北京市十月印刷有限公司
版　　次	2019 年 11 月第 1 版
印　　次	2019 年 11 月第 1 次印刷
开　　本	710×1000　1/16
印　　张	21
插　　页	2
字　　数	283 千字
定　　价	118.00 元

凡购买中国社会科学出版社图书，如有质量问题请与本社营销中心联系调换
电话：010-84083683
版权所有　侵权必究

厦门大学公共事务学院文库

编委会

（由学院学术委员会成员组成）

主　编　　陈振明

编　委　　朱仁显　李明欢　陈炳辉　卓　越
　　　　　胡　荣　黄新华

总　序

公共事务是一个涉及众多学科的重大理论与实践领域，既是政治学与行政学（或公共管理学）的研究对象，也是法学、社会学和经济学等学科研究的题中之义。公共事务研究是国家的一个重大战略要求领域。随着全球化、市场化、信息化以及数据化、网络化和智能化时代的来临，当代国内外公共事务的理论和实践都发生了深刻变化；我国改革开放和现代化建设亟须公共事务及其管理的创新研究。党的十八届三中、四中全会分别做出了《中共中央关于全面深化改革若干重大问题的决定》和《中共中央关于全面推进依法治国若干重大问题的决定》，提出了"推进国家治理体系和治理能力现代化"以及依法治国的改革总目标。

全面深化改革，国家治理现代化，依法治国，决策的科学化民主化，都迫切需要公共事务和管理理论的指导及其知识的更广泛应用。这为中国公共事务研究提供了前所未有的发展机遇。改革与发展中的大量公共管理与公共政策问题需要系统研究，国家治理的实践及其经验需要及时总结。新形势要求我们迅速改变公共事务及其管理研究滞后于实践发展的局面，推动中国公共事务及其管理的理论创新，以适应迅速变化着的实践发展需要。这是我们继续出版《厦门大学公共事务学院文库》这套丛书的初衷。

厦门大学政治学、行政学和社会学学科具有悠久的历史。早在20世纪20年代中期，我校就设立了相关的系科，中间几经调整分合及停办。20世纪80年代中期，作为国内首批恢复政治学与行政学学科的重点综合性大学之一，我校复办政治系，不久更名为"政治学与行政学系"，随后社会学系也复办了。2003年，由我校的政治学与行政学系、社会学系和人口研究所三个单位组建了公共事务学院，2012年学校又批准成立了公共政策研究院。

经过三十年的发展，我校的公共管理与公共政策、政治学和社会学等学科已经取得了长足的发展，迈进了国内相关学科的前列。学院及研究院拥有公共管理、政治学两个一级学科博士点和博士后科研流动站，人口、资源与环境经济学二级学科博士点（国家级重点学科），社会学二级博士点和博士后科研流动站，公共管理硕士（MPA）和社会工作两个专业学位，"行政管理"国家级特色专业，公共管理、政治学和社会学3个福建省重点学科，厦门大学"985工程"及一流学科建设项目——公共管理重点学科建设平台，福建省2011协同创新中心——"公共政策与地方治理协同创新中心"，福建省文科重点研究基地——"厦门大学公共政策与政府创新研究中心"和福建省人文社科研究基地——"厦门大学公共服务质量研究中心"以及多个人才创新或教学团队。此外，学院还建立了设备先进的公共政策实验室。

本学院及研究院已形成一支包括多名教育部"长江学者"特聘教授或讲座教授及中组部"万人计划"人才在内的以中青年教师为主、专业结构比较合理、创新能力较强的人才团队，并形成了包括公共管理理论、公共政策分析、政府改革与治理、公共服务及其管理、公共部门绩效管理、人才发展战略、社会管理及社会保障、国家学说、新政治经济学、政治社会学、社会性别与公共事务在内的多个有特色和优势的研究领域或方向。

作为厦门大学公共事务学院和公共政策研究院以及"厦门大学

哲学社会科学繁荣计划"和 2011 省级协创中心等项目或平台的研究成果，《厦门大学公共事务学院文库》围绕公共事务及其管理这一核心，遴选我院教师的各种项目研究成果以及优秀博士论文汇集出版，旨在显示近年来我院公共事务及相关学科的研究进展，加强与国内外学界的交流，推进我国公共事务及相关学科的理论创新与知识应用。

陈振明

于 2016 年 8 月 28 日

序

农民工市民化既是新型城镇化背景下亟待化解的政策难题，又是学术研究的重要议题。加强农民工市民化的理论和政策研究，不仅有助于丰富农民工市民化研究的理论视角，而且有助于农民工实现"城市梦"，最终促进新型城镇化战略目标的达成。本书从社会质量视角审视我国的农民工市民化问题，利用作者主持的"城市工作人员生活状况调查"问卷数据及访谈资料，采用混合研究设计，以量化研究和质性研究相结合的方法，探究了农民工市民化的内涵、进程测度、影响因素以及社会政策建构。

在已有研究的基础上，本书将农民工市民化界定为一个农民工转变为市民的过程，这个过程是农民工适应城市生活方式、发展出相应能力、获得市民资格，最终实现由农村居民向城市居民的实质性转变的过程，这一过程涉及经济生活、工作状况、生活保障、社会关系和心理认同五个方面的重要转变。本书从这五个维度出发，采用客观构权法，构建了一个农民工市民化进程的综合指数，测得厦门、深圳、苏州、东莞四个城市农民工总体市民化进程指数为0.563，达到"半市民化"水平。其中生活保障维度市民化水平最高，工作状况维度次之，位列三四位的是心理认同和经济生活维度，社会关系市民化程度最低。

对于农民工市民化较低水平原因的剖析，以往的研究集中在制度政策、农民工较低的人力资本和社会资本存量等方面。本书利用回归分析和相关分析等方法，从社会质量角度探索农民工市民化的影响因素，并引入社区公民身份和社会弹性理论，深入讨论了农民工参与城市社区生活状况及其应对城市生活风险的能力对于市民化进程的影响。所谓社会质量，指的是公民在那些能够提升个人潜能和福利水平的条件下，参与共同体的经济和社会生活的程度，包括社会经济保障、社会凝聚、社会包容、社会赋权四个条件性因素。

本书的数据分析结果显示，社会经济保障水平越高，农民工市民化水平就越高；社会越是团结，即农民工社会信任水平越高、越是具有利他主义倾向，其市民化水平就越高；社会包容程度越差，即农民工对社会歧视感知越明显，其市民化进程就越缓慢；社会赋权水平越高，即参与职业技能培训和自致成功性预期越积极，农民工市民化水平就越高。社区公民身份被操作化为道德素养、社区参与和社区认同，回归分析发现，社区参与和社区认同有助于农民工市民化水平的提升，而道德素养无显著影响。此外，社会弹性包括机会平等、社区包容、社会支持、创新能力和心理弹性等维度，分别对应着宏观、中观、微观不同层次的弹性水平，本书数据分析表明，社区包容、社会支持以及个体的心理弹性水平都是市民化的有效预测变量。

为了进一步补充和深化定量研究结果，本书利用访谈资料，从劳动就业、休闲消费、社会交往、公共服务、定居意愿等方面全方位调查和分析了农民工在城市的生活状况，并通过量化分析阐明了就业质量、社会公平感等变量对农民工市民化意愿的影响机制。研究发现，农民工在城市社会里依然遭受多种排斥，且不同面向的排斥相互加强，共同造就了农民工的弱势地位。

鉴于农民工群体在城市社会仍处于"半市民化"状态，本书从社会质量、社区公民身份和社会弹性角度提出了改善农民工现状的政策构想。从社会质量角度出发，本书提出的政策构想包括：第一，提升农民工的社会经济保障水平，强化市民化的物质基础；第二,培育社会信任、弘扬利他主义精神,营造市民化的和谐氛围;第三,提高社会体系的开放性,增加弱势群体发展机会;第四,以赋权激发潜能,塑造市民化的积极行动主体。除此之外,依据社区公民身份理论和社会弹性理论,本书提出的政策构想包括:通过提升社区工作水平、加强社区能力建设、确保农民工社区参与权利和提升农民工的参与能力,将城市社区打造成有助于农民工实现城市融入的重要平台;通过强化对农民工群体的社会支持力度和社会保护水平,增强农民工抵御城市生活风险的能力。最后,本书还将社会工作视角引入分析当中,提出包括企业社会工作在内的专业化社会工作也应在推动农民工市民化过程中扮演积极的角色。

徐延辉
2019 年 7 月

目 录

第一章 导论 …………………………………………… (1)
 第一节 研究背景 ………………………………………… (1)
  一 现实意义 …………………………………………… (1)
  二 理论意义 …………………………………………… (3)
 第二节 相关研究回顾 …………………………………… (5)
  一 人口迁移研究及其最新进展 ……………………… (5)
  二 农民工市民化研究及其进展 ……………………… (18)
  三 研究述评 …………………………………………… (29)
 第三节 研究思路与研究方法 …………………………… (32)
  一 研究思路 …………………………………………… (32)
  二 研究方法 …………………………………………… (32)
  三 研究意义 …………………………………………… (35)

第二章 理论基础及研究设计 …………………………… (38)
 第一节 社会质量理论 …………………………………… (38)
  一 社会质量理论的内涵 ……………………………… (38)
  二 社会质量理论的拓展 ……………………………… (41)

三　社会质量的经验研究 …………………………………… (45)
　第二节　社区公民身份理论 ……………………………………… (47)
　　　一　公民身份理论及移民公民身份 …………………………… (48)
　　　二　公民身份理论与农民工市民化 …………………………… (51)
　　　三　社区公民身份 ……………………………………………… (54)
　第三节　社会弹性理论 …………………………………………… (57)
　　　一　弹性概念及其演变 ………………………………………… (57)
　　　二　弹性概念的实证研究 ……………………………………… (58)
　　　三　社会弹性及其影响因素 …………………………………… (63)
　第四节　理论框架与分析策略 …………………………………… (66)
　　　一　理论框架 …………………………………………………… (66)
　　　二　分析策略 …………………………………………………… (67)
　第五节　研究设计 ………………………………………………… (68)
　　　一　资料收集及样本概况 ……………………………………… (68)
　　　二　分析模型 …………………………………………………… (80)
　　　三　篇章结构 …………………………………………………… (81)

第三章　农民工市民化进程测度 …………………………………… (83)
　第一节　农民工市民化评价指标体系构建 ……………………… (83)
　　　一　市民化评价指标体系的相关研究 ………………………… (83)
　　　二　农民工市民化评价指标体系构建 ………………………… (86)
　第二节　农民工总体市民化进程测度 …………………………… (94)
　　　一　农民工市民化进程相关研究 ……………………………… (94)
　　　二　农民工总体市民化进程测度 ……………………………… (96)
　第三节　分维度农民工市民化进程测度 ……………………… (101)
　　　一　经济生活市民化 ………………………………………… (103)
　　　二　生活保障市民化 ………………………………………… (104)
　　　三　就业方式市民化 ………………………………………… (106)

四　社会关系市民化……………………………………(108)
　　五　心理认同市民化……………………………………(110)

第四章　社会质量与农民工市民化………………………………(113)
　第一节　研究假设与变量的操作化……………………………(114)
　　一　研究假设……………………………………………(114)
　　二　变量的操作化………………………………………(121)
　第二节　社会经济保障与农民工市民化………………………(137)
　　一　社会经济保障与总体市民化进程…………………(137)
　　二　社会经济保障与分类市民化进程…………………(140)
　第三节　社会凝聚与农民工市民化……………………………(142)
　　一　社会凝聚与总体市民化进程………………………(142)
　　二　社会凝聚与分类市民化进程………………………(145)
　第四节　社会包容与农民工市民化……………………………(147)
　　一　社会包容与总体市民化进程………………………(147)
　　二　社会包容与分类市民化进程………………………(152)
　第五节　社会赋权与农民工市民化……………………………(153)
　　一　社会赋权与总体市民化进程………………………(153)
　　二　社会赋权与分类市民化进程………………………(157)

第五章　社区公民身份与农民工市民化…………………………(162)
　第一节　农民工与社区公民身份………………………………(162)
　　一　农民工的社区生活状况……………………………(162)
　　二　农民工的社区公民身份诉求………………………(165)
　第二节　变量的操作化…………………………………………(166)
　　一　公民身份操作化相关研究…………………………(166)
　　二　变量操作化方法……………………………………(168)
　第三节　研究发现………………………………………………(171)

一　社区公民身份与总体市民化进程……………………（171）
　二　社区公民身份与分维度市民化进程…………………（173）

第六章　社会弹性与农民工市民化……………………………（177）
第一节　理论框架及研究假设……………………………（177）
　一　社会弹性及其内涵……………………………………（177）
　二　社会弹性的测量维度…………………………………（179）
第二节　变量测量与分析策略……………………………（181）
　一　变量测量………………………………………………（181）
　二　分析策略………………………………………………（185）
第三节　研究发现…………………………………………（185）
　一　社会弹性与农民工市民化总体进程…………………（185）
　二　社会弹性与分维度市民化进程………………………（188）
　三　结论与讨论……………………………………………（191）

第七章　农民工市民化影响因素综合分析……………………（193）
第一节　农民工的市民化意愿……………………………（193）
　一　城市环境评价…………………………………………（194）
　二　城市认同感和归属感…………………………………（197）
　三　城市定居意愿…………………………………………（200）
第二节　农民工市民化意愿的影响因素分析……………（203）
　一　文献回顾与研究假设…………………………………（203）
　二　变量的操作化…………………………………………（209）
　三　研究发现………………………………………………（212）
　四　结论与讨论……………………………………………（218）
第三节　社会经济保障与农民工身份认同研究…………（220）
　一　文献回顾………………………………………………（221）
　二　变量操作化及研究方法………………………………（224）

三　研究发现…………………………………………(227)
　　四　研究结论及讨论…………………………………(229)
　第四节　农民工市民化客观维度的考察…………………(232)
　　一　劳动就业…………………………………………(233)
　　二　休闲与消费………………………………………(238)
　　三　社会交往与社会网络……………………………(242)
　　四　住房与公共服务…………………………………(248)

第八章　有序推进农民工市民化的对策与建议……………(258)
　第一节　农民工市民化的政策构想………………………(258)
　　一　包容性社会政策的基本要义……………………(259)
　　二　我国的包容性社会政策实践……………………(260)
　　三　以包容性发展审视市民化政策…………………(261)
　第二节　社会质量与农民工市民化………………………(265)
　　一　提升社会经济保障水平…………………………(266)
　　二　培育社会信任氛围………………………………(267)
　　三　提高社会体系开放性……………………………(269)
　　四、塑造积极的行动主体……………………………(271)
　第三节　社区公民身份与市民化…………………………(273)
　　一　加强社区能力建设………………………………(274)
　　二　提升社区社会工作水平…………………………(275)
　　三　增强农民工社区参与权利和能力………………(277)
　第四节　社会弹性与市民化………………………………(278)
　　一　社会弹性与社会保护……………………………(278)
　　二　社会弹性与社会支持……………………………(279)
　第五节　社会工作介入市民化的路径研究………………(281)
　　一　企业社会工作的内涵……………………………(282)
　　二　企业社会工作介入农民工市民化的策略………(283)

三　企业社会工作的局限 …………………………………（288）

结束语 ……………………………………………………………（291）
　　一　研究的问题 ……………………………………………（291）
　　二　研究结论 ………………………………………………（291）
　　三　未来研究展望 …………………………………………（294）

参考文献 …………………………………………………………（298）

致　谢 ……………………………………………………………（318）

第一章 导论

第一节 研究背景

在中国共产党第十九次全国代表大会上，习近平总书记指出：中国特色社会主义进入新时代，我国社会主要矛盾已经转化为人民日益增长的美好生活需要和不平衡不充分发展之间的矛盾。我党要在继续推动发展的基础上，大力提升发展质量和效益，着力解决好发展不平衡不充分问题，推动人的全面发展和社会全面进步。在平衡发展和对发展成果实现共享的新时代背景下，改善农民工群体的弱势地位、推动农民工实现市民化成为新时代亟待解决的重要问题。本书从社会学视角出发，通过大规模调查的实证研究方法，探讨社会质量对农民工市民化的影响，研究成果将为政府如何实现市民化提供决策参考。

一 现实意义

近年来，农民工的市民化问题已经成为政府和社会各界关注的一个重要议题。在我国，由于以户籍制度为基础的二元社会体制的作用，农村劳动力转移表现出独特的"分步走"特征，第一步是从农民转变为农民工，第二步是从农民工转变为市民。在党和政府的努力下，由农民向农民工的转变基本已不存在障碍，但是数以亿计的农民工在城市就业和居住却无法转变为市民并平等享受公民权利的"半市民化"现象依旧十分突出，这不仅不利于农民工群体生活质量的提高，也不利于以人为中心的城镇化目标的顺利实现，长远来看还不利于整个社会的和谐与稳定，而造成"半市民化"现象的根本原因则在于针对他们的社会政策问题没有解决好。① 因此，如何通过理念创新和制度创新，构建一套维护农民工合法权益、有序推进农民工市民化的政策体系，就成为一个重要而迫切的社会问题。

随着我国进入城镇化深入发展的关键时期，2014年国家颁布《国家新型城镇化规划（2014—2020年）》，明确提出要"合理引导人口流动，有序推进农业转移人口市民化"，"促进人的全面发展和社会公平正义，使全体居民共享现代化建设成果"，与此同时，近两年来我国经济发展进入一个习近平总书记称为"经济发展新常态"的阶段，这一新常态具有四种基本表现，即经济从高速增长转向中高速增长、从结构不合理转向结构优化、从要素投入驱动转向创新驱动、从隐含风险转向面临多项挑战②，这既是我国经济发展的转型期，也是社会矛盾和社会风险的多发期。为了顺利适应和引导新常态，需要处理大量的经济和社会问题，这离不开适宜的经济政策和社会政策作为支撑，对此，习近平总书记提出"宏观政策要稳住、微观政策要放活、社会政策要托底"的总体部署③。受经济

---

① 关信平：《现阶段我国农村劳动力转移就业背景下社会政策的主要议题及模式选择》，《江苏社会科学》2005年第5期。
② 《人民日报》评论员：《经济发展迈入新阶段——新常态下的中国经济》，《人民日报》2014年8月7日。
③ 习近平：《宏观政策要稳住，微观政策要放活，社会政策要托底》，《每日新华电讯》2013年4月26日。

增长放缓、产业结构调整带来的消极影响最大的是那些缺乏人力资本和社会资本、无法顺利应对挑战的群体,一般而言也是社会的弱势群体,农民工首先成为受影响明显的人群。这就需要社会政策来托底,防止弱势群体掉队。

那么社会政策如何托底?简单的"应保尽保"是不够的,必须要摆脱社会政策的救助性和被动性,在此基础上对阻碍困难群体和中下层群体适应新常态的其他因素予以干预,促进政策对象的发展和成长,这就不仅需要制定积极的社会政策,而且更需要实行积极的社会政策。总而言之,社会政策既要托民生的底,托社会心理的底,也要托社会结构的底,同时还要有利于经济发展和人的发展。[①]具体到农民工群体,由于人力资本等方面的局限,他们很容易因为经济转型升级而失业,而就业是农民工实现市民化的基础;就业机会的减少和收入增速的降低容易引发被剥夺感,这不利于他们在心理上对城市和城市居民产生认同,这些对于农民工市民化的顺利实现都是极大的挑战。为了顺应新型城镇化的战略目标,保证市民化进程有序推进,在经济发展进入新常态的客观背景下,迫切需要出台和实施积极的农民工市民化政策。

二 理论意义

除上述时代背景和社会实践的呼声外,研究农民工市民化问题还源于这一议题在学术上的挑战性。在西方学界,自从1885年英国学者列文斯坦提出了著名的人口迁移"七法则"以来,学术界对人口流动现象的研究不断升温,特别是20世纪50年代以后,涌现出一批重要的理论成果,如刘易斯的"两部门"理论、托达罗的

---

① 王思斌:《新常态下积极托底社会政策的建构》,《探索与争鸣》2015年第4期。

"期望收入"理论、舒尔茨的"成本—收益"理论、李的"推—拉"理论等,这些理论探讨的都是农民由农村迁往城市的动力机制及一般规律问题,对应的是我国农民工市民化"分步走"过程中第一阶段,而对于如何进一步推动农民工转变为真正的市民则缺乏解释力;针对移民在流入地的适应问题,西方社会提出了社会融合理论,用以描述和解释移民在目的地国家的经济适应、行为调试、文化整合及身份与心理认同过程,社会融合理论经过百余年的发展,至今已形成"同化论"与"多元论"两大取向①,并对国际移民的社会适应问题给出了极富启发性的解释。但是无论同化论还是多元论,抑或是后期兴起的异质本地化理论、区隔融合论都是建立在对西方国家特别是美国移民境况的研究之上,且存在着把社会融合简化为文化融合的取向,这显然无法直接用于解释我国农村移民在城市社会的适应问题。因此,寻找以及建构更符合我国农民工实际、更具有解释力的市民化理论,以帮助人们更好地认识及应对市民化问题成为学界关注的一个重要目标。

具体而言,从农民工市民化理论研究的角度来看,存在着以下问题需要回答:应该从哪些维度出发更为准确地测度当前我国农民工市民化进程;哪些社会层面因素会影响农民工市民化;农民工市民化过程中会遇到什么样的阻力,其中作为能动主体的农民工是如何应对的,效果如何,这些问题在理论上都需要进一步厘清。从政策设计的角度来看,适合于新形势的农民工市民化政策应该秉持什么样的价值理念;应该达到什么样的政策目标;有哪些具体可行的政策着力点等,这些问题也都需要在实证和理论研究的基础上进一步总结和归纳。本书正是基于一种"问题取向"的研究动机,试图以社会质量理论为主,引入社区市民身份理论和社会弹性理论,构

---

① 李明欢:《20世纪西方国际移民理论》,《厦门大学学报》(哲学社会科学版)2000年第4期。

建一个农民工市民化问题的研究框架。社会质量理论是近年来社会政策研究的一个新兴理论，已被广泛用于健康、养老、城市发展、反贫困等政策领域，显现出极强的解释力和启发意义，目前尚未出现系统的将社会质量理论运用于农民工市民化问题的研究成果。本书将进行一项尝试性研究，探讨社会质量理论对农民工市民化问题的解释力和局限性，并在此基础上寻求社会质量理论、社区公民身份理论和社会弹性理论本土化的可能方向。

第二节　相关研究回顾

农民工这一群体是我国特定历史条件下的产物，因此国外较少直接针对农民工市民化的理论和实证研究。但是，如果按照阶段性特征审视我国农民工市民化过程，则可以大体上将市民化的第一阶段归为乡城人口迁移过程，第二阶段归为城市适应和融入过程。因此，一些经典的人口迁移理论及移民社会融合理论仍然对我们的研究具有启发意义。除这些经典理论之外，还有为数众多的直接以我国农民工市民化为对象的研究成果，这些观点和结论都为本研究的开展奠定了坚实基础。

一　人口迁移研究及其最新进展

（一）乡城人口迁移研究

1885年，英国地理学家列文斯坦就国家内部的人口迁移现象提出了著名的人口迁移"七法则"，揭开了学术界研究人口流动现象的序幕。这七条法则分别是：第一，多数人口倾向于短距离迁移。

第二，迁移呈现阶梯性，人口迁移的路径表现为快速发展的商业中心吸引周围乡镇人口迁入，由此形成的城市郊区的空缺由边远地区的人口填充，直到商业中心的影响力被全体国民感知。这也就是人口的向心迁移特征。第三，人口的离心迁移是向心迁移的反向过程，但表现出和向心迁移相似的特征。第四，每一次迁移流都会引发一次补偿性的反迁移流。第五，进行远距离迁移的人主要是因为对大型商业或工业中心存在偏好。第六，城市居民比农村居民表现出更小的迁移倾向。第七，女性比男性更倾向于迁移。[1] 作为首个对人口迁移问题展开专门研究的学者，列文斯坦有关人口迁移动机及其影响因素的论述具有开创性意义，并成为后来学者们研究人口迁移问题的重要思想基础。但是由于时代的局限性，他的研究主要停留在对人口迁移表象的感性认识及描述层次上，缺乏对其内在机制的深入探讨。列文斯坦之后，西方学术界特别是经济学界围绕人口迁移又涌现出一些重要成果。本书将按照微观、中观、宏观的不同层次，论述其中的一些代表性理论观点。

1. 人口迁移的微观经济学视角

人口迁移的微观经济学视角将人口迁移视为行动者对诸如土地、劳动力、自然资源、物质资本等生产要素分布不均所做出的反应，而迁移的基本方向是从资源匮乏但人力丰富的地区流动到资源丰富但劳动力稀缺的区域，由此人口迁移被视为一个纠正城乡之间、地区之间生产要素回报不均衡的过程。[2] "两部门"理论、"期望收入"理论、"推—拉"理论、"成本—收益"理论以及"新劳动力迁移经济学"理论是其中的几个代表性理论。

---

[1] Ravenstein, E. G., *The Law of Migration*, Journal of the Statistical Society of London 48 (2), 1885.

[2] Wood, C. H., "Equilibrium and Historical-Structural Perspective on Migration", *International Migration Review* 16 (2), 1982.

(1)"两部门"理论

刘易斯(W. A. Lewis)于1954年提出"两部门"理论,指出发展中国家存在着由农业部门和工业部门组成的二元经济结构,发展中国家农村劳动力转移的过程就是从二元经济向一元经济的转变过程。由于发展中国家农村存在着大量剩余劳动力,边际生产率接近零,甚至为负数,因而农业部门工资水平很低,即使在工资水平降低到仅能维持生存的时候,劳动力的供给仍然超过需求,而工业部门的生产率和工资水平都远高于农业,工农业之间明显的收入差异使劳动力源源不断的从农村转移到城市,直到农村剩余劳动力被完全吸收为止。这时候工业部门的工资水平和农业部门的收入水平都会随投资增加而提高,工农业逐渐趋向均衡发展。① 刘易斯关于人口在工农业部门之间流动模式和规律的论述提醒我们,"人口红利"不会永远存在,"民工荒"现象的出现就是劳动力市场产生变化的征兆,但与此同时,"刘易斯拐点"的到来或许可以形成一种倒逼机制,促使我国加快进行产业升级,不断提高资源利用率和产品附加值,形成高核心竞争力,同时进一步完善劳动力市场制度,更好地保障农民工权利并提高劳动力素质。

(2)"期望收入"理论

20世纪60年代后期,由于农村人口大规模迁入城市超出了城市工业的吸纳能力,城市出现严重的失业问题,于是一些经济学家对传统的迁移理论展开批判,认为不受控制的迁移会恶化城市失业问题并最终影响国家经济发展,由此提出控制人口乡城迁移的理论,其中最著名的就是托达罗的"期望收入"理论。在对刘易斯"二部门"理论的批判继承之上,托达罗提出"两阶段三部门"模型,认为社会上存在着传统农业部门、城市现代化正规部门以及具

---

① Lewis, W. A., "Economic Development with Unlimited Supplies of Labour", *The Manchester School* (5), 1954.

有补充性、灵活性和易变性的非正规部门,农业劳动者来到城市,一般是先进入非正规部门,然后再逐渐被正规部门接纳。农业劳动者做出迁入城市的决策则取决于城乡预期收入差异,差异越大,迁移人数越多,而迁移者对城市预期收入的估计等于未来某年预期实际收入与就业概率的乘积。在托达罗看来,如果城乡收入差异过大,就业概率对迁移决策的影响就会变弱,这时候农村劳动力的大规模迁移会导致城市出现严重的失业问题。[①] 托达罗模型的独特贡献在于建立了人口迁移数量与就业概率之间的关系,但是该范式对于解释我国农民工问题存在着一些不足。首先,他假定进城农民工即使找不到工作也会做临时工或者在城市等待就业,而事实上农民工会出于生活成本的考量而在找不到工作时返回农村;其次,托达罗假设农村边际劳动生产率始终是正数,而我国的情况恰恰不是这样,因此他提出的控制农村人口向城市迁移实际上只是把城市的失业问题转移到农村而已;最后,他忽略了第三产业的不断发展对劳动力形成的需求。[②] 因此我们应该从托达罗模型中进行反思,打破二元分割的劳动力市场,降低农民工迁移成本。

(3) "推—拉"理论

李(Lee)的"推—拉"理论既是对列文斯坦(Ravenstein)人口迁移法则的进一步发展,也是对刘易斯二元结构理论的深化。他给迁移下了一个比较宽泛的定义,用来指称人们居住地的永久性或半永久性改变,无论迁移距离是长是短、是自愿发生还是非自愿发生、是国内迁移还是跨国迁移,在此基础上提出人口迁移的"推—拉"理论。李把影响人口迁移的因素分为四类,即与迁出地

---

① [美]托达罗:《经济发展与第三世界》,中国经济出版社1992年版,第240—243页。

② 李瑞:《托达罗人口流动模型与中国农村剩余劳动力的转移》,《商业经济》2009年第4期。

相关的因素、与目的地有关的因素、中间障碍因素以及个人因素。无论是在迁出地和目的地都既存在着推力也存在着拉力，如迁出地的推力可能包括恶劣的自然环境、较低的收入水平，拉力包括熟悉的生活习惯、亲密的社交网络；目的地的拉力可能包括良好的受教育条件、较多的就业机会，而较高的生活成本、当地人的社会排斥则可能构成推力，如果整体而言迁出地表现为推力而目的地表现为拉力，理性的迁移者就会在比较之后做出迁移决策。中间障碍因素同样会影响迁移决策，其中最明显的障碍因素就是迁出地和目的地之间的地理距离太长以及由此产生的较高的迁移成本。除此之外，个人因素如个性、智力、知识水平等同样会影响迁移者对迁移行为的评估。[①] 李的"推—拉"理论把迁移行为解释为经济、文化、社会、心理、情感等各类因素综合作用的结果，超出了以往单纯从经济因素出发解释人口迁移的经济理论，使人口迁移研究具有了社会学意涵。

（4）"成本—收益"理论

舒尔茨从成本和收益的角度研究了人们从农村迁往城市的原因，提出人口迁移的"成本—收益"模型。在《论人力资本投资》一书中，舒尔茨将"个人和家庭适应于变换就业机会的迁移"视为人力资本的五大投资途径之一[②]，迁移行为的决策过程同时也是迁移者追求更大经济收益的过程，而决策结果则取决于迁移成本和收益的比较。迁移成本既包括直接成本，又包括机会成本，所谓直接成本指的是各类迁移费用，如信息搜寻、交通以及其他迁移过程中的支出，机会成本则是指因为迁移和寻找新工作所损失的工作收入，以及为适应新环境所产生的心理成本；迁移的收益也包括两

---

① Lee, E. S., "A Theory of Migration", *Demography* 3 (1), 1996.

② ［美］西奥多·舒尔茨：《论人力资本投资》，北京经济学院出版社1990年版，第10页。

类，一是进入目的地后增加的收入等货币形式的收益，二是更好的人际关系等非货币形式的收入。① 因为迁移是一种投资行为，所以当收益大于成本时，迁移行为就可能发生。

(5) 新劳动力迁移经济学理论

传统的迁移理论将收入视为影响迁移决策的最主要因素，但是这种观点无法解释20世纪80年代以后发展中国家出现的一种矛盾现象，即大量农村劳动者进入城市之后只能在非正规部门就业甚至加入失业大军，收入水平还不及在农村，但是迁入城市的人数依然逐年递增。面对这种情况，斯塔克（Stark）提出"新劳动力迁移经济学理论"，作为对传统迁移理论的补充。斯塔克将迁移看作一个具有内在联系的群体的决策，因此是否迁移不仅取决于两地收入差异，还取决于家庭因素。迁移的目的一方面在于增加家庭收入，另一方面则是为了降低因市场不完备所造成的风险。② 新劳动力迁移经济学还将相对剥夺理论引入人口乡城迁移研究，认为迁移行为的目的是为了改变迁移者在原居住地的收入分布中的较低地位，因此可以将迁移看作对相对剥夺状态及其引发的不满足感的一种回应，所在社区的收入分布及其引发的相对剥夺感是导致迁移决策产生的重要因素。③ 新劳动力迁移经济学理论将家庭因素作为重要变量纳入分析，提升了人口迁移理论的解释力；相对剥夺理论的引入也有助于人们理解为什么迁移率最高的不是最穷的农村，而是收入分布最不均匀的乡镇地区，丰富了人口迁移理论的研究视角。

---

① 杜书云：《农村劳动力转移就业成本——收益问题研究》，经济科学出版社2007年版，第132页。

② 王竹林：《城市化进程中农民工市民化研究》，西北农林科技大学博士学位论文，2008年。

③ Stark, O., "Rural-to-Urban Migration in LDCs: A Relative Deprivation Approach", *Economic Development and Cultural Change* 32 (3), 1984.

2. 历史—结构分析

人口迁移的微观经济学模型是由北美学术圈提出的，该理论框架假设那些理性计算的个体行动者，能够通过地理移动实现生产要素的空间分布均衡，在早期有主导移民研究的趋势。但是由于过于强调行动者对迁移成本和收益的理性计算，忽略了对那些与人口流动的原因和后果密切相关的结构性因素的考量，无法解释为何存在不同的迁移模式，也对那些与特定历史时期相关的迁移现象不敏感，微观层次的乡城人口迁移理论因此受到批评，而且在将这些产生于发达国家的模型应用于发展中国家时，也遭遇了不少困境，于是来自拉丁美洲和非洲的学者提出了一种历史—结构取向的解释模型，与微观经济学模型形成鲜明对比。这一分析方法指出，要对人口迁移现象进行解释，必须深入挖掘那些会引发生产组织变革的国民经济内部和外部的作用力与反作用力，主张运用逻辑推理的方式从宏观结构层面对人口乡城迁移问题展开研究，强调那些塑造市场、限制信息以及偏爱迁移人口决策的社会力量[①]，不再关注人们做出决策的具体时点，而是分析农村人口之所以会面临各种推力和拉力的深层原因。历史—结构取向的分析模型也产生了一些代表性理论，如依附理论、中心—边缘分析框架等。

3. 人口迁移的社会网络视角

人口迁移宏观取向的历史—结构分析虽克服了微观经济学模型的一些缺陷，但这一分析框架也远非完美无缺，它不仅对个体做出迁移决策的过程缺乏关注，还忽视了社会网这个联结潜在迁移人口与已经存在于城市的农民的纽带[②]，经济因素并不是人们迁移的唯一原因，人们所具有的经济、政治、社会等方面的关系也会促使他

---

① Wood, C. H., "Equilibrium and Historical-Structural Perspective on Migration", *International Migration Review* 16 (2), 1982.

② Ibid..

们做出迁移决策，因此，人口流动是一个由社会关系网驱动的过程。社会网络分析方法的独特价值在于它不再以经济动机来判断人们的迁移原因，而是要求研究者关注迁移的整个动态过程。

(二) 移民社会融合研究

乡城人口迁移理论主要回答的是"迁与不迁"以及"迁往何处"的问题，而流入地和流出地在经济结构、文化习俗、生活方式、行为习惯等方面存在巨大差异，使流动人口在迁往城市以后还面临着如何适应城市生活的问题，这就是移民社会融合理论着重处理的议题。虽然我国农民工群体在诸多方面都与国际移民存在较大差别，进入目的地之后，两类群体面临的机遇和挑战也各不相同，但是，二者在流入地总体上都属于弱势群体，都需要处理很多类似的问题，因此一些经典的移民社会融合理论对于本书仍有借鉴意义。在西方社会融合理论的众多流派中，最有代表性的当属"同化论""文化多元论"和"区隔融合论"[①]，此外，异质本地化理论也有一定的影响力。

1. 同化论

同化论的基本观点是强调移民在进入目的地之后向当地主流文化的靠拢，同时伴随着对原有社会文化传统的抛弃，其代表性理论包括熔炉论和经典社会融合理论。

(1) 经典社会融合理论

经典社会融合理论是由帕克 (Park) 等人[②]提出并经过戈登 (Gordon) 进一步完善而形成的。在帕克等人看来，所谓社会融合，是指个体或群体在相互渗透、相互影响的过程中，通过分享彼此的

[①] 杨菊华：《从隔离、选择融入到融合：流动人口社会融入问题的理论思考》，《人口研究》2009年第1期。

[②] Park, Robert E., "Human Migration and the Marginal Man", *American Journal of Sociology* 33 (6), 1928.

历史和经验以获得对方的记忆、情感和态度,并最终达成整合于共同的文化生活之中的目标。融合的过程包括四种主要的互动,即经济竞争、政治冲突、社会调节和文化融合。① 到了 20 世纪中叶,经典社会融合经戈登等人的进一步完善,得以发扬光大。戈登于 1964 年提出了衡量族群之间文化适应与社会融合的 7 个维度:(1) 文化或行为同化,即把文化模式转变为主流社会的文化模式;(2) 结构同化,即在基础群体层次上相互融合;(3) 婚姻同化,即大规模的族群间通婚;(4) 认同意识同化,即族群意识或身份认同的融合,发展出完全基于流入地社会的群体性意识;(5) 态度接受同化,即意识中族群偏见的消除;(6) 行为接受同化,即族群间经济、就业、教育等领域歧视的消除;(7) 公民同化,即族群之间价值冲突和权力冲突的消除。②

(2) 熔炉论

熔炉论的核心观点是美国国土内的各个种族集团应该融合起来,由此产生他们自己对美国的认同。"熔炉论"思想最早是由克雷夫柯尔(Hector St. John Crevecoeur)提出来的,在 1782 年的《一个美国农人的信札中》,他指出人的生长会受制于周围环境,美国独特的气候、政治制度、宗教和工作环境已经并且会继续将来自不同国家的移民"熔成"具有相同品质的新的人种——美国人。③ 该思想得到后来学者的进一步深化。19 世纪末,历史学家特纳(Frederick Jackson Turner)提出"边疆熔炉论",他虽然认可克雷夫柯尔的基本思想,但他强调构建并形塑美国制度的主导

---

① Park, R. E. & E. W. Burgess, *Introduction to the Science of Sociology*, Chicago: University of Chicago Press, 1921, p. 735.

② [美]米尔顿·戈登:《美国生活中的同化》,马戎译,译林出版社 2015 年版,第 65—66 页。

③ 王希:《多元文化主义的起源、实践与局限性》,《美国研究》2000 年第 2 期。

影响，是由多样化的西部边疆所创造出来的特殊经历，他断言是边疆促进了各民族的融合，并造就了美利坚民族。① 特纳的学说为20世纪初期美国化运动的兴起提供了强有力的论据。1909年，犹太移民作家伊斯雷尔·赞格威尔（Israel Zangwill）创作出一部名为《熔炉》的剧本，将美国比喻为一个能使所有欧洲民族融化和重构的大熔炉，使"熔炉论"更广为人知并引起激烈争论②；到了20世纪40年代，社会学家肯尼迪（Ruby Jo Reeves Kennedy）指出美国存在着基督教、天主教和犹太教三个熔炉，发展出"三重熔炉论"③。总而言之，各类"熔炉论"都认为欧洲移民应该丢掉同出生国之间的联系，在美国这个大熔炉中转化成为具有同一性的美国人。

2. 文化多元论

以"熔炉论"为代表的同化论观点的核心在于追求美国民族在传统上的一致性，而这种一致性是建立在盎格鲁撒克逊美国人的传统之上的，这种"文化帝国主义"的做法遭到了犹太籍哲学家霍勒斯·卡伦（Horace Kallen）的批判。④ 1915年，卡伦发表文章指出，人无法选择和改变自己与族群的关系，"美国化"运动强制性地让所有美国人统一在盎格鲁撒克逊的传统之下，只会损害非盎格鲁撒克逊移民对美国的感情。美国不仅在地理上和行政上是一个联邦，同时也应该是各民族文化的联邦，真正的美国精神应该是各个民族

---

① ［美］米尔顿·戈登：《美国生活中的同化》，马戎译，译林出版社2015年版，第108页。

② Ratner, S., "Horace M. Kallen and Cultural Pluralism", *Modern Judaism* 4 (2), 1984.

③ 李明欢：《20世纪西方国际移民理论》，《厦门大学学报》（哲学社会科学版）2000年第4期。

④ 王希：《多元文化主义的起源、实践与局限性》，《美国研究》2000年第2期。

间的民主，而不是违背《独立宣言》精神的某个民族对其他民族的统治。① 在1915年发表的系列文章的基础上，卡伦于1924年在 Culture and Democracy in the United States 一书中正式提出文化多元论，指出"美国化"一词在其最自由的意义上并不意味着对所有非盎格鲁撒克逊群体的文化特质的毁灭，而是应该在一个英语占支配地位并且坚持主流的政治和经济制度的框架内，保护和珍视各个族群的文化遗产，要实现这一准则，首先就是对民主的尊重以及对个体重要性的关注。② 作为对同化论的反叛，文化多元论在20世纪七八十年代受到移民研究者的支持和欢迎。总之，多元文化论的支持者们强烈反对存在着一个整齐划一的美国社会内核的假定，认为美国社会是由多个族群构成的充满异质性的集合体，移民会积极塑造他们的生活，而非消极地作为"不可避免的现代化和美国化力量"的受益者和受害者而存在。③ 当移入地的文化更具包容性的时候，移民会保持本民族文化特质，同时在社会融合的过程中重新塑造自己的价值认同，从而形成多元化的社会秩序。④ 但是文化多元论也并非解决因移民而产生的社会矛盾的万能良药，进入90年代以后，针对该理论的批判日益激烈，总结起来，批评主要集中在文化多元论具有新种族主义取向、将复杂的社会问题简化为文化问题、持一种僵硬的文化观、否认文化有先进和落后之分几个

---

① Kallen, H. M., "Democracy versus the Melting Pot", *Nation*, February 18 & February 25, 1915.

② Kallen, H. M., *Culture and Democracy in the United States*, New York: Boni & Liveright, 1924, p.124.

③ Zhou, M., "Segmented Assimilation: Issues, Controversies, and Recent Research on the New Second Generation", *International Migration Review* 31 (4), 1997.

④ 杨菊华：《从隔离、选择融入到融合：流动人口社会融入问题的理论思考》，《人口研究》2009年第1期。

方面。①

3. 异质本地化理论

20世纪晚期，在移民群体中出现了一个新现象，即具有共同种族身份认同的移民在到达东道国之后，迅速采取分散居住的模式，而不是大规模聚集在一起，同时通过通信手段、探访等方式保持彼此之间关系纽带。对于这种新的定居模式，传统的同化论和多元文化论解释力有限，于是泽林斯基（Zelinsky）提出了异质本地化（Heterolocalism）理论，用以传达这样一种可能性，即族裔社区也可以在没有明显聚集的情况下存在。异质本地化具有五个特质，第一，移民在流入地的分散居住是迅速发生的；第二，移民居住地和工作场所以及购物、社交等场所是空间分离的；第三，尽管在空间上不接近，但是移民仍然会通过多种方式维系强劲的种族社区纽带；第四，异质本地化是一种依赖特定社会经济技术条件发生的现象；第五，该现象既可能发生在大都市区域也可能发生在非大都市区域。② 异地本质化理论的提出拓展了人们有关移民聚居区的认识。

4. 区隔融合理论

区隔融合理论认为，第二代新移民在个人特质、生活经历和所处社会环境等方面与第一代移民存在很大差别，因此经典的直线融合论已不适用于揭示他们社会融合的实际状况，而甘斯（Gans）、阿尔巴（Alba）和倪（Nee）等人虽然对直线融合论进行了一定的批判和改造，但本质上还是持一种同化论的观点，认

---

① 李明欢：《20世纪西方国际移民理论》，《厦门大学学报》（哲学社会科学版）2000年第4期。

② Zelinsky, W. & Barrett, A. Lee, "Heterolocalism: An Alternative Model of the Socialspatial Behaviour of the Immigrant Ethic Communities", *International Journal of Population Journal* 4 (4), 1998.

为在美国社会中存在着一个一致性的核心，只要时间充足，具有不同背景、特质的移民及其后代都会实现同化，而某些偏离的状态只是漫长的同化路上的插曲；多元文化论者和结构论者虽然各自提供了不同于同化论的新视角，但还是有其本身不能克服的局限性，区隔理论的出现则为描述二代移民整合进所在国社会分层系统的过程提供了一个较好的分析框架。①

区隔融合论是一种中层理论，关注为何移民群体会出现不同的适应模式，以及这些模式如何引致聚合或分裂的不同结果。该理论将二代移民成为美国人的过程放置在一个由不平等的、相互区隔的部分构成的社会这一背景中，指出社会融合的三种可能模式，第一种模式是向上流动，即移民在经济和文化方面都向白人中产阶级靠拢；第二种是向下流动的模式，与第一种模式恰好相反，意味着移民在经济和文化方面向下层阶级靠拢；第三种是一种混合模式，即在经济方面向中产阶级靠拢，但是在文化和价值观方面保持移民社区的特色。② 个人层面和结构层面的因素以及二者之间的互动都会对二代移民社会融合路径的选择产生影响，个人层面因素包括教育，个人抱负、语言能力、出生地、到来时间、在美国居住的时间长短；而结构性因素则体现为种族地位，家庭社会经济背景以及居住地点等。在成为美国人的过程中，二代移民的文化模式，包括价值观、家庭关系以及社会纽带都会被重新塑造。③

---

① Zhou, M., "Segmented Assimilation: Issues, Controversies, and Recent Research on the New Second Generation", *International Migration Review* 31 (4), 1997.

② Portes, A. & Zhou, M., "The New Second Generation: Segmented Assimilation and its Variants", *Annals of the American Academy of Political and Social Sciences* 530, 1993.

③ Zhou, M., "Segmented Assimilation: Issues, Controversies, and Recent Research on the New Second Generation", *International Migration Review* 31 (4), 1997.

二 农民工市民化研究及其进展

在经典的乡城人口迁移理论和移民社会融合理论之外，还有不少研究直接聚焦于农民工这一特殊的移民群体，探讨他们的市民化问题，特别是在国内学界，农民工市民化是一个热门话题，社会学、人口学、政治学、经济学等学科都从自身学科视角出发，对这一问题展开论述。社会学、人口学关注个人特征、社会资本、社会网络等因素对农民工社会认同、社会融入等表征市民化程度变量的影响[①]，并从社会政策角度提出推进农民工市民化的建议[②]；政治学关注作为弱势群体的农民工公民身份缺失、公民权利不足、公民身份差序体制等问题[③]，经济学则主要关注农民工市民化的制度障碍及成本分摊等问题[④]，研究成果可谓十分丰富。本文根据研究需要，主要围绕农民工市民化概念内涵及进程测度、障碍及影响因素、推动农民工市民化进程的对策建议等三个方面进行简要回顾。

（一）农民工市民化内涵及进程测度

关于农民工市民化内涵的观点可以概括为"结果观""过程观"以及"综合观"。第一种从结果角度入手，将农民工市民化定义为进城务工经商的农民工克服各种障碍，最终转变为市民的现

---

① 任远、邬民乐：《城市流动人口的社会融合：文献述评》，《人口研究》2006年第3期。

② 徐增阳：《农民工的公共服务获得机制与"同城待遇"：对中山市积分制的调查与思考》，《经济社会体制比较》2011年第5期。

③ 俞可平：《新移民运动、公民身份与制度变迁——对改革开放以来大规模农民工进城的一种政治学解释》，《经济社会体制比较》2010年第1期。

④ 张国胜：《基于社会成本考虑的农民工市民化：一个转轨中发展大国的视角与政策选择》，《中国软科学》2009年第4期。

象，但是转变的具体维度是什么则在不同学者之间存在分歧。[①] 刘传江、董延芳等人认为农民工市民化包括生存职业、社会身份、农民工自身素质以及意识行为四个层面的转化。其中生存职业市民化是指从非正规劳动力市场上的农民工向正规劳动力市场上的产业工人转变；社会身份市民化是指要在身份上从农民转变为市民；自身素质市民化是指农民工群体的素质进一步提高和市民化；意识行为市民化是指农民工在意识形态、生活方式和行为方式上的市民化[②]；郑杭生强调，作为一种社会学术语的"市民化"指的是作为一种"职业"的农民和作为一种"身份"的农民在向市民转变的过程中，发展出相应能力、获得市民资格、适应城市并具备市民基本素质的现象[③]；赵立新提出，农民工市民化具有户口性质变动、地域转换、产业转换和文化转型等几方面含义[④]；王桂新等人则从狭义和广义两个角度来界定农民工市民化概念：狭义是指城市农民工在身份上获得与城市居民相同的合法身份与社会权利的状态，广义则包括其价值观、身份认同等主观因素及其向城市市民生产、生活方式的转化。[⑤] 从这些定义不难看出，学者们普遍认可农民工市民化是一个融地域、职业、身份、生活方式、思想观念等多维度于一体的综合性现象。

第二种对农民工市民化内涵的界定是从过程角度展开的，我国

---

① 王兴周、张文宏：《城市性：农民工市民化的新方向》，《社会科学战线》2008年第12期。

② 刘传江、董延芳：《和谐社会建设视角下的农民工市民化》，《江西财经大学学报》2007年第3期。

③ 郑杭生：《农民市民化：当代中国社会学的重要研究主题》，《甘肃社会科学》2005年第4期。

④ 赵立新：《城市农民工市民化问题研究》，《人口学刊》2006年第4期。

⑤ 王桂新、陈冠春、魏星：《城市农民工市民化意愿影响因素考察——以上海市为例》，《人口与发展》2010年第2期。

的农民工市民化过程具有鲜明的多阶段特征。总体而言,农民向市民转变的第一个阶段是农民从农村中转移出来,在城市从事非农职业,由农民转变为农民工,第二个阶段则是农民工在价值观念、生活习惯、行为方式等方面向城市居民靠拢,获得城市公民身份,由农民工转变为市民①,并据此提出"乡城劳动力两步转移理论",取代西方传统的"农村人口城市化"的"一步转移理论"②。有学者将这两阶段进一步细分,认为农民工市民化包括农村退出、城市进入和城市融合三个阶段③;还有学者指出,农民工市民化各具体维度的转变进程不是整齐划一的,并据此提出农民工的市民化过程包括职业市民化、社区市民化和身份市民化三个阶段④。冷向明和赵德兴认为,"乡城劳动力两步转移理论"框架虽然能较好地彰显我国乡城劳动力转移的中国特色,却忽略了中国农民工市民化所具有的普遍性的一面,即从价值观念层面由乡土性向现代性和城市性的转变,是从公共政策意义上的市民向真实世界的市民转变的根本标志和核心内容,因此他们将"农民—农民工—市民"的乡城劳动力两步转移理论,补充拓展为"农民—农民工—新市民—市民"的三步转移理论。⑤ 对农民工市民化内涵及特征的界定反映了国内学者跳出西方乡城人口迁移理论框架,对我国实际发生的农民工市民化现象进行理论概括的努力。持"综合观"的学者则

---

① 钟水映、李魁:《农民工"半市民化"与"后市民化"衔接机制研究》,《中国农业大学学报》(社会科学版)2007年第3期。

② 冷向明、赵德兴:《中国农民工市民化的阶段特性与政策转型研究》,《政治学研究》2013年第1期。

③ 董延芳、刘传江:《农民工市民化中的被边缘化与自边缘化:以湖北省为例》,《武汉大学学报》(哲学社会科学版)2012年第1期。

④ 王兴周、张文宏:《城市性:农民工市民化的新方向》,《社会科学战线》2008年第12期。

⑤ 冷向明、赵德兴:《中国农民工市民化的阶段特性与政策转型研究》,《政治学研究》2013年第1期。

结合以上方面观点，认为农民工市民化既是一个过程，也是一个结果。①

农民工市民化目前处于何种阶段？对此学者们给出了"半城市化"②"虚城市化"③等不同判断，并就具体的市民化进程展开测度。由于测量指标体系不尽相同，相应地关于市民化进程的判断也存在差异。刘传江等④从外部制度因素、市民化意愿和市民化能力三个方面构建市民化进程指标，研究表明第二代农民工市民化率为50.23%，而第一代农民工市民化率仅为31.30%；王桂新等人⑤利用等权重法从居住条件、经济生活、社会关系、政治参与和心理认同五个维度测量市民化进程，结果表明目前中国农民工总体上已达到54%的市民化水平；魏后凯等人⑥从政治参与、公共服务、经济生活、综合素质等方面评价市民化水平，结果显示2011年农业转移人口市民化程度为39.56%；辛宝英⑦利用AHP方法构建了包括文化融合、经济地位、社会适应和心理认同在内的市民化综合指标体系，并运用该指标体系分析2014年我国农业转移人口市民化程

---

① 简新华、张建伟：《从农民到农民工再到市民——中国农村剩余劳动力转移的过程和特点分析》，《中国地质大学学报》（社会科学版）2007年第6期。

② 王春光：《农村流动人口的"半城市化"问题研究》，《社会学研究》2006年第5期。

③ 陈丰：《从"虚城市化"到市民化：农民工城市化的现实路径》，《社会科学》2007年第2期。

④ 刘传江、程建林：《第二代农民工市民化：现状分析与进程测度》，《人口研究》2008年第5期。

⑤ 王桂新、沈建法、刘建波：《中国城市农民工市民化研究：以上海为例》，《城市学研究》2011年第1辑。

⑥ 魏后凯、苏红键：《中国农业转移人口市民化进程研究》，《中国人口科学》2013年第5期。

⑦ 辛宝英：《农业转移人口市民化程度测评指标体系研究》，《经济社会体制比较》2016年第4期。

度,其数值为46.98%;程名望等人①构建的综合指标体系则包括农民工基本素质、经济状况、社会接纳和心理认知四个维度,结果表明农民工总体处在半市民化状态,新生代农民工与老一代农民工的市民化程度基本相同(二者分别为52.38%、51.40%)。可见由于调查时间、地点、方法的差异,市民化进程指数也各不相同。

(二)农民工市民化障碍及影响因素

有关农民工市民化障碍的主要观点可以归结为制度壁垒论、城市代价论、素质欠缺论、生活方式论、土地限制论、成本高企论以及洼地效应论②等,也就是说户籍制度及其相关制度安排、城市为农民工市民化支付的成本过高、农民工自身教育程度较低且职业技能缺乏、农村与城市生活方式迥异、农民工退出农村的制度安排缺失、城市较高的房价和生活成本以及地方政府提供公共服务能力有限等问题都不同程度地阻碍了农民工市民化的顺利实现。总体而言,影响农民工实现市民化的因素可归纳为宏观和微观两大类。

1. 宏观因素

学者们普遍认可,户籍制度及其衍生的一系列制度安排,如劳动就业制度、社会保障制度、教育制度等,是影响农民工顺利实现市民化的根本因素,它们发挥着"社会屏蔽"的作用,将农民工排斥在分享城市社会资源之外。③ 按照与市民化相关程度的不同,这些制度可以分为核心、相关和配套三个层次。④ 除此之外,资金也

---

① 程名望、乔茜、潘烜:《农民工市民化指标体系及市民化程度测度——以上海市农民工为例》,《农业现代化研究》2017年第3期。
② 丁凯:《农民工市民化障碍与难点研究综述》,《经济体制改革》2013年第4期。
③ 任远、邬民乐:《城市流动人口的社会融合:文献述评》,《人口研究》2006年第3期。
④ 王竹林、王征兵:《农民工市民化的制度阐释》,《商业研究》2008年第2期。

是影响市民化的重要宏观因素，过高的房价增加了农民工市民化的难度①，而高昂的市民化成本也令农业转移人口的市民化过程困难重重。②

2. 微观因素

影响农民工市民化进程的微观因素可以归纳为人力资本和社会资本两类。人力资本为市民化奠定经济基础，并影响着农民工建构现代型社会资本的能力，而新型社会资本则是农民工在城市生活的重要资源。③ 在人力资本方面，研究表明，性别、年龄、受教育年限、技能状况等都会对农民工个体的市民化水平产生影响，但其发挥作用的方式在不同研究者那里呈现出差异性。如有学者发现女性的市民化水平要高于男性，并将其归因为男女两性在人际交往和心理素质方面的差异④，也有研究发现男性农民工的市民化水平一般高于女性农民工⑤；有学者认为流动人口的教育水平越高，其市民化程度越高⑥，也有相反的观点认为教育水平与农民工的市民化程度呈现负向关系⑦，或者受教育水平对农民工社会融入的影响是不

---

① 文乐、彭代彦、覃一冬：《土地供给、房价与中国人口半城镇化》，《中国人口·资源与环境》2017年第4期。

② 张国胜、杨先明：《中国农民工市民化的社会成本研究》，《经济界》2008年第5期。

③ 肖日葵：《人力资本、社会资本对农民工市民化的影响——以X市农民工为个案研究》，《西北人口》2008年第4期。

④ 李荣彬、袁城、王国宏等：《新生代农民工市民化水平的现状及影响因素分析——基于我国106个城市调查数据的实证研究》，《青年研究》2013年第1期。

⑤ 王桂新、沈建法、刘建波：《中国城市农民工市民化研究：以上海为例》，《城市学研究》2011年第1辑。

⑥ 同上。

⑦ 李荣彬、袁城、王国宏等：《新生代农民工市民化水平的现状及影响因素分析——基于我国106个城市调查数据的实证研究》，《青年研究》2013年第1期。

显著的，真正发挥作用的是农民工的技能水平。① 关于社会资本，有的研究认为，农民工的社会关系网络作为一种社会资本则有可能弥补其人力资本方面的劣势地位②；也有研究发现，农民工的边缘性地位与其社会资本的占有和使用密切相关③，农民工以血缘、地缘和亲缘为纽带建立起来的传统社会关系网络具有明显的狭隘性，社会网络位差小，异质性低，通过网络获取资源的能力差，社会资本质量总体较低，这些因素都制约了其市民化的顺利实现④；另外还有研究表明，农民工以初级群体为基础的社会关系网络对于其市民化具有双重作用：一方面能从精神上和物质上为农民工提供支持，避免其迅速沦为失败者，但是另一方面，这种网络会强化其亚社会生态环境，阻碍农民工群体对于城市的认同，形成社会认同的"内卷化"⑤；与农民工在进城前的传统社会关系网络相比，新型或现代型社会资本在农民工的市民化过程中作用更大。⑥

除了农民工自身因素之外，流入地居民对农民工的态度也会影响到融入效果。一般而言，与封闭性城市相比，移民城市的居民更容易具有"宽容"和"纳新"的品格，这对于农民工的市民化，尤其是心理维度的市民化具有正向影响。⑦ 相反，流入地居民对农民工的歧视性态度则会对后者融入城市社会产生消极影响。城市居民对

---

① 李培林、田丰：《中国农民工社会融入的代际比较》，《社会》2012年第5期。
② 王毅杰、童星：《流动农民社会支持网探析》，《社会学研究》2004年第2期。
③ 刘传江、周玲：《社会资本与农民工的城市融合》，《人口研究》2004年第5期。
④ 同上。
⑤ 王春光：《农村流动人口的"半城市化"问题研究》，《社会学研究》2006年第5期。
⑥ 赵延东、王奋宇：《城乡流动人口的经济地位获得及决定因素》，《中国人口科学》2002年第4期。
⑦ 王桂新、沈建法、刘建波：《中国城市农民工市民化研究：以上海为例》，《城市学研究》2011年第1辑。

农民工的歧视行为主要表现在语言轻蔑、有意回避、职业排斥和人格侮辱等几个方面,这会导致农民工与城市居民之间产生一种摩擦式互动,农民工只能以准公民身份存在于城市社会。[①] 由于受到城市居民的排斥,农民工可能会在心理上有意保持与城市人的距离,从而远离主流社会。李强[②]认为,城市居民对农民工日常接触中的歧视主要发生在公共场所和居民家庭这两类场合,无论哪一类场合,前者对后者的歧视态度与行为都可能导致后者对城市以及城市人的反感。

(三) 推进农民工市民化的对策建议

由于社会政策以社会公正作为价值取向,以消除社会排斥为目标,以为弱势群体提供生存条件和发展空间为己任,对于改变农民工的边缘化地位、促进其全面融入城市社会具有重要意义,因此社会政策被视为推进农民工市民化进程的重要路径选择。[③] 在社会政策设计上,学者们给出了多样化的建议。关信平指出,在农村劳动力转移就业背景下存在着三种社会政策模式,第一种是维持二元结构体制下的社会政策体系,第二种是在城市中建立针对市民和农民工的双重社会政策体系,第三种是建立统一的社会政策体系。毫无疑问,只有第三种模式才是建立在对我国劳动力转移就业趋势正确认识基础上的政策选择,应该将进城农民工纳入城市的社会政策体系中,而首先需要解决的是农民工的社会保障和社会服务问题。[④] 潘泽泉指出,未来我国农民工社会政策的调整方向应该是

---

① 朱力:《群体性偏见与歧视——农民工与市民的摩擦性互动》,《江海学刊》2001年第6期。

② 李强:《关于城市农民工的情绪倾向及社会冲突问题》,《社会学研究》1995年第4期。

③ 钱正武、孔祥振:《社会政策:农民工市民化的路径选择》,《理论导刊》2011年第10期。

④ 关信平:《现阶段我国农村劳动力转移就业背景下社会政策的主要议题及模式选择》,《江苏社会科学》2005年第5期。

从问题取向、福利取向转向发展取向,从生存型社会政策走向发展型社会政策。① 刘小年则指出,推动农民工市民化,需要提供四个方面的政策支持,即平等的政策、平衡的政策、统一的政策和发展的政策,分别处理的是农民工市民化进程中与他人之间的关系、农民工自身身心关系、农民工生产与生活的关系,以及农民工生活的城乡地域矛盾等方面的问题。② 冷向明、赵德兴认为,我国农民工市民化社会政策困境的根源在于公民身份的不平等,因此现阶段的社会政策应当从"权益—保障"范式转为"发展—融合"范式,政策调整的重点应该放在由"赋权"转为"增能""促融",具体做法则包括加强对农民工社会资本和人力资本的投资③,这些属于从整体层面提出的农民工市民化的社会政策构想。

对照前文总结的农民工市民化影响因素,已有的对策建议也可以归纳为如下三大类。

1. 改革阻碍农民工市民化的体制和制度

肖倩④认为制约农民工市民化的诸因素中最根本的是制度性障碍,因此破解农民工市民化难题的出路在于构建城乡一体的土地制度、户籍制度和社会保障制度;杨云善⑤强调必须构建一套包括经济融合、政治融合、社会融合、文化融合和社会融合机制在内的完

---

① 潘泽泉:《中国农民工社会政策调整的实践逻辑——秩序理性、结构性不平等与政策转型》,《经济社会体制比较》2011年第5期。

② 刘小年:《论农民工市民化的政策支持:主体的视角》,《农村经济》2012年第2期。

③ 冷向明、赵德兴:《中国农民工市民化的阶段特性与政策转型研究》,《政治学研究》2013年第1期。

④ 肖倩:《城乡制度一体化:破解农民工市民化进程中的制度性障碍》,《中共浙江省委党校学报》2016年第2期。

⑤ 杨云善:《建立农业转移人口市民化促进机制研究》,《河南社会科学》2014年第2期。

善的农业转移人口市民化促进机制;黄锟①建议,加快农民工市民化制度创新的总体思路应该坚持一元化方向、渐进式改革、分类型实施、整体性推进,并在整体上将农民工市民化划分为准市民化和完全市民化两个阶段;辜胜阻等②提出推动城镇化转型需要一系列配套改革,重点需要处理好"人如何市民化""钱如何筹集""地如何集约使用"和"空间如何科学布局"四个基本问题;徐增阳③则把分析焦点聚集于具体的公共服务体系,以流动人口积分管理制度为例,重点考察了如何在城市公共服务承载能力与中央要求、农民工诉求之间寻找一种动态平衡机制。

2. 提升农民工的素质和能力

农民工实现有序市民化需要同时具备市民化意愿和市民化能力两个条件,其中市民化意愿是条件,而市民化能力是保证,目前农民工市民化表现出强市民化意愿和弱市民化能力的反差,这需要学术界就如何提升农民工市民化能力进行全面深入地探讨。李练军④根据农民工市民化的过程,将市民化能力划分为土地退出补偿能力、城市就业能力和城市融入能力,而人力资本、社会资本和城乡二元制度都会对这三类能力造成影响,因此应当从提升农民工人力资本和社会资本积累以及改革二元制度等方面入手,增强农民工市民化能力;王竹林、范维⑤从人力资本理论出发,将农民工市民化

---

① 黄锟:《农民工市民化制度创新的总体思路和阶段性制度安排》,《国家行政学院学报》2013 年第 2 期。

② 辜胜阻、刘江日、李洪斌:《中国城镇化的转型方向和配套改革》,《中国人口科学》2013 年第 3 期。

③ 徐增阳:《农民工的公共服务获得机制与"同城待遇":对中山市积分制的调查与思考》,《经济社会体制比较》2011 年第 5 期。

④ 李练军:《新生代农民工融入中小城镇的市民化能力研究:基于人力资本、社会资本与制度因素的考察》,《农业经济问题》2015 年第 9 期。

⑤ 王竹林、范维:《人力资本视角下农民工市民化能力形成机理及提升路径》,《西北农林科技大学学报》(社会科学版)2015 年第 2 期。

能力分解为职业转化就业能力、城市生存和生活能力以及城市融合发展能力，进而提出通过教育培训制度设计、机制完善以及模式创新来提升农民工市民化能力。

3. 建立农民工市民化的成本分担机制

促使农民工逐步享受均等的城市公共服务，进而推动其有效融入城市，需要构建具有中国特色的农民工市民化成本分担体系，围绕着这一主题，学者们进行了大量讨论，并基本达成共识：市民化成本应该由中央政府、地方政府、企业和农民工个人等不同主体进行合理分担。但是在具体的分担方式上，则表现出异质性。魏后凯[1]指出应该建立由政府、企业、社会共同建立的市民化成本分担机制，并根据地方实践经验认为政府、企业和社会各应承担约三分之一的成本；谌新民、周文良[2]将农民工市民化成本定义为随着农业转移人口的市民化，原本只覆盖本地户籍居民的基本公共服务扩展到农业转移人口而需要的额外投入，具有分层异质性、主体多元化和动态累积性等特征，要推动合理的市民化成本分担机制，需要从还权赋能和合理设计成本分担机制入手；王国霞、张慧[3]则认为农业转移人口根据向城镇转移的驱动力不同，可分为被动型和主动型两类，他们的成本分担能力不同，对市民化的诉求也不同，因此市民化成本分担机制的建立应该体现差别化原则。

---

[1] 魏后凯：《构建多元化的农民市民化成本分担机制》，《中国社会科学报》2013年3月1日。

[2] 谌新民、周文良：《农业转移人口市民化成本分担机制及政策涵义》，《华南师范大学学报》（社会科学版）2013年第5期。

[3] 王国霞、张慧：《农业转移人口市民化成本分担机制分类设计初探》，《经济问题》2016年第5期。

三 研究述评

首先,经典的乡城人口迁移理论的贡献及局限性。本书较为详细地论述了人口迁移研究的三大经典范式,包括经济学视角、社会网络分析和历史—结构分析,这些理论模型分别从微观、中观和宏观角度论述了人口乡城迁移的原因和规律。从宏观方面来讲,城乡二元经济结构的存在以及现代工业的扩张引发了农村人口向城市流动,从微观层面而言,迁移则是建立在成本收益计算基础上的理性决策,从而把个体的决策行为与宏观的经济发展过程联系起来,为人们理解乡城人口迁移问题提供了基本的视角。但是,这些模型也各有其局限性,经济学视角认为迁移会带来生产要素均衡分布,并且假定劳动力自由流动的市场经济的存在,这些条件在发展中国家都不是理所当然的,因此将其应用到对我国农民工市民化过程的分析时,要警惕理论失效的可能性。如李强认为,我国户籍制度的存在使西方理论中影响乡村人口迁移的推力和拉力因素都发生了变形,从而使农民工迁移不再遵循一般的推拉规律。[①] 如果说经济学视角存在着过度简化的问题,那么历史—结构分析视角则在相反的方向上有失偏颇,它过分关注决定生产要素空间分配不均的结构性因素,却忽视了对激发个体做出迁移决策的因素的考察。因此探索我国制度性框架下的农民工市民化问题还需要更贴近本土实际的理论模型。

其次,移民社会融合理论的贡献及局限性。无论是经典社会融合理论、熔炉论、多元文化论、异质本地化理论还是区隔融合论,都是对各自时代宏观社会背景下移民融合的现象及过程的解释和描

---

① 李强:《影响中国城乡流动人口的推力与拉力因素分析》,《中国社会科学》2003年第1期。

述。经典的社会融合论是较早的关于移民在流入地社会融合的理论框架,它强调不同文化之间的相互渗透和相互影响,本身并未对文化的优劣做出价值判断,对以后时代相关理论的发展以及实证研究的开展具有奠基性作用;熔炉论与经典融合论相比,虽然同样强调一种共同文化的产生,但是它将盎格鲁撒克逊美国人的文化传统置于绝对的优先地位,具有"文化帝国主义"的倾向;多元文化论更多的是源于政治主张,强调移民社会是一个充满文化异质性的集体,但由于其存在新种族主义倾向、静止的文化观等局限,对实证研究工作的指导作用逊色于经典的融合理论;异质本地化理论聚焦于移民的空间聚居特征,指出空间邻近对于维持移民种族身份认同并不是必需的,区隔融合论则从新的社会历史条件出发,强调个人与宏观社会结构的互动,指出了融合过程可能产生的多样化结果,这些是对经典融合理论的补充和完善。但是,作为建立在西方、特别是美国移民经验基础上的社会融合理论,普遍存在过于重视文化融合、甚至把复杂的社会融合问题简化为文化融合的特征,这对于研究国际移民或许是适当的,但是对于我国农民工对城市社会的融合来说,经济融入、社会融入是更为迫切的问题,而文化方面尽管存在着乡城之间的差别,但由于共享的中国文化体系的存在,这方面的冲突并不像国际移民那般明显。所以采用西方社会融合理论分析我国农民工的城市适应也存在着解释力不足的问题。

最后,农民工市民化作为社会科学领域一个热门研究话题,至今已经涌现出相当丰富的研究成果,研究内容涵盖市民化内涵、市民化进程测度、市民化影响因素、推进市民化对策建议、新生代农民工市民化、农村人口迁移国际经验等多个方面,并从我国实际出发原创性地提出了农民工市民化多阶段理论,具有较强的科学性和合理性。但是,未来研究仍然存在一些可以提升的空间:

第一,通过量化研究方法探究农民工市民化的影响因素是市民化研究的一个重要组成部分,这需要建立在科学测度农民工市民化进程的基础之上，但当前阶段学界尚未就农民工市民化进程指标体系的建构方法达成较为一致的意见，由此造成不同研究结论之间缺乏可比性。

第二，在对农民工市民化影响因素的分析上，学者们多将研究焦点放在影响市民化实现的宏观制度安排和农民工个体因素上，较少将二者视为一个有机整体并分析其互动关系，但是在社会学看来，行动者和结构之间存在着一种二重性①，在对农民工市民化问题展开分析时，必须考虑到作为行动者的农民工和社会结构之间的互构关系，并将这种对互构关系的考量贯穿于研究始终；而且在具体的影响因素上，经济因素和制度因素得到了足够重视，而对社会交往、文化适应、心理融入等非结构性因素的考量则相对不足，事实上，农民工市民化同时涉及系统世界和生活世界等多个领域的变化。

第三，农民工市民化的理论研究不足。虽然学者们根据我国实际提出了农民工市民化多阶段理论，体现了理论创新的努力，但相比于经典的人口迁移理论、社会融合理论等，学术影响力明显不足；而且大多数市民化研究侧重于实证分析，缺少做进一步理论提升的努力。理论研究的不足，是我国市民化研究的一个重要问题。

第四，农民工市民化的政策研究还需要进一步的理论层面的提升与整合。农民工市民化作为一个亟待化解的社会政策难题和社会政策学界的重要研究议题，需要在一个更为适切的理论的指导下展开实证研究，进而在理论框架内提出政策设计。因此本书尝试从社会质量理论视角出发，研究农民工市民化的进程及社会层面影响因素，进而提出推动农民工有序实现市民化的对策建议。

---

① ［英］吉登斯：《社会的构成》，李康、李猛译，生活·读书·新知三联书店1998年版，第60—64页。

第三节 研究思路与研究方法

一 研究思路

本课题通过大规模问卷及访谈调查数据,从社会质量理论视角研究农民工的市民化问题,研究思路如图1—1所示。具体来说为:(1)在提出研究问题、梳理前期相关研究成果的基础上,分析社会质量、社区公民身份、社会弹性和农民工市民化的内在逻辑,提出研究假设;(2)构建测量指标体系,测度农民工的市民化进程现状;(3)通过大样本问卷分析和访谈资料分析的方法识别社会质量、社区公民身份、社会弹性对农民工市民化的影响机制,检验研究假设;(4)根据实证研究结果,结合实际,从宏观和微观不同层面提出推进农民工市民化的对策建议。具体研究路线如图1—1所示。

二 研究方法

本书采用混合方法展开研究。混合方法研究是社会科学、行为科学等领域的一种研究取向,持该取向的研究者会同时收集封闭的定量数据和开放的定性数据并对数据进行整合,在此基础上进行诠释,以便更好地理解研究问题。其核心假设是当研究者整合统计数据及个人经验时,这种强强联合比采用单一的数据形式更有助于说明问题。[①] 定量研究的优势在于能够从宏观层面对事物进行大规模

---

① [美]约翰·克雷斯威尔:《混合方法研究导论》,李敏谊译,格致出版社2015年版,第1—3页。

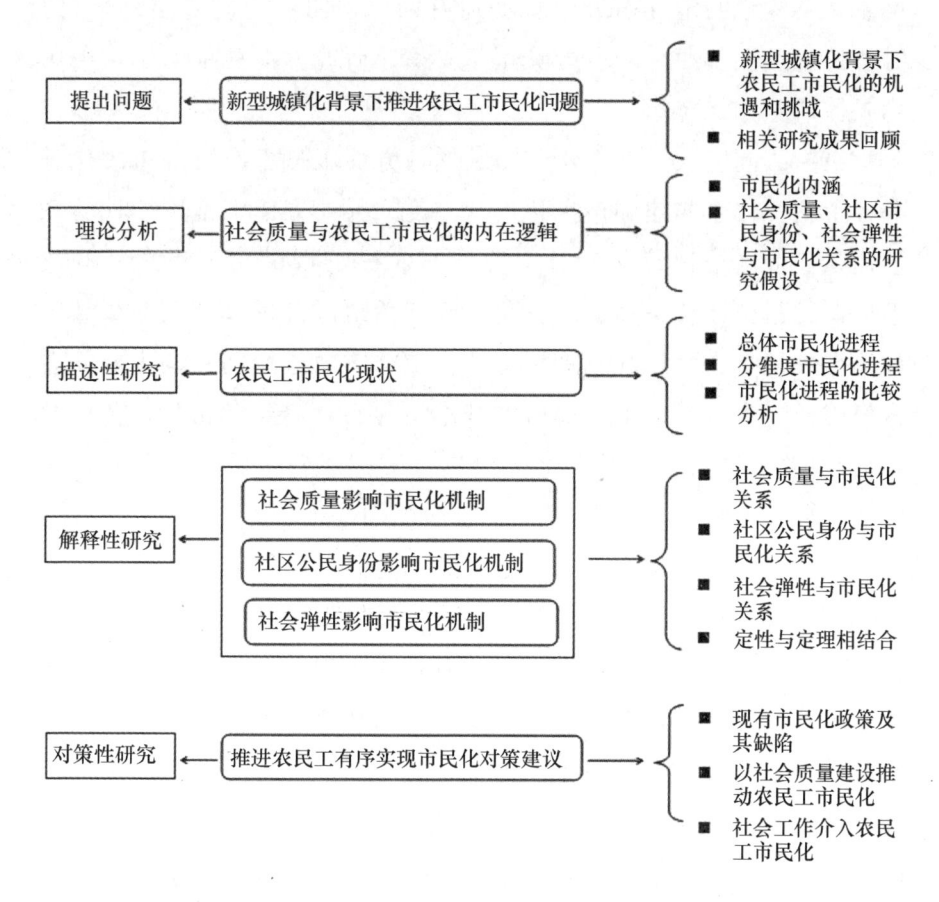

```
提出问题 ── 新型城镇化背景下推进农民工市民化问题 ──┤ ■ 新型城镇化背景下农民工市民化的机遇和挑战
                                              ■ 相关研究成果回顾

理论分析 ── 社会质量与农民工市民化的内在逻辑 ──┤ ■ 市民化内涵
                                              ■ 社会质量、社区市民身份、社会弹性与市民化关系的研究假设

描述性研究 ── 农民工市民化现状 ──┤ ■ 总体市民化进程
                                    ■ 分维度市民化进程
                                    ■ 市民化进程的比较分析

解释性研究 ──┤ 社会质量影响市民化机制    ├──┤ ■ 社会质量与市民化关系
              │ 社区公民身份影响市民化机制│    ■ 社区公民身份与市民化关系
              │ 社会弹性影响市民化机制    │    ■ 社会弹性与市民化关系
                                              ■ 定性与定理相结合

对策性研究 ── 推进农民工有序实现市民化对策建议 ──┤ ■ 现有市民化政策及其缺陷
                                                  ■ 以社会质量建设推动农民工市民化
                                                  ■ 社会工作介入农民工市民化
```

图 1—1　研究思路

的调查和分析，并且研究结论可以推广到相应总体，但缺陷在于研究脱离个人经验，缺乏生动性；定性研究能够在微观层面对个别事物进行细致深入的描述，但结论缺乏可推广性，并且具有高度主观性，将二者有机结合则可以取长补短。在具体的研究方案上，混合方法采取一种"解释性序列"的研究设计，此方案的基本流程如下：第一步，收集和分析定量数据；第二步，根据定量数据分析结果，决定哪些问题需要在第二阶段的定性分析中进一步探索；第三步，通过对定性数据的收集和分析，来帮助解释定量研究结果；第

四步,具体说明定性研究结果如何有助于说明定量研究结果。① 此方法的优点在于两个阶段能够相互支撑,研究方案简单明了。采用的具体研究方法包括:

第一,问卷法。问卷法所得数据一方面服务于农民工市民化进程评价指标体系构建和市民化进程测度,另一方面则是用于检验社会质量、社区公民身份和社会弹性与农民工市民化进程之间的关系。课题组拟在长三角、珠三角和闽三角地区各选择一至两个城市作为调查地点,采用配额抽样方法抽取样本,进行问卷调查。问卷内容涉及三大方面,即调查对象基本情况、社会质量相关指标以及市民化相关指标,由11个部分组成。第一部分是重点了解调查对象的个人基本情况和家庭背景,包括性别、出生年月、教育程度、政治面貌、宗教信仰、婚姻状态、来源地、子女数量、父母文化程度和职业等;第二、第八、第九、第十、第十一部分是市民化相关内容,其中第二部分主要调查受访者在务工地的工作和日常生活情况;第八部分询问调查对象在享受公共服务方面的状况;第九部分重在关注调查对象的社会交往及社会关系状况,内容涉及与本地居民的交往频率、心理距离,以及在城市的新生社会网络等;第十部分和第十一部分是询问受访者的市民化意愿以及生活满意度。其余的第三、第四、第五、第六、第七部分是社会质量、社会弹性和社区公民身份相关内容,依次调查的是受访者在社会质量的四个经典条件性因素(社会团结、社会包容、社会经济保障、社会参与和赋权)以及社会弹性、社区生活方面的客观现状及主观评价。

第二,访谈法。深度访谈法是本书收集一手资料的第二种主要方法,之所以除问卷调查法之外还采用访谈法来收集资料,是因为我们不仅希望通过量化数据展示农民工市民化的进程,以及从社会

---

① [美]约翰·克雷斯威尔:《混合方法研究导论》,李敏谊译,格致出版社2015年版,第43页。

质量、社会弹性和社区公民身份角度探讨农民工市民化的社会影响因素，还希望从微观层面关注农民工市民化的实际过程，了解他们在这个过程中是否经历过不同层面的排斥、是如何应对这些排斥的，以及市民化的最终结果如何，并且期望从这些研究资料中进行理论建构的尝试，这些都是单纯依靠问卷调查无法实现的。与问卷调查相比，访谈具有更大的灵活性以及对意义解释的空间[①]，它更加关注受访者的主观感受，有助于研究者从受访者角度去理解其市民化状况，并帮助我们厘清定量分析结果得以产生的脉络背景。

第三，文献法。文献法的运用体现在两个方面：首先在研究的准备阶段，文献法用于探索性研究，即运用文献法查阅国内外与农民工市民化相关的研究进展情况，既包括与农民工市民化直接相关的研究，也包括与此相关的其他研究，比如移民、农业人口转移、城市化、财政预算和公共服务供给、社会质量理论及其应用研究等。在掌握大量相关知识的基础上，设计出本书的问卷和访谈提纲。其次，在国情了解阶段，运用文献法收集有关农民工市民化的文件、报告、总结等。另外也要关注国外的移民政策以及与城市化相关的政策法规，以便为我所用。

三 研究意义

本书的理论意义首先体现在基于社会质量理论的研究框架，对农民工市民化问题进行研究，探索一种促进农民工市民化有序实现的研究模型。社会质量理论是近年来社会政策研究的一个新兴理论，已被广泛用于健康、养老、城市发展、反贫困等政策领域，显现出极强的解释力和启发意义，目前尚未出现系统的将社会质量理

---

① 陈向明：《质的研究方法与社会科学研究》，教育科学出版社2000年版，第170页。

论运用于农民工问题的研究成果，本书可以视为对社会质量理论在农民工市民化领域的一个应用性研究，通过此研究可以对农民工市民化问题提出新的理论解释，丰富现有的关于农民工市民化的研究内容。其次，在农民工市民化指标体系构建上，目前学界尚未达成一致，这使相关研究在农民工市民化进程测算方面所得结论大相径庭，本书尝试在借鉴已有研究成果的基础上，通过客观构权方法，构建符合新形势的农民工市民化指标体系。最后，本书将社会质量理论用于农民工市民化问题研究，探索农民工市民化的社会层面影响因素，分析社会质量理论对农民工市民化问题的解释力和局限性，并在此基础上寻求社会质量理论本土化的可能方向。

农民工市民化的有序实现是一项复杂的系统性工程，其中存在着众多难题和挑战，比如如何进行实质性的户籍制度改革以剥离附着在户籍制度上的各种权利和福利问题、如何改变城市居民利益受损的心态从而对农民工持友好接纳的态度、如何提升农民工的"城市性"以便更好适应城市生活等，在这种背景下，加强农民工市民化的理论和政策研究，具有重要的现实意义。

首先，有助于进一步完善现有的农民工市民化政策体系，促进新型城镇化战略目标的实现。虽然针对农民工市民化已经出台了不同种类、不同层次的数量众多的政策文本，但是相较于新型城镇化规划提出的"城镇基本公共服务常住人口全覆盖""使全体居民共享现代化建设成果"等宏伟目标而言，现行政策还存在着不完整、不稳定、不规范、低层次、效果差等问题。系统开展农民工市民化的理论和政策研究，有助于在政策设计中扬长避短、填补漏洞，实现政策创新。其次，有助于维护农民工的合法权益，充分挖掘人口质量红利，缓解用工荒问题。随着经济发展进入新常态，劳动力市场就业形态发生变化，企业面临着传统廉价劳动力人口红利逐渐减少的事实，用工荒现象将长期存在。同时，人口质量红利初步涌现，对农民工群体的综合素质提出了较高要求。通过设计出科学合理的农民工市民化政策，注重通过培训等方式提升农民工的素质和能力，维护该群体在教育、医疗、就业等各个方面的合法权益，能够促使农民工在城镇安居乐业，缓解用工荒问题，推动人口质量红利进一步释放出来。最后，有助于帮助农民工实现"城市梦"，进而逐步化解留守儿童、留守老人、留守妇女等衍生问题，使社会更加和谐。不仅农民工已成为全社会关注的焦点人群，以之为核心衍生出来的留守妇女、留守儿童、留守老人、后打工群体、小漂族和老漂族等群体也日益清晰地走进人们的视野，与其相关的各类矛盾和悲剧时常见诸报端。新政策的设计将通过帮助农民工圆城市梦来提升农民工群体的福祉，进而逐步化解其衍生群体的问题，减少社会矛盾和家庭冲突。

第二章 理论基础及研究设计

第一节 社会质量理论

社会质量理论从"社会"视角出发，重申社会的内涵，通过对社会性的强调，主张对社会发展状况进行整体层面的评价，以提升社会发展的品质，并倡导社会政策的目标应该是实现全体社会成员对于人类社会发展成果的共享。与此同时，社会质量理论已经发展出一套较为成熟的指标体系，并被广泛应用于实证研究，对于社会政策建设表现出较强的指导意义。有鉴于此，本书采用社会质量理论探讨社会发展的质量水平对于农民工市民化的影响作用。

一 社会质量理论的内涵

在传统的发展观念中，经济政策的目标在于经济增长和创造价值，社会政策的目标在于解决社会问题和分解国民收入，而创造财富显然比分解财富更重要，因此在资源有限的条件下，经济政策及经济增长必然优先于社会政策和社会发展。20世纪90年代，随着新自由主义在欧洲社会日益占据支配地位，经济政策和社会政策之间的不平衡关系愈加明显，欧洲社会政策陷入危机，社会质量理论的出现就是对社会政策"婢女型"地位的回应。在一系列批判社会政策从属于经济政策的理论和实践工作的基础上，1997年6月，来自社会政策、社会学、政治学、法律和经济领域的74位专家共同签署了《欧洲社会质量阿姆斯特丹宣言》，该宣言宣称"我们不想在欧洲城市看到数量日益增长的乞讨者、流浪汉以及无家可归者，我们也不支持一个拥有为数众多的失业者、数量持续增加的贫困人士，以及众多只能享有有限的健康照顾和社会服务人员的欧洲，除此之外，还有很多负面的指标表明欧洲社会为其成员提供的社会质量是不充足的"①，《欧洲社会质量阿姆斯特丹宣言》的提出标志着社会质量理论正式诞生。

  所谓社会质量，指的是"公民在那些能够提升他们的福利状况和个人潜能的条件下，参与其共同体的社会与经济生活的程度"②，衡量的是社会关系的质量在多大程度上能够促进个体发展和推动社会参与。③ 社会质量理论家们从社会哲学视角出发探讨社会发展的模式问题，指出社会质量本体论的基础在于人的社会性，"社会性"的实质是在集体认同的形成语境下，作为社会存在的个体的自我实现，整个社会就形成于个体的自我实现与集体认同之间的相互依赖中。这种相互依赖过程发生的领域体现了两种重要的紧张关系的互动：正式的系统世界和由家庭、群体、社区构成的非正式的生活世界之间的横向的紧张关系，以及社会发展和个人发展之间纵向的紧

---

  ① ［荷］沃尔夫冈·贝克、［荷］劳伦·范德蒙森、［英］艾伦·沃克：《欧洲社会质量阿姆斯特丹宣言》，见［荷］贝克等主编《社会质量：欧洲愿景》，王晓楠等译，社会科学文献出版社2015年版，第325页。

  ② Beck, W., Maesen, van der Laurent & A. Walker (eds.), *The Social Quality of Europe*, The Hague: Kluwer Law International, 1997, pp. 267 – 268.

  ③ Walker, A. & Maesen, van der Laurent, "Social Quality and Quality of life", *Paper for ESPA-NET Conference*, Copenhagen 13 – 15, November, 2003.

张关系。① 这两类张力既不相同也不互补，但是其结果会相互影响，共同构成社会质量的架构图。

社会质量理论的核心架构由三组因素构成，即建构性因素、条件性因素和规范性因素。建构性因素涉及社会主体的行动，反映了决定社会质量好坏的制度因素和社会成员的客观生活状态及主观认知。建构性因素产生于自我实现过程和社会认同过程在两种紧张关系中的互动，并由此催生了合格的社会质量行动者的构成，主要包含四个维度：个人的保障（personal security），关乎法律规则的制度化；社会认同（social recognition），关乎社区成员个人之间的相互尊重和相互接纳；社会回应（social responsiveness），关乎群体、社区和系统的开放性；个人的能力（personal capacity），关乎个人的生理和精神方面的能力。②

那么，什么样的社会是高质量社会呢？这就涉及如何判断和测量社会质量问题。依据社会质量理论，一个高质量的社会必须满足以下四个基本条件：社会经济保障（socio-economic security）、社会凝聚（social cohesion）、社会包容（social inclusion）和社会赋权（social empowerment）。首先，人们必须有机会获得那些有助于互动实现的资源（社会经济保障）；其次，社会制度和社会结构应该具有开放性（社会包容）；再次，社会应该具备集体认可的价值和规范以促进共同体的形成（社会凝聚）；最后，人们必须有能力参与社会互动（社会赋权）③。对这四个维度的操作化形成了衡量社会质量高低的主要指标，也指明了建设一个高质量社会的具体着力点。

---

① ［英］艾伦·沃克：《社会质量取向：连接亚洲与欧洲的桥梁》，《江海学刊》2010 年第 4 期。

② 同上。

③ Walker, A. & Maesen, van der Laurent, "Social Quality and Quality of Life", *Paper for ESPA-NET Conference*, Copenhagen 13–15, November, 2003.

最后，对社会质量高低的评价必须在道德和规范的框架内展开，因此除了考察条件性因素之外，还必须讨论规范性因素为社会质量设立的标准。规范性因素包含四个维度：社会正义，对应社会经济保障；社会团结，对应社会凝聚；平等价值观，对应社会包容；个人的尊严，对应社会赋权。[1] 规范性因素回答了"应该建设一个什么样的社会"这样一个应然性问题，具有较强的意识形态意义[2]，无论在个体层面还是在社会层面，都不能忽视规范性因素对于社会质量的影响。

由此可见，社会质量理论不仅关注社会结构和社会关系能够为行动者提供的条件，还注重分析行动者扮演的角色、具备的能力及其对客观生活状态的感知，并把道德性因素和意识形态因素纳入分析框架，试图在建构性因素、条件性因素和规范性因素之间建立起有机联系，以形成一个连贯的理论体系。

二 社会质量理论的拓展

自从1997年社会质量理论诞生至今，社会质量理论的发展脉络可以划分为四个阶段。

第一个阶段是1998—2001年，社会质量理论的思想及方法处于初创阶段，研究成果初步应用于某些特定的社会政策领域。这一阶段的研究主要涉及三方面内容：一是对把欧洲统一简化为经济整合即"经济欧洲"的观点进行批判，提出建立"社会欧洲"理念；二是对社会政策沦为经济政策附庸的做法进行批判；三是

---

[1] ［英］艾伦·沃克：《社会质量取向：连接亚洲与欧洲的桥梁》，《江海学刊》2010年第4期。

[2] 林卡：《社会质量理论：研究和谐社会建设的新视角》，《中国人民大学学报》2010年第2期。

将社会质量视角和其他研究视角进行比较，探讨社会质量与生活质量、社会质量与人类安全、社会质量与社会发展等理论之间的关系。① 在此期间，创立了《欧洲社会质量期刊》，出版了社会质量理论第二本专著即《社会质量：一个欧洲的新视角》。

第二个阶段是 2001—2006 年，在这一阶段，无论是理论研究还是经验研究都得到了进一步深化。欧洲社会质量基金会专门组成欧洲社会质量指标网络（ENIQ），大力推进社会质量指标体系建设，最终确定了社会质量四个维度，即社会经济保障、社会凝聚、社会包容和社会赋权及其内涵。社会经济保障指的是人们获得充足的物质和非物质资源的可能性。资源是社会经济保障的核心，人们需要依靠它来应对风险和增加生活机会，而资源的形式既包括物质资源也包括非物质资源。社会经济保障的主旨是在一个互相照顾和合作的社会关系情境中达到自我实现，以应对生活中的不确定性。② 社会凝聚指的是建立在认同、价值和规范基础上的社会关系被分享的程度③，较高水平的社会凝聚能够确保人们像真正的"社会人"那样生活，因此社会凝聚与"社会性"的实现最为密切相关。④ 社会包容指的是个体感觉到自己被整合进那些构成人们日常生活的关系、组织、社会子系统和制度的程度，体现了一种在民主社会中表

---

① Maesen, van der L. & A. Walker, "The Development of Social Quality between 1994 and 2014", 2014 年（http：//www.socialquality.org/wp-content/uploads/2014/10/WorkingPaper-13-2014.pdf）.

② Keizer, M., "Social Quality and the Component of Socio-econimic Security, International Association on Social Quality", 2004（http：//www.socialquality.org/wp-content/uploads /2014/10 /Socio-Economic-Febr-2004.pdf）.

③ Maesen, van der L. & A. Walker, "Indicators of Social Quality: Outcomes of the EuropeanScientific Network", *European Journal of Social Quality* 5 (5), 2005, pp. 8-24.

④ Berman, Y. & Phillips, D., "Indicators for Social Cohesion, International Association on Social Quality", 2004（http：//www.socialquality.org/wp-content/uploads/2014/10/Indicators-June--2004.pdf）.

述公民权利内涵的可能性。① 社会赋权指的是通过社会关系来增强个体的行动能力，其目的在于促进个体的参与，正是社会赋权的存在，使人们能够把握行动者与结构、个体和社会之间的辩证关系。② 在明确四个维度含义的基础上，最终发展出包括 18 个主要领域和 45 个次要领域，共 95 个指标的欧洲社会质量指标体系。社会质量理论由此进入应用阶段，就业、公共健康和城市发展等议题是其重点研究领域。

第三个阶段是 2006—2011 年，社会质量理论开始走出欧洲，向亚洲扩展。日本、中国台湾、泰国、中国大陆、韩国、中国香港相继召开了社会质量会议，成立了亚洲社会质量研究联合会（ACSQ）。亚洲社会质量研究包括两方面主要内容：一是研讨欧洲社会质量指标在亚洲社会的适用性，通过改造形成亚洲社会质量标准问卷（SQSQ）并将其运用于亚洲社会研究；二是从社会质量理论出发探讨亚洲国家和地区的实际问题。比如，日本学者探讨老龄化问题，韩国学者聚焦于风险社会和风险政治，中国学者将社会质量理论应用于和谐社会建设研究，等等。③ 与此同时，社会质量理论在欧洲的研究继续深化，欧洲社会质量基金会与荷兰国际社会科学研究所（International Institute of Social Studies）合作，研究人类安全以及可持续发展等问题，提出发展绿色经济的主张；创立了《国际社会质量期刊》取代原有的《欧洲社会质量期刊》。经过这一阶段的发展，社会质量理论逐步从欧洲转向亚洲及全球视野。

---

① Walker, A. & Wigfield, A., "The Social Inclusion Component of Social Quality, Fourth Draft Discussion Paper", *Amsterdam*: *European Foundation on Social Quality*, 2004.

② Hermann, P., "Empowerment, International Association on Social Quality", 2004 (http://www.socialquality.org/wp-content/uploads/2014/10/Empowerment-febr-2004.pdf).

③ 张海东、石海波、毕婧千：《社会质量研究及其新进展》，《社会学研究》2012 年第 3 期。

2011年至今,是社会质量理论发展的最新阶段,社会质量理论更具全球视野,关注的议题聚焦于全面可持续发展、城市可持续发展和社会复杂性的变化。目前,欧洲社会质量基金会已经更名为国际社会质量协会(IASQ),出版了第三本专著《社会质量:从理论到指标》,进一步完善了社会质量的理论基础,将理论应用于最紧张的政策挑战,包括可持续发展、英国脱欧的社会影响、欧盟的未来、全球视野下的反贫困战略、发展的不平等问题,等等。[①] 从2012年开始,国际社会质量协会与浙江大学合作,通过比较嘉兴模式与波德模式探讨环境治理中的公民参与问题和可持续发展问题。2014年,在国际社会质量协会的支持下,罗马大学与浙江大学签署协定,就如何在社会质量框架下推进全面可持续发展展开合作。在2015年巴黎气候大会召开前夕,国际社会质量协会与荷兰国际社会科学研究所联合发表《可持续宣言》,号召各个国家的领导人鼓励和支持本国高校和科研机构对当前世界可持续发展面临的尖锐挑战做出积极回应,获得国际范围内研究机构及相关学者的积极反响。社会质量理论的这一转变也吸引了国内学术界的关注。

社会质量理论最初主要聚焦于与欧盟事务相关的议题,无论其理论预设、研究视角还是方法论体系都具有鲜明的欧洲特色。随着社会质量理论影响力不断提升,欧洲以外的学者也逐渐认识到了其魅力所在,社会质量理论开始走出欧洲并在亚洲迅速推广。中国在把社会质量理论引入本土语境的过程中表现出了极大的积极性,特别是在近年来政府重视社会建设的宏观背景下,社会质量研究更是成为一个新热点。社会质量理论以"社会性"为立论基础,以社会整合为原则,主张以民众参与的方式来提升社会整体的福利状况,

---

① 比如2016—2017年,《国际社会质量杂志》(*The International Journal of Social Quality*)主题包括英国脱欧(第六卷第1期)、贫穷、羞耻与尊严(第六卷第2期)、发展的不平衡(第七卷第1期)等,详细内容可参见IASQ官网。

把社会团结、社会包容、社会赋权等理念有机地结合起来，为研究者提供了一个社会研究的新视角，相关研究成果逐年增多。

概括而言，目前中国大陆的社会质量研究可以分为三类：一是向国内读者介绍欧洲社会质量理论体系、研究方法和指标体系，并将欧洲的重要社会质量研究文献翻译成中文发表[①]；二是从理论和指标等不同方面探讨社会质量在中国的适用性问题，在此基础上寻求本土化的研究路径[②]；三是运用欧洲指标体系在国内开展经验研究及对策研究。[③]

三 社会质量的经验研究

作为对社会政策长期隶属于经济政策从而导致欧洲社会政策出现危机这一现状的回应，社会质量理论从诞生之日起就肩负着重新定位社会政策的使命。1997年对社会质量第一次系统阐述的成果刚刚面世不久，荷兰就将社会质量作为评估其政策影响的指导原则，把社会质量转化为社会政策。此后十几年中，社会质量的一整套概念工具在欧洲老龄化[④]、人类安全[⑤]、就

[①] [英] 艾伦·沃克：《21世纪的社会政策：最低标准，还是社会质量？》，《社会政策评论》（第一辑），社会科学文献出版社2007年版，第3—27页。

[②] 林卡：《社会质量理论：研究和谐社会建设的新视角》，《中国人民大学学报》2010年第2期。

[③] 林卡、柳晓青、茅慧：《社会信任和社会质量：浙江社会质量调查的数据分析与评估》，《江苏行政学院学报》2010年第4期。

[④] Baars & Jan, Time, "Age and Automony", *European Journal of Social Quality* (1), 2000.

[⑤] Gasper, D., Th. Truong, Maesen, van der Laurent & A. C. Walker, "Human Security and Social Quality: Contrasts and Complementarities", Working Paper Series 264., ISS, The Hague. The Proceedings of International Conference of Sustainable Development, Environmental Public Participation and Social Quality, 2008.

业①、可持续发展②、反贫困③等政策领域得到推广，不仅欧盟内部，联合国等国际组织也试图运用社会质量理念来解决具体问题，如联合国经济社会事务部在关于老龄化的计划中就考虑把社会质量作为评价社会政策有效性的指标。社会质量理论之所以能够为政策制定者带来有益的启发，是因为它能够将公众需求、政策行动者和政策本身有机整合起来。④ 社会质量涵盖了经济、政治、文化、环境等各类政策，并且贯穿于从政策设计到评估的全过程，为社会政策带来了坚实的理论基础和科学的概念框架，进而对扭转经济政策和社会政策之间的不平等关系发挥了一定作用。

大量农村人口迁入城市，在极大地充实城市劳动力队伍的同时，也为城市带来了公共服务供给、基础设施建设、民生建设、社会管理、户籍制度改革、城市病、区域协调发展等城市问题和压力，对城市的治理能力形成了严峻挑战，所以，农民工市民化问题同时也是一个城市治理问题。城市治理研究是社会质量理论应用于经验领域的重要方向之一，对荷兰海牙市的研究表明，城市发展是一个综合性议题，面临经济因素与非经济因素的协调发展问题，这些因素包括教育、就业、住房、健康以及能满足公民需要的所有方面⑤，

---

① Gordon, D., J. Hamilton, T. Korver, et al., "Social Quality and the Policy Domain of Employment Joint Report", 2002 (http://www.socialquality.org/site/index.html).

② EFSQ, "Development toward Sustainability", 2012 (http://www.socialquality.org/site/index.html.).

③ Gubrium, E. &Sony Pellissery, "Antipoverty Measures: The Potential for Shaming and Dignity Building Through Delivery Interactions", *International Journal of Social Quality* 6 (2), 2016.

④ [英]艾伦·沃克：《21世纪的社会政策：最低标准，还是社会质量？》，《社会政策评论》（第一辑），社会科学文献出版社2007年版，第19页。

⑤ Maesen, Laurent van der, The experimental urban space of Laak Noord of the City of The Hague as part of the Dutch Delta Metropolis: an adequate international frame of reference? Working Paper nr.2, 2009 (http://www.socialquality.org/site/index.html).

从社会质量视角出发制定的城市发展框架特别强调在社区、家庭、市民网络、地方政府、非营利组织、企业和学者之间形成合作网络,重视城市利益相关者对城市治理的参与,在我国推进农民工市民化发展,也应该把农民工群体作为首要利益相关者纳入决策过程。同样的,社会质量理论还被应用于移民的社会适应研究,菲利普斯(Phillips)对犹太人社区的研究发现,社区内部高水平的社会经济保障能力、社区凝聚、社区包容和社区赋权是实现社区居民完备的社区公民身份的关键,而这对于新移民的社会适应是至关重要的。[1]

农民工市民化意味着农民工在经济生活、居住条件、公共服务、社会关系和心理认同等方面的全方位变化,这就不仅需要确保农民工获得生存所必需的物质资源和环境资源,还需要保障农民工能够接近并且被整合进那些构成日常生活的多样化制度和社会关系中,减少农民工在政治、经济、社会、文化等领域受到的社会排斥,确保社会结构能够提高农民工个体的行动能力,这些正是社会质量理论的核心因素。仅仅从经济或者制度层面出发考察农民工市民化的影响因素是不充分的,将农民工市民化问题置于社会质量的理论框架之下,将会得到更有启发性的结果。

第二节 社区公民身份理论

农民工迁入城市带来的最大挑战,是公民身份问题,农民工和

---

[1] Phillips, D., "Community Citizenship and Community Social Quality: the British Jewish Community at the Turn of the Twentieth Century", *European Journal of Social Quality* (3), 2001.

市民存在着公民身份的差异，并因此造成实质上的权利不平等。①农民工市民化问题表面看是社会融入问题，但其实质是农民工的公民身份问题，发源于西方的公民身份理论，可能为我们更深入地理解农民工市民化问题提供有益启发。

一 公民身份理论及移民公民身份

公民身份又译市民身份，这一概念最初源于古希腊时期，在希腊的雅典、斯巴达等城市，市民的特性是"他"（公民身份为男性范畴）具有积极投身、承担该城公共义务的意愿。古希腊公民身份的核心在于，市民应认清其在管理和保卫城邦等市民责任中应承担的共同义务。② 现代公民身份理论以马歇尔的经典论述为开端。在1949年发表的《公民身份与社会阶级》一文中，马歇尔将公民身份定义为：给予共同体成员的一种地位，所有成员就这一地位所赋予的权利和义务而言是平等的。从这一定义可以看出，首先，公民身份代表一种平等原则；其次，公民身份包括权利与义务两个组成部分。在马歇尔的经典论述中，公民身份包含了政治权利、民事权利、社会权利三大类要素，其中，社会权利在公民身份概念中居于核心地位，也是公民权利的最高表达形式。民事权利"由个人自由所必需的权利组成：包括人身自由，言论、思想和信仰自由，拥有财产和订立有效契约的权利以及司法权利"；政治权利是"作为政治权利实体的成员或这个实体的选举者，参与行使政治权力的权利"；社会权利是"从某种程度的经济福利

---

① 俞可平：《新移民运动、公民身份与制度变迁——对改革开放以来大规模农民工进城的一种政治学解释》，《经济社会体制比较》2010年第1期。

② ［美］基思·福克斯：《公民身份》，郭忠华译，吉林出版集团有限责任公司2009年版，第11—16页。

与安全到充分享有社会遗产并依据社会通行标准享有文明社会的权利等一系列权利"①。

这三种权利的实现也是西欧特别是英国公民身份的发展过程，18世纪是民事权利实现的时代，19世纪是政治权利的实现，直到20世纪，才逐渐实现了社会权利。这些阶段并不是截然分开的，而是存在着明显的重叠。马歇尔强调，作为特定共同体的成员，人们所享有的由成员地位所赋予的权利和义务的平等性，虽然不存在决定这些权利和义务具体内容的普遍原则，但在那些公民身份作为一种制度蓬勃发展的社会中，能够产生理想公民身份的形象，并以此来衡量社会发展的成就。按照这种方式所设计的路径前进，就是要实现更加充分的平等、公民地位要素的丰富以及拥有这种地位的人数的增长。公民身份实质上也是一项关于平等的原则，而且在这一阶段内，它是一个正处在发展中的机制。从所有人都是自由的以及理论上都能够享有权利出发，公民身份逐步发展起来，且不断地充实所有人都能够享有之权利的内容。② 在马歇尔看来，公民身份的本质在于公民权利的平等，这个平等可以削弱阶层体系的不平等。

自从马歇尔提出公民身份理论之后，自由主义、共和主义、社群主义等不同流派均对马歇尔的公民身份理论进行了自己的阐释，新的公民身份理论，尤其是其中的社会权利要素，经过不同学派的解读得以不断发展，这些思想对社会政策产生了深远的影响。在现代国家，公民身份是一国公民拥有权利的基础，由国家法律规定国民资格，包括享有的权利和应当承担的义务。特纳指出，现代公民身份议题有两个主要面向：公民作为一个社会的成员身份，以及资

---

① ［英］马歇尔：《公民身份与社会阶级》，郭忠华、刘训练译，江苏人民出版社2007年版，第32页。

② 同上书，第17页。

源分配的有效性和公平性。① 公民身份与社会资源分配紧密相关，不平等、权力分化和社会阶级冲突等都在建构公民权利的内容。社会成员的边界如何界定，社会资源如何分配，对于公民个人和国家的社会政策均有重要意义。从世界历史的经验来看，公民权利在国家政策下常常表现为不平等，例如在对待女性、种族、新移民等的差异化或层级化状态。② 杨（Young）进一步主张差别化的公民身份是实现完整的公民身份最佳的方法和途径，一个民主的社会应该承认那些受压迫和弱势群体，并且给予他们有实际效果的代表性。

在西方，公民身份理论现已进入实证研究阶段，其中移民是重要研究领域。布鲁贝克在分析战后欧洲和北美移民问题的基础上，提出了"形式公民身份"和"实质公民身份"概念，前者意指民族国家的成员资格，后者代表马歇尔意义上的一系列公民的、政治的和社会的权利，二者之间可能存在较大不一致，比如，一个人可能拥有正式的国家成员资格，却被排斥了某种权利，或被排除了公共事务的参与等。③ 公民身份理论对本书具有较大的启发意义，因为只要农民工的户籍身份没有改变，即使农民工已经在城市工作和生活，却只能成为"准市民"，无法享受市民的待遇，也无法融入城市社会。在农民工群体身上，"形式公民身份"和"实质公民身份"之间产生了严重背离，而这与公民身份理论对平等原则的诉求是相违背的。

---

① ［英］布莱恩·特纳：《公民身份与社会理论》，郭忠华、蒋红军译，吉林出版集团有限责任公司 2007 年版，第 2—3 页。

② Young, I., "Gender as Seriality: Thinking about Women as a Social Collective", *Signs Journal of Women in Culture & Society* 19（3），1994.

③ Brubaker, R. R., *Citizenship and Nationhood in France and Germany*, Cambridge Mass: Harvard University Press, 1992, pp. 179 – 189.

二 公民身份理论与农民工市民化

相比较而言，公民身份概念在我国出现的时间较晚，而直到改革开放以后，随着我国社会急剧转型和西方公民身份研究的兴起，学术界才开始关注我国公民身份问题。相关的研究可以分为两类：一类是从功能主义视角出发，从问题—对策的角度来审视社会政策的发展，认为社会政策是国家对社会问题的回应。公民身份作为一个研究视角，能够为社会政策提供理论支撑。① 另一类是从社会正义的视角，关注制度带来的社会不平等，主张推进社会政策的变革，实现社会公平。由于公民身份本身含有社会排斥的成分以及中国语境下的公民身份与户籍制度密不可分，一些学者探讨了由户籍制度带来的公民身份不平等问题。②

具体到农民工群体，苏黛瑞是较早将公民身份/公民权利概念引入中国乡城人口迁移研究的学者。在她看来，对于那些进入城市的失地农民来说，最主要的问题不只是缺乏由国家提供的维持日常生活所必需的就业、社会保障等服务，核心问题可能还在于由于没有城市户口，失地农民根本没有"资格"享有城市居民与生俱来的那些"自然权利"以及各类社会福利与服务。因此，她将农村人进入城市描述为争取公民权的行动③，进城农民的根本问题不在于直接争取维持生计的收入、福利、服务等，而是首先争取获得这些待遇和机会的"资格"，即"公民权"。市场化改革引进的资本主义

---

① 王思斌：《我国社会政策的弱势性及其转变》，《学海》2006年第6期。
② 王小章：《从"生存"到"承认"：公民权视野下的农民工问题》，《社会学研究》2009年第1期。
③ [美]苏黛瑞：《在中国城市中争取公民权》，王春光、单丽卿译，浙江人民出版社2009年版，第1—4页。

在中国不仅没有提升公民身份,反而损害了农民工群体的公民身份,农民工在城市中的融入过程即为争取公民权的过程。她认为农民工是城市中的非市民或者次等市民,农业的市场化导致农民暴露在市场风险中,而农民工在城市中却被排除在城市公共财政供给体制之外。[①] 农民工的公民身份主要是社会权利和义务的实现,包括一些城市福利和待遇,也意味着拥有城市公民身份是一个承认与排斥的过程。农民工问题源于制度身份与职业身份的背离与错位,地位、权利、认同甚至行为模式都产生了背离。[②]

随着苏黛瑞开启用公民权的概念分析农民工,从公民身份视角分析农民工问题的研究逐渐兴起。陈映芳[③]把乡城迁移者在城市的权利问题理解为公民权如何落实的问题。在她看来,是国家的制度安排和农民工群体自身的身份认同共同造成了乡城迁移人员成为"非市民"并无法享受公民权利的现状,只有把问题视作乡城迁移者如何获得公民权的问题,而不是"农民工"的权利问题,"农民工"的问题才有可能得到真正解决;农民工是随着时代变迁而不断变化的群体,他们在城市中处于"边缘社会地位"的位置,作为一个国家的市民来说,他们在城市中的权利地位与市民相比是非常不同的,户籍制度将农民与市民划分开,并且附着在户籍制度中的福利政策都区别对待两个群体,农民工的公民权利呈现边缘化的状态[④],形成

[①] [美]苏黛瑞:《在中国城市中争取公民权》,王春光、单丽卿译,浙江人民出版社2009年版,第4—12页。

[②] 郭忠华:《农民工公民身份权利的分析框架——本土化创新的尝试》,《人文杂志》2015年第2期。

[③] 陈映芳:《"农民工"制度安排与身份认同》,《社会学研究》2005年第3期。

[④] 张晓霞:《城市农民工的公民权利边缘化及思考》,《兰州学刊》2006年第3期。

了差异公民身份的现象。文军①则进一步指出,应当重新回到"身份资格"上去讨论被市民化问题,其核心所在就是农民进入城市体系后如何获得平等的公民权的问题,国家或政府给予失地农民平等的"公民权"本来就是一个义务,而不是一种"政治施舍"。正如王小章②所言,学界对农民工研究开始从生存预设论下的"生存—经济"模式向公民权视野下的"身份—政治"模式转变,"身份—政治"叙事模式既包容了"生存—经济"叙事模式的关怀又避免了生存预设论对农民工的矮化和对于"农民工问题"的窄化倾向。

从公民身份的角度对我国农民工的研究集中在农民工在城市中的社会地位和身份权利。然而,以往的研究多集中在从户籍制度分析农民工在城市中所受的局限和不公平待遇,这也意味着户籍身份是"农民工"的本质性身份,遮蔽了与其他社会成员的在别的维度上的差别以及可能存在的身份共通之处。③ 除了户籍身份之外,农民工还有其他多重身份,如作为社区一员的身份。城市社区作为社会化组织载体是农民工市民化的过渡转换场域,与此同时社区也是正式制度和非正式制度转换的场域,能够为农民工提供生活帮助,农民工市民化的过程离不开社区这一空间载体④,农民工在社区场域内的公民身份状况应该引起我们的关注。国内关于农民工公民身份的研究尚处于呼吁社会公平的阶段,相关实证研究比较少,而关于农民工在社区中的公民身份属性及其对市民化的影响,目前研究更为匮乏。因此我们将聚焦于社区场域,探究社区公民身份与市民

---

① 文军:《"被市民化"及其问题——对城郊农民市民化的再反思》,《华东师范大学学报》(哲学社会科学版)2012年第4期。

② 王小章:《从"生存"到"承认":公民权视野下的农民工问题》,《社会学研究》2009年第1期。

③ 同上。

④ 柯元、柯华:《基于社区融入视角的农民工市民化问题探析》,《农村经济》2014年第8期。

化的关系。

三 社区公民身份

德国社会学家滕尼斯在1887年所著的《社区与社会》中首次提出"社区"的概念，表示由具有共同价值观念的人们所组成的关系亲密、守望相助、富有人情味的生活共同体。20世纪30年代，英文单词"Community"翻译成"社区"进入我国学者的学术视野，并逐渐成为社会学研究关注的重点。郑杭生[1]将社区定义为"社区是进行一定的社会活动、具有某种互动关系和共同文化维系力的人类群体及其活动区域"。尽管学者们对社区的定义不同，但是社区具有地域性、社会性两个特点是所有定义的共同点，地域性是指其在一定的地理边界内，社会性指在边界内的人们具有共同的价值并且具有一定的社会联系。社区的这个特征使其成为研究农民工公民身份的适宜场域，社区中的组织和活动包括正式和非正式的，包容了不同程度的社会参与，也有从个人情感上的认同。因此，从社区公民身份的视角来分析农民工的市民化可以为市民化提供更丰富的视野。

国外对于移民的社区公民身份研究是在差异公民身份的主题下进行研究的。以往差异公民身份主要从年龄、阶层、性别、种族等方面来探讨公民身份，并且重点讨论的都是国家层次的公民身份，而欧·利瑞（O'Leary）[2]认为，虽然国家在宏观层面上定义了每个人拥有平等、完整的公民身份资格，但是在实践层面常常形成差异化的公民身份，这也是社区公民身份的研究兴起的原因。在西方

---

[1] 郑杭生：《社会学概论新修》，中国人民大学出版社2003年版，第272页。

[2] O'Leary, S., "Nationality Law and Community Citizenship: A Tale of Two Uneasy Bedfellows", *Yearbook of European Law* 12 (1), 1992.

国家,尤其是美国等包含不同种族的国家,完整的社区公民身份在国家层面上包含不同种族的社区情况,在这种情况下市民标识与社区联系更为密切。因此,这些社区成员致力于在作为国家一员的同时拥有鲜明的社区标识。英国的菲利普斯(Phillips)[①]较早对社区公民身份展开实证研究,他以英国犹太人移民社区为研究对象,分析社区成员的社区公民身份,发现社区在个人的公民身份实现方面扮演了非常重要的角色,社区不仅是在宗教和文化活动上,在社会安全、家庭支持、法律、教育、卫生甚至在移民控制和遣返上都发挥了直接或间接的作用,涵盖了国家控制下的人们生活的各个方面。

事实上,公民身份责任可以在国家和社区间共享,或者说,社区可以作为媒介授予其成员公民身份,这种公民身份即社区公民身份,社区掌握着某些以往掌握在国家或者地方政府手中的权力和责任。社区公民身份是通过作为特殊社区中的成员,个人拥有相当范围内的社会和文化(市民和政治方面则相对较少)权利和义务,从而形成其特殊的国家公民身份的一部分,所以这里的社区公民身份与国家层面上的差异公民身份有所不同,它是国家层面上的公民身份的一部分而不是其中的一个分支。

综合来说,社区公民身份是指作为社区的成员所享受的与社区相关的一系列社会和文化权利以及作为成员所需承担的责任,社区公民身份是国家公民身份的基础元素。[②] 而对于农民工群体来说,社区公民身份则意味着农民工有权平等地享有移居城市各种公共服务与社会福利,有权平等参与所在城市社区自治与管理

[①] Phillips, D., "Community Citizenship and Community Social Quality: The British Jewish Community at the Turn of the Twentieth Century", *European Journal of Social Quality* (3), 2001.

[②] Ibid..

的权利等。①

国内关于农民工的社区生活也有一些研究成果。有学者认为社区作为空间载体可以辅助农民工培养市民意识与能力，形成融入城市社会的权利和能力。城市社区与乡村生活圈子具有相似性，这种相似性会带给农民工熟悉感和亲切感，这种情感使农民工在接受帮助时会产生信任感，减少了参与的风险和不确定性，从而能够突破功利主义的束缚，产生真正的社会信任。②此外，学者们还强调社区作为平台，能够实现农民工社会资本的转移、积累和发展，并且能够发挥社会支持系统的作用。③刘传江与周玲④提出，农民工要尽快融入社区并在社区中建立社会资本的积累和形成机制，弥补离开农村所造成的社会资本的缺失。市民化需要社区动员与支持，应该开放与包容地构建农民工社区公民身份⑤，农民工融入社区的再社会化过程可以超越户籍等外在屏障，最终融入城市社会生活中。⑥因此，系统讨论农民工社区公民身份现状及其对市民化的影响，进而提出相应的落实农民工社区公民身份的政策措施，具有较强的现实意义。

---

① 张金庆、冷向明：《现代公民身份与农民工有序市民化研究》，《复旦学报（社会科学版）》2015年第6期。

② 孙璐：《论城市弱势群体社会资本的提升：从社区支持的角度》，《湖北社会科学》2007年第4期。

③ 刘建娥：《乡—城移民社会融入的实践策略研究》，《社会》2010年第1期。

④ 刘传江、周玲：《社会资本与农民工的城市融合》，《人口研究》2004年第5期。

⑤ 张金庆、冷向明：《现代公民身份与农民工有序市民化研究》，《复旦学报（社会科学版）》2015年第6期。

⑥ 时立荣：《透过社区看农民工的城市融入问题》，《新视野》2005年第4期。

第三节 社会弹性理论

农民工在城市社会中所呈现的半城市化状态是与整个社会结构密切相关的，现有的社会制度，包括户籍制度、社会保障制度、就业制度、教育制度等使农民工难以实现向上流动，获得完整的公民权利。城市社区是连接城市与农民工的一座桥梁，但是绝大部分社区也难以采取有效的措施将农民工吸纳进来，使农民工逐渐成为城市的一员。就农民工个人而言，由于人力资本和社会资本的缺乏，面对外界的压力，他们处于一种受压抑的状态中，缺乏应对不利处境的信心和手段。而社会弹性则意味着开放性、包容性，也意味着应对各种风险与挑战的能力，因此，社会弹性理论为我们认识农民工市民化问题提供了一个视角。从弹性视角出发，我们可以发现那些有利于促进农民工市民化的因素，从而在实践中推动农民工实现有序市民化。

一 弹性概念及其演变

弹性一词源自拉丁文"resilio"，即弹回，其含义是适应并且从破坏性的事件中恢复过来。[1] 这一概念有两层含义，首先是指一种快速的从疾病、变化以及不幸中恢复过来的能力；其次是指物体的一种性质，这种性质使物体弯曲、拉伸以及压缩后可以恢复到原先

---

[1] Klein, R. J. T, R. J. Nicholls & F. Thomalla, Resilience to Natural Hazards: How Useful Is this Concept? *Environmental Hazards* 5, 2003.

的形状和位置。① 弹性这一概念在20世纪70年代开始受到学者的关注。霍林认为弹性是系统的一种性质,是系统受到干扰后恢复到稳定状态的能力。② 随后弹性这一概念很快在不同领域得到运用,不同领域的学者不断尝试对这一概念进行定义,但是这些概念存在较大差异,并没有形成一个普遍接受的定义。总的来说,这些定义可以分为两类,第一类是将弹性视为一种能力或性质,学者们最开始认为弹性是自然生态系统所具有的一种能力或性质,后来逐渐认识到弹性也可以体现在城市、社区甚至个人之中。比如,沃克(Walker)等人③认为弹性是指系统应对各种外在干扰并保持原来的功能、结构等的能力。佩林(Pelling)④则认为弹性是社会行动者处理或适应压力的能力。第二类则是将弹性视为一个过程,派顿(Paton)等人⑤将弹性视为一个积极的过程,是指系统通过自我修正、依靠资源增长从而达到一个可接受的水平。

二 弹性概念的实证研究

随着学者在研究中不断引入弹性这一概念,弹性逐渐成为一种新的研究视角,相关的研究成果主要集中在生态学、灾害管理、心理学等学科领域。总的来说,这些研究可以分为两条演进路径,第

---

① 《韦氏高阶英语词典》,中国大百科全书出版社2009年版,第1384页。

② Holling, C. S., Resilience and Stability of Ecological Systems, *Annual Review of Ecology and Systematics* 4 (4), 1973.

③ Walker, B., C. S. Holling, S. R. Carpenter, and A. Kinzig, Resilience, Adaptability and Transformability in Social-ecological Systems, *Ecology and Society* 9 (2), 2004.

④ Pelling, M., The Vulnerability of Cities: Natural Disasters and Social Resilience, *Geography* 15 (1), 2012.

⑤ Paton, D., L. Smith & J. Violanti, Disaster Response: Risk, Vulnerability and Resilience, *Disaster Prevention and Management* 9 (3), 2000.

一条路径起源于生态学，学者最初关注一个自然生态系统所具有的弹性能力，之后逐渐关注不同社会因素对生态系统的保护与恢复的作用，最后聚焦于一个城市或社区的弹性能力，主要关注它们在面临自然灾害或其他问题时，如何应对这些不利情形，以及哪些因素有助于化解这些不利局面。[1] 第二条路径则是从心理学的研究开始，后来扩展到家庭研究领域，关注的群体从儿童[2]逐渐扩展到青少年[3]、单身母亲[4]等不同弱势群体。

在生态学领域，学者主要研究湿地、森林、湖泊、渔场等自然生态系统，强调人类与自然生态系统的互动，关注生态系统所在区域或社区的哪些社会因素有助于这些系统恢复到原来的状态或者实现可持续发展。生态系统所在社区的领导者、社区的网络以及公众的参与等对这些自然系统的恢复与发展有着非常重要的作用。Olsson等人认为，社区领导人在资源管理过程中扮演着指导性的角色，他们可以促进不同的利益相关者进行有效地合作，从而更有利于保护湿地系统。[5] 汤普金斯（Tompkins）等人[6]以特立尼达和多巴哥

---

[1] Paton, D. & D. Johnston, Disastersand Communities: Vulnerability, Resilience and Preparedness, *Disaster Prevention and Management* 10 (4), 2001.

[2] Werner, E. E., The Children of Kauai: Resiliency and Recovery in Adolescence and Adulthood, *Journal of Adolescent Health* 13 (4), 1992.

[3] Wills, T. A., J. M. Sandy, O. Shinar & A. Yaeger, Contributions of Positive and Negative Affect to Adolescent Substance Use: Test of a Bidimensional Model in a Longitudinal Study, *Psychology of Addictive Behaviors* 13 (4), 1999.

[4] Levine, K. A., Against All Odds: Resilience in Single Mothers of Children with Disabilities, *Social Work in Health Care* 48, 2009.

[5] Olsson, P., C. Folke & T. Hahn, Social-ecological Transformation for Ecosystem Management: The Development of Adaptive Co-management of a Wetland Landscape in Southern Sweden, *Ecology and Society* 9 (4), 2004.

[6] Tompkins, E. L. & W. N. Adger, Does Adaptive Management of Natural Resources Enhance Resilience to Climate Change? *Ecology and Society* 9 (2), 2004.

为例，发现海滨社区的社会网络有助于促进集体行动，从而有利于应对气候变化带来的灾害。格兰尼克（Granek）和布朗（Brown）[①]以西印度洋的科摩斯岛为例，通过研究发现公众参与政策的制定过程有利于促进政策的实施，增进对海洋环境的保护。里贝尔（Lebel）等人[②]在对澳大利亚的大堡礁海洋公园的研究中发现，利益相关者的参与有助于保护珊瑚资源的计划的执行。还有一些文献强调政府对生态系统应对各种挑战的作用。[③]

在灾害管理领域，学者通常把城市和社区看作一个系统，研究这个系统中的弹性因素在应对各种风险和挑战时的作用。派顿（Paton）和约翰斯顿（Johnston）[④]认为社区居民参与社区活动能够使社区更好的从灾害的影响中恢复过来。中川（Nakagawa）和肖（Shaw）[⑤]通过对日本和印度的两个受地震影响的社区进行比较，发现社会网络在社区的恢复和重建过程中起着非常重要的作用。卡特（Cutter）等人[⑥]的研究证明社区网络可以更好地应对灾害，减少

[①] Granek, E. E. & M. A. Brown, Co-management Approach to Marine Conservation in Mohéli, Comoros Islands, *Conservation Biology* 19, 2005.

[②] Lebel, L., J. M. Anderies, B. Campbell, C. Folke, S. Hatfield-Dodds, T. P. Hughes & J. Wilson, Governance and the Capacity to Manage Resilience in Regional Social-Ecological Systems, *Ecology and Society* 11, 2006.

[③] Gunderson, L. H., S. R. Carpenter, C. Folke, P. Olsson & G. Peterson, Water RATs (Resilience, Adaptability, and Transformability) in Lake and Wetland Social-ecological Systems, *Ecology and Society* 11 (1), 2006.

[④] Paton, D. & D. Johnston, Disastersand Communities: Vulnerability, Resilience and Preparedness, *Disaster Prevention and Management* 10 (4), 2001.

[⑤] Nakagawa, Y. & R. Shaw, Social Capital: A Missing Link to Disaster Recover, *International Journal of Mass Emergencies and Disasters* 22 (1), 2004.

[⑥] Cutter, S. L., B. J. Boruff & W. L. Shirley, Social Vulnerability to Environmental Hazards, *Social Science Quarterly* 84 (2), 2003.

社区的脆弱性。派顿①则指出社区归属感有助于应对自然灾害。洛佩兹·马里奥（Lopez-Marrero）和查卡特（Tschakert）②的研究发现，社区成员和管理者之间的有效合作才能增加社区应对洪水灾害的能力。阿杰（Adger）等人③以佛罗里达州为例，发现强大的机构、早期的预警系统以及处理危机的能力能够使一个社区很好地应对飓风的影响，而在孟加拉国，面对同样等级的台风，由于缺乏这些弹性因素而遭受了更大的损失。

在心理学领域，实证研究最早可以追溯到20世纪70年代，以沃纳（Werner）等为代表的学者在研究处于不利境况的儿童时，将弹性这一概念引入心理学的研究，用弹性这一概念来描述那些具有较好适应能力的儿童。④学者最初关注的是个体的特质应对压力和不利处境的作用，后来逐渐认识到外在因素和内在因素共同促进个体应对不利处境的作用，这些外在因素主要包括家庭、学校以及社区等。威尔斯（Wills）等人⑤通过对1702名青少年的研究发现，积极的心态可以帮助他们避免因为情绪低落而滥用药品。谢尔（Scheier）等人⑥发现自我控制能力、学业成绩以及拒绝药品滥用的技巧可以帮

---

① Paton, D., Disaster Preparedness: A Social-cognitive Perspective, *Disaster Prevention and Management* 12 (3), 2003.

② Lopez-Marrero, T. & P. Tschakert, From Theory to Practice: Building More Resilient Communities in Flood-prone Areas, *Environment and Urbanization* 23 (1), 2011.

③ Adger, W. N., K. Brown & E. L. Tompkins, The Political Economy of Cross-Scale Networks in Resource Management, *Ecology and Society* 10 (2), 2005.

④ Werner, E. E., The Children of Kauai: Resiliency and Recovery in Adolescence and Adulthood, *Journal of Adolescent Health* 13 (4), 1992.

⑤ Wills, T. A., J. M. Sandy, O. Shinar & A. Yaeger, Contributions of Positive and Negative Affect to Adolescent Substance Use: Test of A Bidimensional Model in A Longitudinal Study, *Psychology of Addictive Behaviors* 13 (4), 1999.

⑥ Scheier L. M, G. J. Botvin, K. W. Griffin & T. Diaz, Latent Growth Models of Drug Refusal Skills and Adolescent Alcohol Use, *Journal of Alcohol & Drug Education* 44 (3), 1999.

助他们减少饮酒的可能性。巴金（Barkin）和杜兰特（Durant）[①]认为对宗教虔诚可以降低青少年卷入暴力行为的可能性。拉米瑞斯·威尔斯（Ramirez-Valles）等人认为父母的支持可以减少暴力对青少年的影响，降低他们参与暴力行为的可能性。[②] 博罗夫斯基（Borowsky）等人[③]通过对13781个学生的历时研究发现，父母的陪伴、家庭成员间的密切联系可以减少暴力行为、药物滥用等问题产生的影响。特里（Terri）等人[④]的研究则进一步证明，与父母建立良好的关系可以提升患有癌症的儿童的生活质量。同时，父母的监护也可以减少社区环境对儿童和青少年产生的不良影响。[⑤] 也有学者关注社区对增进心理弹性的作用。比如拉米瑞斯·威尔斯等人[⑥]通过对370名非裔美国青少年的研究发现，参与社区组织有助于青少年应对街区不良环境带来的影响。欧·唐奈尔（O'Donnell）等人[⑦]通

[①] Barkin, S., S. Kreiter & R. H. Durant, Exposure to Violence and Intentions to Engage in Moralistic Violence During Early Adolescence, *Journal of Adolescence* 24, 2001.

[②] Ramirez-Valles, J., M. A. Zimmerman & M. D. Newcomb, Sexual Risk Behavior among Youth: Modeling the Influence of Prosocial Activities and Socioeconomic Factors, *Journal of Health & Social Behavior* 39 (3), 1998.

[③] Borowsky, I. W., M. Ireland & M. D. Resnick, Violence Risk and Protective Factors among Youth Held Back in School, *Ambulatory Pediatrics* 2 (2), 2002.

[④] Terri L. O., C. Parry, M. Chesler, J. Fritz & P. Repetto, Parent-child Relationships and Quality of Life: Resilience among Childhood Cancer Survivors, *Family Relations* 54 (2), 2005.

[⑤] Griffin, K. W., L. M. Scheier, G. J. Botvin, T. Diaz & N. Miller, Interpersonal Aggression in Urban Minority Youth: Mediators of Perceived Neighborhood, Peer, and Parental Influences, *Journal of Community Psychology* 27 (3), 1999.

[⑥] Ramirez-Valles, J., M. A. Zimmerman & M. D. Newcomb, Sexual Risk Behavior among Youth: Modeling the Influence of Prosocial Activities and Socioeconomic Factors, *Journal of Health & Social Behavior* 39 (3), 1998.

[⑦] O'Donnell, D. A., M. E. Schwab-Stone & A. Z. Muyeed, Multidimensional Resilience in Urban Children Exposed to Community Violence, *Child Development* 73 (4), 2002.

过研究发现，学校的支持可以增加面临社区暴力儿童的弹性，同伴群体的支持则会降低其弹性能力。

在家庭研究领域，学者以家庭为单位，探讨家庭弹性对家庭成员应对各种挑战和不利状况的作用。比如西蒙（Simon）等人[1]的研究发现，富有弹性的家庭可以帮助家庭成员应对压力。列维（Levine）[2] 通过对15个与残疾孩子居住在一起的单身母亲的深度访谈发现，家庭弹性能够促进她们改变对不利现状的消极认识。申（Shin）[3] 的研究发现，家庭的持久力、家庭的沟通能力以及应对问题的技能，有助于青少年正确地看待父母离婚这一事件，可以促进其积极地调适自己的行为。格雷夫（Greeff）等人的研究则表明，家庭弹性可以帮助家庭摆脱失去孩子的痛苦。[4]

三 社会弹性及其影响因素

弹性概念发端于自然科学领域，后来逐渐在社会科学领域得到广泛运用，标志之一就是社会弹性概念的兴起及传播。20世纪70年代以后，新自由主义的一系列主张得以复兴，成为西方国家的主要思潮。但是，由于激烈的市场竞争以及市场逻辑渗透到人们的日常生活中的诸多领域，民众特别是弱势群体的福祉也遭到了挑战。人

---

[1] Simon, J. B., J. J. Murphy & S. M. Smith, Understanding and Fostering Family Resilience, *The Family Journal: Counseling and Therapy for Couples and Families* 13, 2005.

[2] Levine, K. A., Against All Odds: Resilience in Single Mothers of Children with Disabilities, *Social Work in Health Care* 48, 2009.

[3] Shin, S. H., H. Choi, M. J. Kim & Y. H. Kim, Comparing Adolescents' Adjustment and Family Resilience in Divorced Families Depending on the Types of Primary Caregiver, *Journal of Clinical Nursing* 19 (11 – 12), 2010.

[4] Greeff, A. P., A. Vansteenwegen & T. Herbiest, Indicators of Family Resilience after the Death of A Child, *Journal of Death and Dying* 63 (4), 2011.

们在面对这些挑战时如何维持其福利水平就成为学者们关注的一个问题，社会弹性概念应运而生。

阿杰[①]最先提出社会弹性的定义，他认为社会弹性是一个群体或社区应对由社会、政治和环境变化引起的压力和干扰的能力。卡特等人[②]指出，社会弹性是社会系统应对灾害并从灾难中恢复的能力。社会弹性包括一些预先存在的条件，这些条件使系统在灾害发生后以及适应的过程中可以应对并吸收这些不利影响。奥布瑞斯特（Obrist）等人[③]认为，社会弹性是社会行动者获得资本的能力，不仅仅是应对不利状况的能力，也是寻找并创造机会来应对外在危险的能力。霍尔（Hall）和拉蒙特（Lamont）[④]则将社会弹性定义为：那些结合在同一个组织、阶级、团体、社区以及国家中的人们在面对挑战时保持甚至提升其福祉水平的能力，在这里，福利具有广泛的内涵，既包括身体和精神健康、物质的充足性，还包括自尊和团体归属感等。社会弹性具有微观、中观和宏观等不同层次，分别对应着个体和家庭、团体和社区、国家和国际层面上的弹性水平。[⑤] 决定个体及

[①] Adger, W. N., Social and Ecological Resilience: Are They Related?, *Progress in Human Geography* 24 (3), 2000.

[②] Cutter, S. L., L. Barnes, M. Berry, C. Burton, E. Evans, E. Tate & J. Webb, A Place-based Model for Understanding Community Resilience to Natural Disasters, *Global Environmental Change* 18 (4), 2008.

[③] Obrist, B., C. P. feiffer & B. Henley, Multi-Layered Social Resilience: A New Approach in Mitigation Research, *Progress in Development Studies* 10 (4), 2010.

[④] Hall, Peter A. & Michele Lamont, Introduction: Social Resilience in the Neoliberal Era, in Hall, Peter A. & Michele Lamont (eds.), *Social Resilience in the Neoliberal Era*, Cambridge: Cambridge University Press, 2013, pp. 1 – 31.

[⑤] Glavovic, B., Scheyvens, R. & Overton, J. Waves of Adversity, Layers of Resilience: Exploring the Sustainable Livelihoods Approach, in Storey, D., Overton, J. & Nowak, B. (eds.): *Contesting Development*; Pathways to better Practice, Proceedings of the Third Biennial Conference of the Aatearoa New Zealand International Development Studies Network (*DevNet*), Palmerston North: Massey University, 5 – 7 December, 2002.

家庭社会弹性的首要因素是经济资本、社会资本、文化资本和符号资本，除此之外，还有一些因素通过影响人们获得各类资本的机会而影响弹性，比如社会制度①、社会治理方式和社区特质②等等。

关于社会弹性和人口迁移的关系，经验研究多将社会弹性视为因变量，讨论人口迁移对迁出地社会弹性的多元影响，研究发现跨国劳动力迁移能够增强移民家庭整体的弹性③，因为由迁移人口寄回迁出地的存款可以投资医疗、教育、商业等领域，扩展生计渠道④，但无益于增强留守女性的个体弹性水平⑤，还可能加剧迁出地的环境压力及收入不平等程度⑥，所以社会弹性和人口迁移的关系很难一概而论。

与社会质量一样，社会弹性也是一个成功社会的重要特征⑦，因而也是衡量一个社会发展质量高低的重要标志，如果想要探明是什么使一个社会成功，就需要搞清楚社会弹性是如何产生并且运作的。既然社会弹性概念提出的主要背景是伴随着新自由主义所倡导

---

① Adger, W. N., Social and ecological resilience: Are They Related?, *Progress in Human Geography* 24 (3), 2000.

② Obrist, B., C. P. Feiffer & B. Henley, Multi-Layered Social Resilience: A New Approach in Mitigation Research, *Progress in Development Studies* 10 (4), 2010.

③ Suleri, A. Q. & Savage, K. Remittances in Crises: A Case Study from Pakistan, *Overseas Development Institute*, 2006. Suleri A Q, Savage K. Remittances in Crises: a Case Study from Pakistan, *Overseas Development Institute*, 2010.

④ Adger, W. N., Social and Ecological Resilience: Are They Related?, *Progress in Human Geography* 24 (3), 2000.

⑤ Siegmann, K. A., Strengthening Whom? the Role of International Migration for Women and Men in Northwest Pakistan, *Progress in Development Studies* 105 (10), 2010.

⑥ Adger, W. N., P. M. Kelly, A. Winkels, L. Q. Huy & C. Locke, Migration, Remittances, Livelihood Trajectories, and Social Resilience, *Ambio* 31 (4), 2002.

⑦ Hall, Peter A. & Michele Lamont, Introduction: Social Resilience in the Neoliberal Era, in Hall, Peter A. & Michele Lamont (eds.), *Social Resilience in the Neoliberal Era*, Cambridge: Cambridge University Press, 2013, pp. 1 – 31.

的激烈的市场竞争而来的社会群体特别是弱势群体的福利受损，那么农民工群体作为弱势群体之一，其市民化过程是否也与社会弹性和个体的弹性水平有关？这是我们希望通过研究回答的一个主要问题。

第四节　理论框架与分析策略

一　理论框架

农民工市民化的实质是要实现农民工享有和城市居民一样的公民权利，确保农民工和市民一起分享经济社会发展的成果，而不是处于一种"二等公民"的地位。然而反观现实，由于制度、社会、个人等各方面的原因，农民工群体在城市中处于边缘地位，社会排斥是他们实现市民化的巨大障碍。所谓农民工社会排斥，是指对农民工群体获得诸如社会保险、住房扶持、接受教育等基本的公民权利和社会权利的否认，或者虽然在政策上承认这些权利，但是农民工由于缺乏必要的经济资源、政治资源、社会资源、文化资源和法律资源而无法实现这些权利的现象。要推动农民工市民化，需要社会政策做出回应。在保障民生的各类社会政策类型中，发展型的社会政策具有很强的反贫困效用，再分配型社会政策具有缩小收入差距的功能，而包容性社会政策则重点关注将弱势群体排除出发展机会、利益和权力之外的局势或程序，所以包容性社会政策可能更适合于解决农民工的市民化问题。但是，仅有政策理念是不够的，为了达到政策目标，需要对农民工市民化的实际过程及影响农民工市民化的因素展开系统分析，从中找到政策干预的着力点。

对包容性社会政策的讨论主要是为欧盟反社会排斥的政策所激发，因此包容性社会政策属于一种反社会排斥的政策工具，适合用来分析农民工群体的市民化困境问题。林卡①指出,在操作化层面,包容性社会政策包括以下基本内容:一是促进社会整合和社会团结的政策;二是保护脆弱的社会边缘群体的对策;三是鼓励所有社会团体参与主流社会或当地社区活动的政策。从社会质量理论的内容和价值取向来看,该理论主张为了创造良好的社会和令人满意的生活而促进社会团结、社会包容和社会参与,因而是支持上述所有的政策主张的,这也是我们选择社会质量理论作为研究的理论框架的重要原因。

为了更全面的为更具包容性的农民工市民化政策的出台提供理论和数据支撑,我们引入社会弹性理论来重点分析有关农民工抗击风险能力的问题,对应包容性社会政策第二个方面的内容,同时,还引入社区公民身份理论,来探究农民工参与城市社区生活的问题,对应包容性社会政策第三个方面的内容。由此,在社会质量理论的统领之下,社区公民身份和社会弹性理论共同服务于本书研究的展开。

二 分析策略

几亿进城农民工的市民化是举世瞩目的改革发展议题,也是以人为核心的城镇化的首要任务。2016年我国城镇化率为57.35%,但是若按非农业户籍人口计算,则仅为41.2%。这意味着2.8亿多农民工是处于"半市民化"状态的,由此产生了数以千万计的留守儿童、留守老人和留守妇女,损害了农民工家庭几代人的幸福。②

---

① 林卡:《社会质量:理论方法与国际比较》,人民出版社2016年版,第179页。

② 辜胜阻、李睿、曹誉波:《中国农民工市民化的二维路径选择——以户籍改革为视角》,《中国人口科学》2014年第5期。

2014年，国务院颁布了《关于进一步推进户籍制度改革的意见》，明确提出要取消农业户口和非农业户口之间的区分，建立起城乡统一的户口登记制度，这对于农民工市民化进程而言具有重大意义，但是市民化是一个复杂渐进的过程，简单地改变进城农民工的户籍并不能完全解决问题。由此产生了三个主要问题：第一，究竟现阶段我国农民工市民化现状如何？第二，哪些因素影响了农民工市民化的发展进程？第三，如何从政策层面推动农民工市民化的顺利实现？这些困惑构成本书的核心问题。

第一个问题对应描述性研究，可通过大规模问卷调查数据，构建农民工市民化进程评价指标体系，测算当前阶段农民工市民化总体进程及各个分维度市民化进程指数，并进行不同性别、世代、受教育程度的农民工市民化进程的横向比较。

第二个问题对应解释性研究，参考已有研究成果并通过理论分析，本书认为社会质量、社区公民身份和社会弹性因素对于农民工市民化应该具有较强的解释力，因此将通过问卷和访谈资料，探讨这三类因素对农民工市民化的影响机制。

第三个问题对应解释性研究，拟根据前文的分析结果，提出推进农民工有序市民化的对策建议，既包括宏观层面的政策构想，也包括如何从微观层面将社会政策转化为具体的社会服务并输送给农民工群体。

第五节 研究设计

一 资料收集及样本概况

根据混合研究方法，本书所采用的实证资料主要包括两类，即问卷调查数据和访谈数据，这些数据均来源于笔者主持的国家社会科学基金项目调查数据。本书还收集了与农民工市民化相关的政策文本以及其他二手资料。现分别对这三类数据的收集方法加以介绍。

（一）定量资料收集方法

本书主要采用问卷法收集定量资料。本书负责人率领课题组于2016年1—3月在厦门、苏州、东莞、深圳市等地以农民工为调查对象展开大规模面访式问卷调查，调查对象为在流入地居住一个月以上，且2016年1月年龄在15—65岁的农民工。在厦门市发放问卷350份，苏州390份，东莞310份，深圳320份，共发放问卷1370份，回收1350份。其中厦门回收342份，有效问卷326份，苏州回收389份，有效问卷352份，东莞回收305份，有效问卷300份，深圳回收314份，有效问卷313份，四城市共回收有效问卷1291份，问卷有效率为95.6%。

1. 调查地点选择

本课题组对问卷调查地点的选择考虑了三方面的标准：第一，区位分布。所选城市应该尽量分布在有代表性的经济地理区位，如珠三角、长三角、闽三角等；第二，外来人口比重。在目标城市中，外来人口占比应当较高；第三，开展调查的难易程度。受到人力、时间等的限制，调查地点的选择应该考虑到便捷性原则，确保在有限的时间内回收较高质量的数据。综合以上要求，课题组最终确定在厦门、东莞和苏州三个城市开展问卷调查。

厦门是国内最早实行对外开放的四个经济特区之一，也是中国（福建）自由贸易试验区三片区之一。良好的经济条件、自然风光和人文环境使厦门成为农民工进城务工的一个重要目的地，截至2014年年底，全市常住人口为381万人，其中本地户籍人口为203.44万人，外来人口规模庞大，人户分离现象广泛存在。福建省的整体经济实力在沿海地区并不强势，而厦门市周围还有福州、泉州等重要城市，但厦门市的外来人口比重却独步东南沿海，位列全国重点城市第四位，这一现象值得关注。

苏州位于长江三角洲东部，是苏南模式的发祥地，开放型经济的领军城市，其发展的优势在于开放型经济居于领先地位、县市基础好，并且制造业规模较大，因此外来人口众多。截至2014年年末，苏州市常住人口总数为1060.4万人，户籍人口661.08万人，外来人口399.32万人，外来人口占比37.66%，居全国重点城市第七位，长三角地区第二位。2015年12月15日，苏州市政府颁布《苏州市流动人口积分管理办法》，宣布从2016年1月15日起，符合条件的流动人口可凭积分享受户籍准入、子女入学和参加医保等市民待遇，积分入户政策的实行，推动苏州市农民工市民化工作进入一个新阶段。

深圳市位于珠江口东岸，是我国第一个经济特区，我国发展最快、经济最活跃的城市之一，同时也是著名的移民城市，外来人口比重曾于2008年达到74%的顶峰，其后开始逐步下降。截至2014年年末，深圳市有常住人口1077.89万人，户籍人口332.21万人，外来人口占常住人口比重居全国重要城市第二位，为69.18%。深圳强大的城市发展潜力一方面吸引了大批优秀人才前来就业生活，但另一方面也推高了生活成本，特别是房价大幅提升，阻碍了部分外来人口的市民化之路。

东莞又称"莞城"，位于珠江口东岸，制造业发达，外来务工人员人数众多，有"世界工厂"之称。截至2014年年末，东莞市有常住人口834.31万人，其中户籍人口191.39万人。近年来，东莞市政府在推动农民工市民化方面采取了一些新做法。外来人口在东莞被称为"新莞人"，2008年东莞市政府率先成立了流动人口服务管理的专门机构"新莞人服务管理局"，并在村镇设立新莞人服务管理中心及服务站，在就业、社保、子女入学等方面为外来人口提供服务，此外还不断放宽积分入户政策条件，帮助外来人口落户东莞。在2015年中国重点城市包容度排行榜中，东莞凭借77%的外来人口比例，获封"全国包容度最高城市"。

2. 抽样方案

本书采用宽松的配额抽样方法来抽取样本。配额抽样属于非概率抽样方法的一种，即按照特定标准将总体分组，然后按照立意或偶遇抽样法从每组中选择符合条件的个案。之所以没有选择概率抽样方法，是由于农民工群体流动性高及空间分布不均匀的特点，难以满足随机抽样中总体的每一个单位均以一个已知的非零概率进入样本的要求。抽样框的编制是样本随机性的重要保障，一个合格的抽样框应该满足无遗漏、无重复、最新、单位界限清楚、现场易识别五条基本标准，以及单位规模、与调查变量有关的特征等两条附加标准①，对于农民工群体而言，得到这样一个抽样框难度极大。在此条件下，为了尽可能保证非概率抽样所得样本的多样化和代表性，在实际调查中课题组采用了分层配额抽样的方法，按照城市、性别及职业等标准进行配额。

首先按照城市配额。本研究预计样本量为1300，每个城市的样本数不能少于300；其次按照性别配额。应该保证男性和女性样本比例均衡；最后按照职业配额。根据国家统计局发布的2015年农民工监测调查报告，农民工中以受雇方式就业者占83.4%，就业行业分布以制造业所占比重最大。② 参照这一数据，课题组决定每个城市调查都在企业和社区进行，所得样本分别称为"企业农民工"和"社区农民工"，二者比例为4∶1，为了保证样本的多样性和代

---

① World Fertility Survey, *Manual on Sample Design*, The Hague, Netherlands: International Statistical Institute, 1975, p. 23.

② 国家统计局：《2015年农民工监测调查报告》，2016年4月（http://www.stats.gov.cn/tjsj/zxfb/201604/t20160428_1349713.html.）。

表性，应尽量将调查样本覆盖到农民工大量聚集的典型行业。以厦门市调查为例，企业调查涉及 6 个企业，包括汽车轮圈厂、卫浴配件制造厂、变压器制造厂、电子厂、展览中心、酒店各一家；社区调查由于样本量较少，在一个典型的外来人口社区进行。需要指出的是，按照配额抽样这种非概率抽样方法抽取样本，不可避免地会导致数据有偏差，从而限制结论的推广，但是，由于样本数量较大，并且在职业、年龄方面差异性比较明显，数据还是适合用来做因果分析的。

3. 样本概况

表 2—1 列出了问卷调查样本的基本情况，样本的基本结构如下：

（1）性别分布。男性样本 618 人，有效百分比为 48.6%，女性样本 653 人，有效百分比为 51.4%，男女比例接近。

（2）流动范围。跨省流动的调查对象 950 人，有效百分比为 75.3%，省内流动调查对象 311 人，有效百分比为 24.7%。

（3）年龄分布。和全国范围的农民工监测调查报告一致，本次调查中的农民工也是以青壮年为主，其中 16—30 岁的样本占比 52.5%，31—40 岁的样本占比 27.5%，41—50 岁的样本占比 16.4%，51 岁及以上的样本占比 3.6%。

（4）来务工地年数分布。来务工地 3 年及以下的样本占比 38.3%，4—6 年的占比 21.2%，7—9 年占比 11.2%，10 年以上的占比 29.3%。

（5）月收入。调查样本中月收入在 1000 元及以下的人数较少，占总样本的有效百分比为 2.9%，1001—2000 元的占 13.5%，月收入在 2001—3000 元的人数最多，有效百分比为 39.4%，3001—4000 元的占 28.1%，4001—5000 元的占 9.6%，月收入大于 5000 元的人数也较少，有效百分比为 6.5%。

（6）职业分布。本研究对农民工的职业划分为 9 类，在调查样本中生产工人占比最大，为60.6%，服务行业人员指的是从事低端服务行业的工作人员，如餐饮业、家政服务业从业人员，有效百分比为8.4%；办公室一般职员包括财务、人事等工作人员，占比11.6%，管理和专业技术人员占比5.0%，个体经营者占5.2%。

（7）政治面貌。样本中群众占绝大多数，有效百分比为85.3%，其次是少量党员和共青团员，分别占比4.7%和9.9%，民主党派成员极少，占0.1%。

（8）婚姻状况。已婚的调查对象最多，有效百分比为69.2%，其次是未婚的，占29.2%，丧偶和离异的样本量极少，分别占0.2%和1.4%。

（9）户口所在地分布。有效样本户口全部在农村，其中来自本省和本市农村的占24.7%，来自外省农村的人数占75.3%。

（10）受教育程度分布。小学及以下占9.5%，初中以及高中/中专的人数分别占40.9%和36.5%，大专及以上占13.1%。

总体来看，调查对象性别比例合理，年龄分布恰当，职业分布符合实际，与全国范围内的农民工统计数据契合，具有一定的代表性。

表2—1　　　　　　　　问卷调查样本概况

变量	样本量	百分比（%）	变量	样本量	百分比（%）
性别			流动范围		
男	618	48.6	跨省流动	950	75.3
女	653	51.4	省内流动	311	24.7
年龄（岁）			来务工地年数		
16—30	676	52.5	3年以下	487	38.3
31—40	355	27.5	4—6年	269	21.2
41—50	211	16.4	7—9年	142	11.2
51—60	46	3.6	10年以上	373	29.3

续表

变量	样本量	百分比（%）	变量	样本量	百分比（%）
月收入（元）			职业		
			生产工人	775	60.6
1000及以下	37	2.9	服务行业人员	107	8.4
1001—2000	171	13.5	办公室一般职员	148	11.6
2001—3000	498	39.4	管理/专业技术人员	64	5.0
3001—4000	355	28.1	个体经营	66	5.2
4001—5000	122	9.6	私营业主	1	0.1
5000及以上	82	6.5	灵活就业	66	5.2
			家庭主妇或失业	35	2.7
			其他职业	16	1.2
政治面貌			婚姻状况		
群众	1004	85.3	未婚	371	29.2
党员	55	4.7	已婚	878	69.2
民主党派	1	0.1	离婚	18	1.4
共青团员	62	9.9	丧偶	3	0.2
户口所在地			受教育程度		
			小学及以下	121	9.5
本市农村	49	3.9	初中	520	40.9
本省外市农村	262	20.8	高中/中专	464	36.5
外省农村	950	75.3	大专及以上	166	13.1

注：部分变量样本总和与总样本量不一致是由于缺失值导致的。

（二）定性资料收集方法

本书采用深度访谈法收集定性资料。课题组成员分别于2015年12月—2016年2月、2016年7—9月在厦门、深圳、东莞三地进行深度访谈。在实际的访谈过程中，采用的是无结构式访谈与半结构式访谈相结合的方法。在访谈伊始采用无结构式访谈，了解受访者关心的问题、思考问题的方式以及言语表达习惯等，然后随着访谈的深入逐步转向半结构式访谈，按照事先准备的粗线条访谈提纲对受访者进行提问，同时鼓励受访者提出自己关心的问题、讲述自己认为有意义的故事，并根据具体情境灵活调整访谈内容及次序安排。访谈的内容主要涉及受访者个人及家庭基本情况、劳动就业、日常生活安排、社会交往、定居意愿，以及对城市社会的心理认同与主观评价等。在征得受访者同意的前提下，对访谈过程进行全程录音。

1. 抽样方案

访谈对象的选择采用目的性抽样法，即按照研究的目的抽取能为研究问题提供最大信息量的研究对象，按照研究设计的理论指导进行抽样。具体而言，采用典型个案抽样方法，这种抽样的意图不是为了将研究结论推论到从中抽样的人群，而是为了探明研究对象的一般情况，目的是展示和说明，而非证实和推论。① 样本应尽量涉及不同的性别、年龄、受教育程度、来源地（本省和外省）和职业。本书的访谈对象主要有两个来源，一是调查员在问卷调查的过程中对符合研究目的的受访者进一步追踪；二是根据研究需要，自己寻找调查对象。为了进行对比研究，还选择了少量曾经是农民工、但已经成功实现市民化的个体参与访谈，最终收集到32个有效样本。

2. 样本概况

访谈对象1：男，福建连城人，1983年生，从事绿化工作，2000年前后来厦门，有一个4岁的孩子在厦门上幼儿园，希望未来定居厦门。

访谈对象2：男，福建连城人，1968年生，从事绿化工作，1999年到厦门，有两个孩子，大孩子在厦门读大学一年级，小孩子

---

① 陈向明：《质的研究方法与社会科学研究》，教育科学出版社2000年版，第107页。

在厦门民办小学读一年级，目前一家四口生活在厦门，妻子从事酒店服务业。

访谈对象3：男，福建莆田人，1968年生，从事物业服务工作，2000年到厦门，有两个孩子，都已经参加工作。在岛外购房，未来会定居厦门。

访谈对象4：男，福建连城人，1950年生，退休前从事运输业。1998年到厦门，后因儿子在厦门购买商品房，于2011年获得厦门户口，有一个儿子和一个女儿，都在厦门工作。

访谈对象5：男，河南人，1985年生，教育程度为初中，出租车司机，在厦门工作5年。有一个女儿，在上幼儿园，现在与妻子女儿一起生活在厦门。不打算未来在厦门定居。

访谈对象6：男，湖北荆州人，1970年生，教育程度为大专，台资工厂后勤管理人员，月收入4000元左右。因在老家下岗来到厦门，在厦门居住12年。目前全家一起住在厦门，妻子在超市做店长，有一个女儿，现已大学毕业，在厦门工作。未购房，打算未来定居厦门。

访谈对象7：男，福建三明人，1991年生，教育程度为中专，台资工厂工人，月收入6000元左右。2007年到厦门上学，2009年通过工厂在校招工获得工作，留在厦门至今。新婚，无子女，和妻子住在一起。有购房打算，希望未来定居厦门。

访谈对象8：女，河北石家庄人，45岁左右，街边流动摊位卖小吃，在厦门4年，有两个儿子，大儿子23岁，小儿子18岁，目前与小儿子同在厦门，小儿子在餐厅工作。打算未来回河北农村老家生活。

访谈对象9：男，陕西宝鸡人，初中文化程度，29岁，2014年到厦门开打印店至今，月入3000元左右，已婚，无子女，妻子在打印店帮忙。未在厦门购房，打算未来回老家城市。

访谈对象10：女，河南漯河人，大专文化程度，23岁，航空公司地面服务人员，2014年因公司到学校招聘来到厦门工作。未婚，月收入4000元左右，未在厦门购房且短期内没有购房打算，以后想回老家工作生活。

访谈对象11：男，29岁，湖北人，大专教育程度，公司售前经理。2010年到深圳，未婚，在深圳租房居住。想在深圳定居，但暂时没有入户意愿。

访谈对象12：男，33岁，福建福鼎人，大专文化程度，在厦门经营一家小吃店，同时也会在工地上班。2006年到厦门，已婚无子女，妻子在店里帮忙打杂。目前尚未在厦门购房，但打算购买，并希望未来能定居厦门。

访谈对象13：男，24岁，高中教育程度，泉州南安人，在厦门一家甜品店做西点师。月收入4000元左右，未婚，自己租房居住。希望未来在厦门定居。

访谈对象14：女，50岁左右，小学教育程度，家政工作，2000年来厦门。丈夫从事摩的运输并兼做外卖送餐员。夫妻俩月收入10000元左右，租房居住。有一儿一女，均已成家。未来打算根据儿子的发展情况决定是否在厦门定居。

访谈对象15：女，1984年生，甘肃陇南人，初中教育程度，深圳一家运动品专卖店导购。2003年底随姑姑到深圳，月收入3000元左右。已婚，有一个女儿，现在与丈夫女儿租房居住。打算几年后全家回丈夫老家城市发展。

访谈对象16：男，湖南人，43岁，高中教育程度，深圳区龙岗妇幼中心后勤工作人员，2010年获得深圳户口。月收入3000元左右，已婚，有一个女儿，妻子是深圳本地人，待业。现一家三口都住在岳父家里。

访谈对象17：女，42岁，福建龙岩人，小学教育程度。2004年到厦门，在工厂打工，2015年开始与丈夫一起经营流动摊位，由于经营时间太短，几乎没有盈利。有一个儿子，15岁，在老家读初中。现在租房居住,打算未来回老家定居。

访谈对象18:女,50岁,浙江台州人,小学教育程度,自行车修理师傅。2001年到厦门,和丈夫一起从事自行车修理行业。有一儿一女,女儿大学毕业已参加工作,儿子从小在厦门上学,现在即将读大学。尚未决定未来在哪里定居。

访谈对象19:男,46岁,四川内江人,初中教育程度,保安。2005年来厦门,已婚,妻子在厦门大学后勤集团工作。有一个儿子,22岁,已在天津参加工作。和妻子每月家庭收入5000—6000元,租房居住。准备退休后回老家。

访谈对象20:男,33岁,福建龙海人,初中教育程度,经营流动水果摊,来厦门10年左右。已婚,有一儿一女,都在上小学。月收入5000—6000元,租房居住。未打算在厦门市定居。

访谈对象21:男,40岁,高中受教育程度,河南新乡人,流动摊贩,2000年来厦门又离开,2013年再次来到厦门至今。未婚,租房居住,想在厦门定居。

访谈对象22:男,23岁,江西抚州人,2015年到深圳,电子商务企业员工。月收入七八千左右,与人合租。不打算在深圳定居。

访谈对象23:男,1989年出生,电商公司会计,2014年到深圳,月收入4000—5000元左右。尚未确定未来在哪里发展。

访谈对象24:女,25岁,广东梅州人,深圳某事业单位文秘,党员,2014年随当时的男友(现在的丈夫)来深圳。月收入6800元,有一个刚出生的小孩,和丈夫一家共八口人住在自购房里。打算定居深圳,并且在为获得深圳户口而努力。

访谈对象25:男,1973年生,江西鹰潭人,基本不识字,在厦门打零工,收入不固定。1991年来到厦门并结婚生子,妻子工厂打工,儿子18岁,高中毕业后做保安。准备老了之后回老家。

访谈对象26:男,青海黄龙人,1978年生,小学文化程度,深圳一家拉面馆拉面师傅。来深圳半年，已婚，有一儿一女，妻子和儿女都在老家。不打算未来定居和落户深圳。

访谈对象27：男，40岁，四川泸州人，深圳某物业公司装修工人，月收入3500元。已婚，妻子在中山市的工厂打工，有一个儿子，留在老家上小学。住在公司宿舍。准备以后定居老家县城。

访谈对象28：女，48岁，湖北人，初中教育程度，和丈夫一起经营菜市场一个摊位，2002年来深圳。有两个儿子，均在读大学。在城中村租房居住。准备以后根据孩子的发展状况决定在哪里定居。

访谈对象29：男，50岁，黑龙江齐齐哈尔人，中专教育程度，保安，月收入3450元。2014年到深圳，举家迁移，妻子做保洁工作。有一个儿子，26岁，已婚。以后准备回老家。

访谈对象30：男，1967年生，安徽安庆人，初中文化程度，深圳某楼栋管理员，月工资4000元，且在东莞有承包房屋出租，收入不固定。2014年从上海来深圳工作。有两个儿子，均已成家，现一家六口人住在深圳。

访谈对象31：女，1993年生，广西南宁人，初中教育程度，深圳某果汁店营业员，月收入两千多元。2015年来深圳。与表姐合租，未婚。打算未来回老家。

访谈对象32：女，1995年生，湖南岳阳人，大专教育程度，舞蹈培训机构教师，月收入4000—5000元。2015年到深圳。未婚，租房居住。打算未来回老家。

（三）政策文本及二手资料收集

本书一方面要了解农民工市民化的进程及其影响因素，另一方面则要进行包容性农民工市民化政策建构，这要求我们既要采用实证调查方法获取一手资料，又需要通过阅读大量政策文本，了解现行农民工市民化政策在价值取向、政策内容、政策建构路径等方面的特点及存在的问题,因此需要收集大量与农民工市民化密切相关的政策文本,比如《国务院关于解决农民工问题的若干意见》《关于农民工参加工伤保险有关问题的通知》等;此外,还收集了官方公布的统计资料,如《统计年鉴》《国民经济和社会发展统计公报》等,以了解一般城市居民的基本情况,并和农民工群体进行对比。

二 分析模型

(一) 一般线性回归 (OLS) 分析

一般线性回归模型适用于以定距变量为因变量的多元回归分析。在分析社会质量、社会弹性各因素对农民工市民化程度的影响时,会采用这一方法。具体估计模型为:

$$Y = B_0 + B_1X_1 + B_2X_2 + \cdots\cdots + B_iX_i + \varepsilon$$

其中,Y代表受访者市民化进程指数;X_1、X_2、X_i代表影响市民化进程的各因素,分别是控制变量及社会质量、社会弹性各指标(具体见各章回归分析表格);B_0是常数项,表示当其他自变量取值为0时Y的均值;B_i为各自变量的非标准回归系数,表示在控制其他变量的情况下,X_i每改变一个单位,Y平均改变B_i个单位;ε为随机误差。

(二) 二分类变量的 Logistic 回归 (BLR) 分析

BLR 模型适用于以二分类变量为因变量的多元回归分析。我们采用该模型来分析社会包容对受访者城市身份认同、就业质量对城市定居意愿以及城市落户意愿的影响作用。二分类变量的 Logistic 回归模型的方程式为:

$$Log\ (P/1-P) = B_0 + B_1X_1 + B_2X_2 + \cdots\cdots + B_iX_i$$

其中,P是受访者认同自己城市一员身份(希望定居城市/希望获得务工城市户口)的概率,X_1、X_2、X_i代表控制变量及社会包容指标(以及其他影响市民化意愿的变量,具体见第八章),B_i表示在其他变量不变的条件下,自变量每改变一个单位,受访者认同自己城市一员身份(希望定居城市/获得务工城市户口)的优势比会平均改变 exp(B_i)个单位。

三 篇章结构

本书主要沿着"描述性研究—解释性研究—对策性研究"的发展轨迹展开论述,全书共八章,分为四个部分:

第一部分:导论(第一章至第二章)

第一章为导论部分,包括研究背景、相关研究回顾、研究思路与研究方法等内容。

第二章是对相关理论展开综述。首先,对社会质量的理论主张、核心内容、政策内涵进行回顾;其次,介绍公民身份理论的核心观点、社区公民身份的内涵,提炼出其对于农民工市民化研究的启发意义;再次,论述社会弹性理论的基本观点和理论主张,以及该理论和农民工市民化研究的契合性。最后,研究设计,介绍样本基本情况、变量的操作化方法以及主要分析模型。

第二部分:描述性研究(第三章)

第三章是对新常态下的农民工市民化进程进行定量描述,重点是根据农民工市民化进程评价指标体系,建构市民化进程指数,并将指标体系用于实证研究,测度当前阶段农民工市民化进程。同时,还将比较不同城市、不同世代以及不同流动范围农民工的市民化进程。

第三部分:解释性研究(第四章至第七章)

第四章分析社会质量与农民工总体市民化进程及各分维度市民化进程的关系,探索农民工市民化的影响因素。具体内容包括从社会经济保障、社会包容、社会凝聚、社会赋权四个维度分析社会质量对农民工市民化进程的影响作用和影响机制。

第五章分析社区公民身份对农民工市民化的影响作用。将社区公民身份操作化为道德素养、社区参与和社区认同三个二级指标，分别探讨其对农民工市民化的效应。

第六章探究社会弹性和农民工市民化的关系。将社会弹性分为宏观、中观和微观不同层次，综合探讨社会弹性对农民工市民化的影响机制。

第七章是对农民工市民化及其影响因素的综合性分析，是对第四、第五、第六章定量研究内容的补充和细化。通过量化分析，探究农民工市民化意愿的影响因素；借助访谈资料，详细揭示农民工在劳动就业、休闲消费、社会网络、公共服务等多个面向的市民化经验。

第四部分：对策性研究（第八章）

第八章讨论农民工市民化的社会政策构想，是本书的政策研究部分。首先，指出社会政策的三大模式及其对于解决农民工问题的局限性；其次，探索社会质量、社区公民身份、社会弹性对农民工市民化政策建构的启发意义；最后，从企业社会工作角度入手，提出具体的推进农民工市民化的政策建议。

第三章 农民工市民化进程测度

本书要研究的核心问题是农民工市民化问题,因此首先需要对农民工市民化评价指标进行深入研究,然后依据相关社会学理论提出本书的指标体系并用这套指标体系测量农民工市民化进程。

第一节 农民工市民化评价指标体系构建

一 市民化评价指标体系的相关研究

为了量化进城农民工的市民化程度,学界就农民工市民化评价指标展开研究,研究思路大致可以归结为三类。

第一类是在缺乏微观调查数据的情况下,直接采用宏观数据测算农民工市民化程度。如杨玉敬[1]参照杨英强[2]的处理方法,用调研城市的城镇化率乘以根据全国数据计算出来的全国农民工市民化率核算出市民化程度。

第二类是采用综合指标评价法,在对农民工市民化的内涵,特

---

[1] 杨玉敬:《河南农民工市民化影响因素实证研究》,《安徽农业科学》2011年第29期。

[2] 杨英强:《现阶段农民工市民化问题研究》,西南财经大学博士学位论文,2008年。

别是其具体维度进行界定的基础上，构建出市民化指标体系。王桂新等人[①]构建市民化评价指标系统的方法是，首先从能够反映农民工市民化基本内涵及总体特征的原则出发，选择居住条件、经济生活、社会关系、政治参与和心理认同五个方面作为测量总体维度，然后在每个一级指标下面选择两个能反映其内涵的二级指标，每个二级评价指标下面再对应两个三级指标；最后是确定评价模型和指标权重，在下级指标合并为上级指标时，基本上都采用了等权重法；同样采用这种思路的还有李荣彬等人，他们以新生代农民工为研究对象，按照系统性、简明性、易得性原则对测量指标进行了选取，五个基本测量维度的选择与王桂新等人一致，但在二、三级指标的确定上有所不同，最终形成一个包括5个一级指标、10个二级指标、17个三级指标的农民工市民化评价指标体系。采用"领域平均值"赋值法，给各个领域及其具体指标都赋予相同的权数[②]；郧彦辉[③]的农民工市民化测量指标体系在基本维度的设定方面与前两项研究差异比较明显，他的一级指标分为状态指标、行为指标和态度指标三项，在状态指标下面包括社会环境、生活水平和文化素质三个二级指标；行为指标对应着社会权利与社会参与两个二级指标；态度指标对应着自我认同和社会态度两项二级指标。每个二级指标下面对应着1—3个三级指标，最终的指标体系包括3个一级指标、7个二级指标、19个三级指标，对指标权数的设定同样采取

---

① 王桂新、沈建法、刘建波：《中国城市农民工市民化研究：以上海为例》，《城市学研究》2011年第1辑。

② 李荣彬、袁城、王国宏等：《新生代农民工市民化水平的现状及影响因素分析——基于我国106个城市调查数据的实证研究》，《青年研究》2013年第1期。

③ 郧彦辉：《农民市民化程度测量指标体系及评估方法探析》，《学习与实践》2009年第8期。

"领域平均权数"的方法。程名望等人①同样运用平均赋值法,设立农民工基本素质、经济状况、社会接纳和心理认知四个维度,并根据调查数据和文献设置二级指标,进而采用分位数方法,测算农民工市民化进度。

第三种思路是将农民工市民化视为一个意愿和能力相结合的过程,这两个条件缺一不可,同时对外部制度因素加以强调,据此构建衡量市民化水平的非线性模型。刘传江、董延芳②认为农民工向市民的转化必须同时具有在城市定居的意愿和在城市生活的能力,因此从外部制度因素、市民化意愿和市民化能力三个方面出发,使用C-D函数建构市民化进程指标,外部制度因素的测量指标是歧视系数,表示的是户籍制度在劳动力市场上所带来的歧视程度,市民化意愿的测量方法是调查样本中明确表示愿意留城的农民工所占比例,市民化能力的测量指标是农民工人均工资占市民人均工资的比重;徐建玲③同样采用C-D系数构建农民工市民化测量指标,也同样认为农民工市民化进程的影响因素既包括不可控的外部制度因素,又包括农民工自身的市民化意愿和能力,但是不同的是,她假定宏观经济政策在短期内不会发生改变,因此将外部制度因素指标设定为1;还有学者在市民化意愿和市民化能力之外,将本地居民对农民工的认同和接纳④、全要素指标(教育)和政策制度指标

---

① 程名望、乔茜、潘烜:《农民工市民化指标体系及市民化程度测度——以上海市农民工为例》,《农业现代化研究》2017年第3期。
② 刘传江、董延芳:《和谐社会建设视角下的农民工市民化》,《江西财经大学学报》2007年第3期。
③ 徐建玲:《农民工市民化进程度量:理论探讨与实证分析》,《农业经济问题》2008年第9期。
④ 张建丽、李雪铭、张力:《新生代农民工市民化进程与空间分异研究》,《中国人口·资源与环境》2011年第3期。

等纳入考量。①

总体而言，不进行微观层面调查，仅根据宏观数据测算农民工市民化进程的做法太过简单，无法反映农民工市民化的丰富内涵，而且仅能得到调研地区市民化的大致水平，无法体现农民工的个体差异；从农民工市民化基本维度出发测量农民工市民化的方法缺陷在于对各领域的权重设置比较随意，基本是采用等权重的方法，但是对于农民工转化为市民而言，各类条件的重要性程度可能是不一样的；从第三种思路出发设计农民工市民化指标体系的学者们则一方面存在着对市民化能力定义过于狭窄的问题，另一方面将市民化意愿和市民化能力赋予同等重要性的做法缺乏可靠依据。从已有的关于农民工市民化进程的研究可以看出，由于采用的评价指标各不相同，不少研究得出的结论相差甚远，给不同城市和地区之间的比较带来困难，需要学者们兼顾市民化意愿及不同维度的市民化能力，提出更具包容性和普适性的农民工市民化进程评价指标体系，以开展大规模的对比研究。

二　农民工市民化评价指标体系构建

农民工市民化指标体系的确定建立在对农民工市民化内涵厘定的基础之上，同时又必须遵循以下几项基本原则：第一，科学性。指标的设计必须符合农民工市民化实际，包含的内容和计算方法必须有科学的依据；第二，系统性。指标体系的设计要从系统整体出发，全面、准确地描述农民工市民化的水平，要将农民工的市民化视为一个系统，下面包含不同领域的子系统，共同决定其市民化程度的高低；第三，层次性。层次性是系统性的延续，要求指标体系

---

① 刘松林、黄世为：《我国农民工市民化进程指标体系的构建与测度》，《统计与决策》2014年第13期。

的层次要鲜明，下层指标要尽可能地反映上层指标的内涵；第四，简洁性。农民工市民化的内容涵盖很多方面，如果面面俱到不仅操作麻烦，还会掩盖主要矛盾，因此要把握主要问题，从众多指标中抽取出最能反映市民化实质的项目，同时指标要相互独立，避免信息重复；第五，可行性。所选择指标的相关数据应该是容易通过调查获得的，而且一些数据还可以从现存统计资料中得到。借鉴已有的农民工市民化指标体系研究成果，本书提出了自己的农民工市民化指标体系。

根据前文对农民工市民化概念的讨论，本书认可农民工市民化既是一种过程，也是一种结果的论断。从过程来看，在我国农民工市民化至少包括"农民—农民工""农民工—市民"这两个基本阶段；从结果来看，可以将农民工市民化界定为农民工获得市民资格、适应城市生活方式、发展出相应能力、具备城市性，最终实现由农村居民向城市居民的实质性转变的现象，关注的是农民工转变为市民究竟要转变什么，即转变的具体内容的问题。而农民工在转变为市民的过程中至少涉及五个重要方面的市民化：一是经济生活的市民化。经济生活主要包括个人及家庭收入两方面，这既是农民工在城市生活的物质基础，也是市民化首要关注的内容。二是工作状况的市民化。市民化意味着农民工应该具有与城市居民同等的进入劳动市场、同工同酬、享受同等的劳动条件等方面的权利，这也是社会权的一个重要组成部分。三是生活保障的市民化，消费支出及居住生活设施能从日常生活的细微之处反映农民工在城市的生活水平。四是社会关系的市民化。新的社会交往和生活方式是城市生活对农民工的进一步要求，反映了市民化的广度。五是心理认同的市民化。心理认同衡量的是农民工对城市的认同感和归属感，反映了市民化的深度，并能最终影响农民工的去向。本书就从这5个维度出发来建构农民工个体的市民化进程评价指标体系。具体的指标设计及指标赋值情况如下。

(一) 确定评价指标体系内容

本书构建的农民工市民化进程指数包括三个层次：第一层是农民工市民化进程总指数，第二层是5个评价维度，第三层是每个维度对应的具体测量指标。

首先确定评价维度，即农民工市民化5个方面的主要内容，分别是经济生活市民化、就业状况市民化、生活保障市民化、社会关系市民化和心理认同市民化，这也是农民工个体市民化评价指标体系的5个二级指标。

其次明确各维度的主要内容，为下一步具体测量指标的选择做好准备。经济生活市民化维度测量的是收入的绝对水平与相对水平；就业状况市民化对应的是每周工作天数、是否购买社会保险、是否签订劳动合同；生活保障市民化维度对应的是消费支出以及生活设施状况；社会关系市民化对应的是人际关系和社会交往；心理认同市民化对应的是定居意愿和落户意愿。

最后确定具体测量指标。基础指标的选择必须一方面准确反映各维度的核心内容，另一方面应该具有较强的可操作性，最终共产生13个测量指标，即三级指标。本书构建的农民工市民化标价指标体系具体内容如表3—1所示。

(二) 构建农民工市民化进程指数

本书构建的农民工市民化进程指数由5个维度的13个指标构成。具体的形成过程是：先把13个指标的取值转化成为0—1之间的得分，然后将同一维度的指标按照一定的权重合并成分类指数，最后将5个分类指数按照一定的权重合并成总指数。这其中有两个关键步骤：一是去量纲化，二是确定权重。

表3—1　　　　　　农民工市民化评价指标体系

	维度（5）	指标（15）	目标值
农民工市民化程度（I）	经济生活（E）	个人月收入（E1）	城市居民平均水平
		家庭收入对比（E2）	平均水平及以上
	就业状况（W）	每周工作天数（W1）	5天
		是否有社会保险（W2）	有
		是否签订劳动合同（W3）	是
	社会关系（R）	新生社会网络（R1）	有
		与本地人交往频繁程度（R2）	经常来往
		遇到困难最先求助谁（R3）	本地朋友
	生活保障（L）	个人月支出（L1）	城市居民平均水平
		室内生活设施（L2）	都有
		周边生活设施（L3）	都有
	心理认同（P）	城市定居意愿（P1）	想长久定居
		是否想获得务工地城市户口（P2）	想获得户口

1. 去量纲化

所谓去量纲化，就是把不同计量单位的指标数值转化成为可以直接汇总的同度量化值。[①] 指标的去量纲化有很多方法，指标是正向还是逆向，是定类层次还是定距层次，都要求不同的去量纲化方法与之配套。在本书构建的指标体系中，既有月收入、生活设施种类等定距层次的变量，又有是否签订劳动合同、城市定居意愿等定类层次变量，笔者在对这两类变量的去量纲化处理上采用了不同方式。

第一，定距变量的去量纲化。

对于定距变量，采取极值法来实现去量纲。农民工市民化指标体系中的定距变量有5个。

---

① 郧彦辉：《农民市民化程度测量指标体系及评估方法探析》，《学习与实践》2009年第8期。

(1) 个人月收入。正指标，即数值越大，结果越优。

(2) 个人月支出。正指标，数值越大，结果越优。

(3) 每周工作天数。负向指标，数值越大，受访者的休息状况越差。

(4) 室内生活设施种类。正向指标，计算方法是询问调查对象住所内是否有以下设施：淋浴设备、独用卫生间、电风扇、有线电视/网络、空调、独用厨房，对每一类设施，有记为1，没有记为0，然后将6个项目的得分相加。

(5) 周边生活设施种类。正向指标，计算方法是询问调查对象住所周边是否有以下设施：诊所/药店、小学/中学、公共交通站点、超市/便利店、银行/ATM机、公园/绿地/广场、正规医院、社区图书馆/图书室，对每一类设施，有记为1，没有记为0，然后将8个项目的得分相加。

对于正向指标和负向指标要采用不同的去量纲化公式，首先，正指标的去量纲化公式是：

$$Z_i = [X_i - \text{Min}(X_i)] / [\text{Max}(X_i) - \text{Min}(X_i)]$$

其中，Z_i是第i个指标去量纲化之后的得分，X_i是原始指标值，$\text{Max}(X_i)$是第i个指标的最大值，$\text{Min}(X_i)$是第i个指标的最小值。而对于逆指标，计算公式则调整为：

$$Z_i = [\text{Max}(X_i) - X_i] / [\text{Max}(X_i) - \text{Min}(X_i)]$$

经过去量纲化处理之后，各指标的取值都会介于0—1。在如何确定$\text{Max}(X_i)$和$\text{Min}(X_i)$的取值上，一般做法是根据构建指数的目的来确定的。我们测度农民工的市民化进程，就是为了比较农民工在各个维度上与普通城市居民相比处于什么样的实际水平，并且市民化的最终目标就是使农民工在城市中享受到和普通市民同等的公民权利。因此，参照国家统计局课题组[①]在构建农民工生活质量指数时的做法，本书将月收入、月支出的最大值确定为城市居民在该项目上的平均值[②]，最小值则确定为0，将每周工作天数的最小值确定为法定的5天，最大值确定为7天。按照这种方法得到的指标值可能超出0—1的范围，为了避免某一指标的影响过大，将大于1的指标值等同于1，小于0的指标值按0处理。对于室内和周边生活设施种类，将最大值分别设定为6和8，代表拥有所有的室内设施及周边设施，最小值都设定为0。

第二，定类变量的去量纲化。

住房类型、遇到困难求助谁等定类变量的数值虽然不能表示绝对水平，但是仍能够定性反映市民化水平的高低，因此可以采用直接赋值的方法将指标值转化为0—1之间的得分。[③] 具体赋值方法如下：

（1）家庭收入和本地普通市民比较。"高很多""高一些"和"处于平均水平"赋值为1，"低一点"赋值为0.5，"很低"赋值为0。

（2）有无社会保险。"有"赋值为1，"没有"赋值为0。

（3）是否签订劳动合同。"是"赋值为1，"否"赋值为0。

（4）新生社会网络。"在厦门市最好的三个朋友中有本地人"赋值为1，"没有本地人"赋值为0。

（5）与本地人交往的频繁程度。"经常来往"赋值为1，"偶尔来往"赋值0.5，"从不来往"赋值为0。

[①] 国家统计局课题组：《中国农民工生活质量指数评价研究》，《统计研究》2007年第2期。

[②] 根据各省市统计年鉴，2015年厦门、苏州、东莞、深圳四城市从业人员月平均报酬分别为5359元、6024元、4435元和6753元；平均月消费支出分别为2278元、2594元、2354元以及2697元。

[③] 国家统计局课题组：《中国农民工生活质量指数评价研究》，《统计研究》2007年第2期。

(6) 遇到困难最先求助谁。"求助本地朋友、政府部门和居委会、工作单位"赋值为1,"求助于外地朋友、亲戚和老乡"赋值为0.5,"其他"赋值为0。

(7) 想不想在厦门定居。"想"赋值为1,"不想"赋值为0。

(8) 想不想获得厦门市户口。"想"赋值为1,"不想"赋值为0。

农民工市民化进程指数是相对于城市居民而言的,因此这些指标最好也能根据城市居民的平均值来进行标准化,但有部分指标是针对农民工群体设计,对城镇居民不适用,城镇居民也没有相应的统计数据,而且诸如遇到困难最先求助谁之类的问题,在城镇调查中很少有现成数据可以利用,因此无法按照城镇居民的参考值进行调整。所以我们直接将城镇居民在分类指标上的平均值默认为1,考虑到城乡居民在这些指标上确实存在较大差距,且这些方面的改善本身就是推动农民工群体市民化的重要任务,因此这种处理方式不会使结果产生太大偏差。

2. 确定权重

指标权重的确定对于市民化进程指数而言既是重点也是难点,事实上,对于究竟该如何确定多指标综合评价体系中各个指标的权重,学界尚无统一观点。在权重分配的问题上,一直存在着等权重法和不等权重法之间的分歧,认可等权重法的研究者认为,综合指标体系中的每一个指标在不同的时期和地区对于综合指数的影响是同等重要的,而赞同不等权重法的研究者则指出,虽然同一指标在不同时期和地区中对综合指数的影响是相同的,但是不同指标的重要程度是有差别的。[1] 本书认为,从客观现实来看,农民工市民化的各个维度对于实现市民化目标的重要性是存在着差别的,采用等

---

[1] 周长城、袁浩:《生活质量综合指数建构中权重分配的国际视野》,《江海学刊》2002年第1期。

权重法有失偏颇，而采用不等权重法确定指标权重时又面临着主观构权法、客观构权法和主客观构权法相结合等三种选择，在本研究中，我们采用客观构权方法中的因子分析法确定指标权重。

权重分配具体的计算过程是：首先对未经加权的农民工市民化进程指数的各个指标进行因子分析，找出影响农民工市民化进程的几个主要因子，根据各个指标对应的各因子的相应系数的大小将指标归类到因子负荷最大的一类中去；然后根据因子负荷值来对各个指标进行加权，得到每个因子的综合值；最后根据每个因子的特征值占总特征值的比重对各因子加权，形成农民工市民化进程综合指数，因子分析结果见表3—2。

表3—2 农民工市民化进程指标因子分析（主成分方法）

项目	就业方式	心理认同	生活保障	社会关系	经济生活	共量
个人收入对比	0.058	0.050	0.348	-0.128	0.680	0.605
家庭收入对比	0.008	-0.030	-0.071	0.204	0.764	0.631
每周工作天数	0.512	-0.022	0.081	0.089	-0.327	0.384
是否签订劳动合同	0.818	-0.038	0.031	-0.021	0.119	0.685
是否拥有社会保险	0.822	0.070	0.068	0.012	0.069	0.690
新生社会网络	-0.036	0.165	0.033	0.801	0.040	0.673
与本地人交往程度	0.069	-0.041	0.346	0.683	-0.049	0.595
遇到困难求助谁	0.057	0.072	-0.298	0.422	0.111	0.288
个人消费对比	-0.085	0.148	0.718	-0.080	-0.062	0.555
室内生活设施	0.143	0.095	0.646	0.204	0.178	0.520
周边生活设施	0.299	-0.089	0.473	0.073	0.118	0.341
城市落户意愿	-0.012	0.866	0.048	0.016	0.016	0.752
城市定居意愿	0.015	0.840	0.081	0.166	-0.002	0.740
特征值	1.736	1.538	1.513	1.435	1.237	7.459
方差贡献率（%）	13.354	11.831	11.638	11.036	9.515	57.375

注：KMO值为0.607，$p<0.001$.

经过以上过程，最终得到农民工市民化进程指数：

（I） = 0.233 就业方式市民化（W） + 0.206 × 心理认同市民化（P） + 0.203 × 生活保障市民化（L） + 0.192 × 社会关系市民化（R） + 0.166 × 经济生活市民化（E）。

其中：

就业方式市民化 = 0.238 × 每周工作天数 + 0.382 社会保险拥有状况 + 0.380 是否签订劳动合同；

心理认同市民化 = 0.492[①] × 城市定居意愿 + 0.508 × 户口获得意愿；

生活保障市民化 = 0.352 × 室内生活设施 + 0.257 × 室外生活设施 + 0.391 × 个人消费支出；

社会关系市民化 = 0.359 × 与本地人交往程度 + 0.420 × 新生社会网络 + 0.221 × 遇到困难求助谁；

经济生活市民化 = 0.471 × 个人收入对比 + 0.529 家庭收入对比。

第二节　农民工总体市民化进程测度

一　农民工市民化进程相关研究

如前所述，学界在测度农民工市民化进程时，并未就评价指标体系的建构方法达成一致，因此得出的结论存在较大差别。部分学者从市民化的具体维度着手构建市民化评价指标体系并运用

---

① 为了便于理解，在三级指标合成二级指标时，对三级指标的权重进行了归一化处理。

于经验研究，如王桂新等人①发现，如果以100%代表实现城市化全过程时的城市化水平，则上海市农民工城市化水平达到54%，已转变为"准"城市居民；李荣彬等人②采用类似方法对新生代农民工的市民化程度进行测度，发现目前新生代农民工市民化水平为50.18%，即新生代农民工相对于城市居民而言已达到半市民化水平。

相对地，从市民化意愿和市民化能力相结合的角度出发构建农民工市民化指标体系的学者们给出了更为多样化的判断。刘传江和董延芳③计算出的农民工市民化进程指数为25.90%，如果去除制度因素的作用，则市民化进程指数为54.38%，作者由此指出农民工是处于农民和市民之间的"半市民"群体；在刘传江和程建林的另外一个关于第二代农民工市民化进程测度的研究中，采用了同样的方法构建测量指数，并测得第二代农民工市民化进程指数为50.23%，而第一代农民工市民化率仅为31.30%④；徐建玲⑤使用的测量指标略有不同，她测得农民工市民化进程指数为55.37%，而且无论是市民化意愿还是市民化能力进程指标都处于50%左右，显示出农民工整体在心理上处于农村和城市的"两栖"之间，但是如果将市民化意愿的测量方法变为愿意留城者占调查样本的比重，

---

① 王桂新、沈建法、刘建波：《中国城市农民工市民化研究：以上海为例》，《城市学研究》2011年第1辑。

② 李荣彬、袁城、王国宏等：《新生代农民工市民化水平的现状及影响因素分析——基于我国106个城市调查数据的实证研究》，《青年研究》2013年第1期。

③ 刘传江、董延芳：《和谐社会建设视角下的农民工市民化》，《江西财经大学学报》2007年第3期。

④ 刘传江、程建林：《第二代农民工市民化：现状分析与进程测度》，《人口研究》2008年第5期。

⑤ 徐建玲：《农民工市民化进程度量：理论探讨与实证分析》，《农业经济问题》2008年第9期。

则市民化进程指数变为 35.68%；张建丽等人①对徐建玲的市民化进程计算模型加以修正，加入了本地居民对农民工的认同和接纳指标，计算得到大连市新生代农民工市民化水平仅为 25.7%；刘松林、黄世为②在市民化意愿和市民化能力之外，加上了全要素指标（教育）和政策制度指标，并利用全国统计资料，计算得到我国现阶段农民工市民化平均进程为 39.99%。

由此可见，采用不同指标体系的学者们在对农民工市民化进程进行评价时，所得结果并不稳定，这不仅和调查口径有关，也和指标本身的有效性有关系。本书希望基于调查数据，构建出一个更为全面客观的指标体系，进而对农民工市民化进程展开测度，并同已有的研究成果进行对话。

二 农民工总体市民化进程测度

按照本书农民工市民化进程指数的构建方法，农民工的市民化进程是以当年城镇居民为参考值的，因此最后的数值表示的是相较于城镇居民的相对水平。根据本课题组 2016 年四城市农民工调查数据，经过详细测算得到农民工市民化总体进程指数为 0.563③，如表 3—3 所示，表明这些城市农民工群体的市民化达到"半市民化"水平，这和王桂新等④、刘传江、董

---

① 张建丽、李雪铭、张力：《新生代农民工市民化进程与空间分异研究》，《中国人口·资源与环境》2011 年第 3 期。

② 刘松林、黄世为：《我国农民工市民化进程指标体系的构建与测度》，《统计与决策》2014 年第 13 期。

③ 无论是总体进程指数还是分类进程指数的计算，都是以个体为基础的，先计算个体在总指数和分类指数上的得分，然后计算其平均值。

④ 王桂新、沈建法、刘建波：《中国城市农民工市民化研究：以上海为例》，《城市学研究》2011 年第 1 辑。

延芳[①]、刘建玲[②]等人的研究结论十分接近,略高于李荣彬等[③]对新生代农民工市民化进程的测度,并大大高于张建丽等[④]和刘松林、黄世为[⑤]的研究指数。因为以上研究在指数构建方法上与本书有一定出入,所以无法就不同的结论进行更深入的对比。

表3—3　　　　　　　农民工总体市民化进程（N=897）

	均值	分布情况（%）		
		≥0.7	0.5—0.7	≤0.5
总体市民化进程（I）	0.563	20.5	42.1	37.4

从不同水平的分布来看,市民化指数达到70%以上高水平的样本占有效样本的20.5%,达到50%到70%的中等水平的占42.1%,还有37.4%的样本尚未达到半市民化水平,市民化指数在50%以下。数据分析结果显示,四城市调查样本中有一半以上的农民工达到或超过了半市民化水平。图3—1展示了农民工总体市民化进程指数的直方图,可见样本的总体市民化进程指数基本上呈正态分布。

接下来,本书具体分析不同城市、不同世代、不同流动范围农

---

① 刘传江、董延芳:《和谐社会建设视角下的农民工市民化》,《江西财经大学学报》2007年第3期。

② 徐建玲:《农民工市民化进程度量:理论探讨与实证分析》,《农业经济问题》2008年第9期。

③ 李荣彬、袁城、王国宏等:《新生代农民工市民化水平的现状及影响因素分析——基于我国106个城市调查数据的实证研究》,《青年研究》2013年第1期。

④ 张建丽、李雪铭、张力:《新生代农民工市民化进程与空间分异研究》,《中国人口·资源与环境》2011年第3期。

⑤ 刘松林、黄世为:《我国农民工市民化进程指标体系的构建与测度》,《统计与决策》2014年第13期。

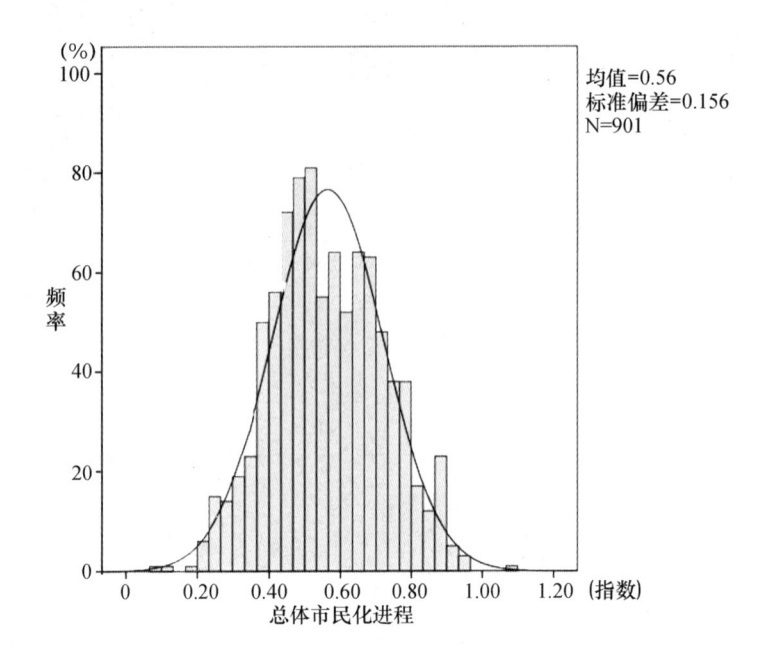

图 3—1 农民工总体市民化进程指数分布直方图

民工的总体市民化进程。

（一）不同城市的农民工市民化进程

表 3—4 列出了厦门、苏州、东莞、深圳四个城市的农民工总体市民化进程，厦门农民工总体市民化进程指数为 0.586，在四城市中居于首位；其次是深圳，总体市民化进程指数为 0.572，也高于平均值；苏州为 0.563，与平均水平持平；而东莞为 0.540，低于四城市平均值。在市民化进程指数分布上，深圳样本中市民化进程达到半市民化及以上水平的比例最高，为 66.8%，紧随其后的是厦门，为 65.7%，接下来是苏州，为 63.4%，东莞样本中在半市民化水平以上者的比例为 54.9。四个城市之间在不同水平总体市民化进程指数分布上差异显著。

表3—4　　　　　不同城市农民工总体市民化进程（N=901）

城市	总体市民化进程指数	分布情况（%）		
		≥0.7	0.5-0.7	≤0.5
厦门	0.586	30.1	35.6	34.3
苏州	0.563	17.2	46.2	36.6
东莞	0.540	17.1	37.8	45.1
深圳	0.572	18.4	48.4	33.2
统计检验	$F=3.356$, $p<0.05$	Chi-Square=23.714, df=6, $p<0.001$		

在分维度市民化方面，本书比较了四个城市的市民化得分，见表3—5。从表中可以发现，东莞经济生活市民化水平最高，苏州就业方式市民化维度具有明显优势，而在生活条件、社会关系和心理认同方面厦门水平更高。

表3—5　　　　　不同城市农民工的分类市民化进程指数

城市	分类指数				
	经济生活 （N=1245）	就业方式 （N=1115）	生活保障 （N=1112）	社会关系 （N=1263）	心理认同 （N=1212）
厦门	0.456	0.650	0.792	0.435	0.516
苏州	0.429	0.795	0.732	0.371	0.422
东莞	0.497	0.593	0.766	0.401	0.450
深圳	0.421	0.789	0.778	0.328	0.445
统计检验	$F=9.913$ $p<0.001$	$F=29.243$ $p=0.144$	$F=7.137$ $p<0.001$	$F=9.770$ $p<0.01$	$F=2.57$ $p<0.1$

（二）不同世代的农民工市民化进程

遵循研究者的常规处理方法，本书以1980年为界，将农民工群体划分为第一代农民工和新生代农民工两个世代。调查结果如表3—6所示，两类农民工群体的总体市民化进程水平之间不存在显著差别，在五个分类指数上，新生代群体在经济生活工作状况方面得分略高于第一代农民工，在心理认同和生活条件方面，第一代农民工得分更高，而在社会关系维度，两类群体不存在明显差别。

综合考察两个世代农民工在总体市民化进程指数和各分类指数上的得分情况，可以推测，一方面新生代农民工年轻力壮、受教育程度较高，在务工地劳动力市场上比较有竞争力，因此收入水平和工作状况好于第一代农民工，这两个维度的市民化指数较高；然而与此相对，现实存在的市民化障碍又使他们对于城市社会产生一种悲观失望的心态，心理认同市民化得分较低。各分维度的作用相互抵消，最终使两群体在总体市民化进程指数上差别不大。

表3—6　　　　　　不同世代农民工的市民化进程指数

世代	总体进程指数	分类指数				
		经济生活 (N=1242)	生活保障 (N=1109)	就业方式 (N=1115)	社会关系 (N=1263)	心理认同 (N=1212)
新生代	0.564	0.461	0.759	0.731	0.376	0.428
第一代	0.563	0.421	0.778	0.659	0.400	0.528
统计检验	$t=0.095$ $df=428.02$ $p=0.924$	$t=3.365$ $df=1240$ $p<0.001$	$t=-1.776$ $df=1107$ $p<0.1$	$t=3.187$ $df=509.86$ $p<0.01$	$t=-1.473$ $df=633.14$ $p=0.141$	$t=-3.527$ $df=1210$ $p<0.001$

（三）不同流动范围的农民工市民化进程

本书将农民工群体的流动范围简单划分为跨省流动和省内流动两类，省内流动农民工的市民化水平高于跨省流动者。如表3—7所示，无论是在总体市民化进程指数上还是在各个分类指数上，省内流动样本的分值都要高于跨省流动样本，并且除经济生活市民化维度以外，这些差距均通过了显著性检验。这一结果与已有研究发现有一定出入，研究表明，与省内流动的农民工相比，跨省流动的农民工表现出学历高、职业分布白领人士较多、收入水平好等特点①，这应该有助于他们实现较高水平的经济生活市民化，但在本书中，跨省流动农民工并未在市民化水平方面表现出相对于省内流动农民工的优势。

表 3—7　　　　　不同流动范围农民工的市民化进程指数

流动范围	总体进程指数	分类指数				
		经济生活 (N=1219)	生活保障 (N=1091)	就业方式 (N=1099)	社会关系 (N=1238)	心理认同 (N=1190)
省内流动	0.628	0.463	0.813	0.777	0.444	0.560
跨省流动	0.546	0.445	0.751	0.690	0.365	0.430
统计检验	t=6.436 df=319.64 $p<0.001$	t=1.444 df=1217 $p=0.149$	t=5.384 df=1089 $p<0.001$	t=4.179 df=528.420 $p<0.001$	t=4.375 df=462.93 $p<0.001$	t=4.270 df=1188 $p<0.01$

第三节　分维度农民工市民化进程测度

我们不仅关心农民工群体的总体市民化进程及各维度市民化水平之间的比较，而且关心在各个维度内部的市民化进展状况。表3—8列出了调查样本在5个维度的市民化进程指数，以及每个维度内部各指标的得分情况，可以看出，不同维度市民化的进展很不平衡，且不同水平的分布也存在差异。

首先，在5个市民化维度中，水平最高的是生活保障市民化，得分是0.765；其次是就业方式市民化，得分达到0.711；位列三

---

① 王兴周：《农民工：跨省流动与省内流动》，《中山大学学报》（社会科学版）2006年第5期。

四位的是心理认同和经济生活市民化程度,后者代表了农民工市民化的基础条件,而前者则反映农民工融入城市的深度,经济生活市民化维度的平均值是 0.445 分,心理认同得分是 0.496,二者位于总体市民化水平以下;分值最低的是社会关系市民化,它衡量的是农民工城市融入的广度,其市民化进程指数只达到 0.384 分。

再来看各维度不同水平的分布。在分值最高的生活维度,大部分农民工得分都在 0.5 以上,只有约 7.6% 的样本处在半市民化水平以下;在就业方式维度,达到 70% 较高水平市民化的样本较多,占 63.5%,不足 50% 的较低水平,有 28.4%,分布最少的是 50%—70% 的中端水平,为 8.1%;经济生活维度三个水平的分布也不太均衡,半市民化水平以下的样本最多,达到 63.1%,中端水平为 25.7%,高端水平为 11.2;在心理认同维度,超过一半的样本分布在半市民化水平以下,70% 以上的较高水平达到 50%—70% 的中等水平的样本占比最少,为 11.4%;而在社会关系维度,处于 50% 以下水平的样本在数量上占绝对优势,占 70.5%,这意味着有超过三分之二的样本在社会关系维度方面尚未达到半市民化水平。接下来将详细分析各个维度内部的具体情况。

表 3—8　　　　　　　　　分维度农民工市民化进程指数

指数和指标	均值	分布情况(%)			样本(人)
		≥0.7	0.5—0.7	≤0.5	
经济生活市民化	0.445	11.2	25.7	63.1	1245
月收入	0.587				1262
家庭收入对比	0.327				1273
社会关系市民化	0.384	14.7	14.8	70.5	1266
新生社会网络	0.308				1280
与本地人交往程度	0.511				1281
遇到困难求助谁	0.331	1280			
就业方式市民化	0.711	63.5	8.1	28.4	1117

续表

指数和指标	均值	分布情况（%）			样本（人）
		≥0.7	0.5—0.7	≤0.5	
每周工作天数	0.632				1226
是否有社会保险	0.676				1175
是否签订劳动合同	0.771				1252
生活保障市民化	0.765	68.7	24.4	6.9	1112
个人消费支出	0.837				1211
室内生活设施	0.703				1217
周边生活设施	0.756				1212
心理认同市民化	0.496	34.2	11.4	54.5	1209
务工地定居意愿	0.450				1239
务工地落户意愿	0.450				1246

一 经济生活市民化

收入水平得以提升，但与城市居民相比差距明显。本次调查所得样本的月收入平均水平为3484元，有67.4%的样本月收入在2000—4000元，13.5%的样本收入在1000—2000元，接下来是4000—5000元的较高收入，占比9.6%，还有6.5%的样本收入达到5000元及以上，月收入在1000元以下的极少，只有2.9%，这其中还包括少量正在找工作因而暂时没有收入的人，剔除这一部分人后，收入在1000元及以下的比例更小。尽管农民工群体收入的绝对水平显著提升，但是相对水平还不容乐观。调查中我们请调查对象将自己的家庭经济状况分别和城市及农村普通家庭进行对比，结果见表3—9。在和农村普通家庭对比时，选择"高很多""高一些"和"处于平均水平"的分别占0.3%、21.1%和51.5%，总计72.9%，即有接近四分之三的受访者认为自己的家庭经济水平至少不差于农村普通家庭。但是在与城市家庭进行对比时，选择"低很多"和"低一些"的比重最大，达到32.3%和38.3%，选择"处于平均水平"的占28.4%，还有1.0%的人认为自己的家庭经济水平比城市普通家庭"高一些"，没有样本选择"高很多"这个选项。

表3—9　　家庭经济水平与农村和城市普通家庭的对比（N=1172）

	评价（%）				
	高很多	高一些	处于平均水平	低一些	低很多
与农村普通家庭对比	0.3	21.1	51.5	19.6	7.5
与城市普通家庭相比	0	1.0	28.4	38.3	32.3

二　生活保障市民化

首先，在月消费支出方面，调查对象报告的月平均支出为2749.69元，这个数据和城市居民的平均水平相比，不算低，因为这其中不仅包括农民工在城市住房、交通和日常开销等方面的花费，还包括寄回老家、供子女上学等费用，所以并不能单从这个数值判断农民工在城市的生活水平，还需要结合其他数据一起做出评价。

"居者有其屋"是重要的民生目标，也是农民工定居城市的客观物质基础，有关农民工市民化的各类政策文件大都把"有固定住处"作为基本前提，虽然本书未将农民工居住类型列入市民化评价指标体系中，但是有必要对这方面的情况进行简单交代。本书数据分析结果显示，农民工的住房条件有所改善，虽然仍以"租房"和"住单位宿舍"为主，两者分别占75.2%和14.6%，但自购房比例已位居第三，达到 7.6%，这一发现和王桂新等人[①]对上海农民工的研究结论基本吻合，明显好于刘传江、程建林[②]对武汉市农民工居住条件的相关论断。其余几种居住类型比例都未超过 1%，包括"借住亲友家""住在雇主家""自搭简易房"以及"住在单位工棚"等，具体情况见表 3—10。

表 3—10　　　　　　　　农民工住房类型（N=1288）

住房类型	百分比（%）	住房类型	百分比（%）
住在单位工棚	0.4	住单位宿舍	14.6
租房	75.2	借住亲友家	0.9
自购房	7.6	住在雇主家	0.5
自搭简易房	0.4	其他	0.5

再进一步看居住生活设施，基本生活设施已经普及，住所周边设施状况较好。如表 3—11 所示，在我们列出的 6 种家庭内部生活设施中，电风扇的普及率最高，为 85.7%，其次是独用卫生间，普及率为 83.2%，接下来依次是淋浴设备和网络及有线电视，都在 70% 左右，独用厨房的拥有率为 66.4%，而有近一半的样本住所内有空调。在 8 种周边生活设施中，除图书馆和图书室较少之外，其余的生活服务类设施普及率都在 60% 以上，这说明农民工住所的周边环境得到改善，但是文体公益类设施建设还需要进一步加强。

---

① 王桂新、沈建法、刘建波：《中国城市农民工市民化研究：以上海为例》，《城市学研究》2011 年第 1 辑。

② 刘传江、程建林：《第二代农民工市民化：现状分析与进程测度》，《人口研究》2008 年第 5 期。

表 3—11　　　　　样本拥有各类生活设施情况（N=1270）

项目	百分比（%）	项目	百分比（%）	项目	百分比（%）
淋浴设备	71.1	独用卫生间	83.2	空调	47.8
独用厨房	66.4	网络/有线电视	69.5	电风扇	85.7
诊所/药店	91.2	学校	72.1	公共交通站点	90.2
超市	96.4	银行/ATM 机	84.6	公园	69.1
正规医院	63.3	图书室/图书馆	40.5		

三　就业方式市民化

就业方式即工作状况的第一个维度测量的是农民工的每周工作时间，这反映的是劳动权益保障方面的内容。按照《劳动法》的规定，我国实行的是劳动者每日工作时间不超过 8 小时，每周工作时间不超过 44 小时的工时制度，按照该标准，农民工群体的超时工作现象比较严重。首先在每周工作天数上，样本平均每周工作 5.61 天，工作时间为 6 天的占比最大，为 50.7%，工作时间为 5 天及以下的只占 35.6%，还有 9.7% 的调查对象每天都在工作，另有 2.8% 的样本每周工作 5.5 天，有 0.8% 的样本每周工作 6.5 天，还有 0.2% 的样本每周工作 6.75 天，也就是说，这些样本一个月只休息一天。在每周工作时间上问题更为突出，如表 3—12 所示，样本平均每周工作 54.72 小时，超过规定的 44 个小时达 10 个小时以上，接近栗志强、王毅杰[1]的研究发现，后者调查得到农民工每周工作时间为 58.16 小时。总样本中只有 27.9% 的人每周工作时间在 44 小时及以下，有 42.6% 的样本每周工作时间在 44 小时至 60 小时，剩下的约三分之一的样本每周工作时间超过 60 个小时。

---

[1] 栗志强、王毅杰:《农民工劳动与休闲关系研究》,《青年研究》2014 年第 6 期。

表 3—12　　　　　　　　每周工作时间（N = 1221）

每周工作时间（小时）	百分比（%）	每周工作时间（小时）	百分比（%）
≤44	27.9	44—60	42.6
60—72	21.4	≥72	8.1

就业方式维度的第二个测量指标是受访者是否拥有社会保险。能否被纳入城市社会保障体系中去，享受城市社会保险，是农民工应对城市生活风险的一个重要保障，然而以往研究发现，该群体在城市社会保障体系中处于边缘性地位，造成这一现状的原因既来自农民工个体，更和户籍制度的阻碍及劳动立法的不完善有关。本书中有 67.6% 的受访者表示自己在城市有社会保险，另外的 32.4% 社会保险则处于缺位状态，这和全国农民工监测调查报告中相近或相同年份的数据相比高出很多，但是和朱力、吴炜[①]对广东、浙江、上海、江苏等地农民工的调查数据接近。本书中该数值偏高的原因可能有两个：首先是近年来农民工的社会保险参保率确实有所提高，而且我们的调查样本集中在东部沿海地区，理应高出全国平均水平；其次是本次调查进入了较多正规工厂，这些工厂中农民工的社会保险较为规范，相比较而言，灵活就业人士以及非正规企业从业人员较少。

第三个测量农民工就业方式的指标是劳动合同签订情况。劳动关系的实质是一种契约关系，而签订劳动合同就是建立和维持这种契约关系的主要手段[②]，因此劳动合同是农民工最重要的劳动权益，对于从源头上保护农民工的合法权益、建立和谐稳定的劳动关系具

---

① 朱力、吴炜：《农民工的社会保险状况与影响因素分析——基于江苏省调查数据》，《学海》2012 年第 2 期。

② 刘林平、陈小娟：《制度合法性压力与劳动合同签订——对珠三角农民工劳动合同的定量研究》，《中山大学学报》（社会科学版）2010 年第 1 期。

有重要作用①，研究发现，那些与工作单位签订过劳动合同的农民工其市民化水平超过没有签过劳动合同者。②本次调查中，"签订劳动合同"的受访者占72.4%，"不需要签"者占7.7%，"没签"的占19.8%，合同期限以1—3年比例最大，为49.9%，1年以下占比26.7%，其余受访者所签订的劳动合同期限为3年以上。本书中签订劳动合同者的比例远高于近年来的调查数据，原因可能和前文提到的社会保险比例偏高的原因一致，即调查对象来自正规工厂的比例较大，组织理论认为，企业需要同时面对技术环境和制度环境两种不同的环境类型，前者要求其服从效率机制，后者则需要其服从"合法性"机制，面临制度合法性压力越大的企业，与农民工签订合同的比例越高③，所以相较于小规模的私营企业，大规模的国有和外资企业签订合同的比例较高。

四 社会关系市民化

如果把依照血缘和地缘关系建立起来的社会联结视为移民的"先赋"性网络，那么移民在迁入地建立起来的移民—居民网络则属于后致性资源，与先赋性网络相比，后致的移民—居民网络是十分重要的异质性资源，能够通过信息、影响、社会信用、强化等机制对移民的社会融合产生不可替代的作用。④然而本书发现，新生

---

① 谢勇、丁群晏：《农民工的劳动合同状况及其影响因素研究》，《人口与发展》2012年第1期。

② 王桂新、沈建法、刘建波：《中国城市农民工市民化研究：以上海为例》，《城市学研究》2011年第1辑。

③ 刘林平、陈小娟：《制度合法性压力与劳动合同签订——对珠三角农民工劳动合同的定量研究》，《中山大学学报》（社会科学版）2010年第1期。

④ 悦中山、李树茁、靳小怡等：《从"先赋"到"后致"：农民工的社会网络与社会融合》，《社会》2011年第6期。

社会关系是五个维度中市民化得分最低的。约三分之一的调查样本表示，自己在务工地城市的三个最好的朋友里面有本地人，另外三分之二的受访者则没有与本地人发展出最亲密的友谊。另一道与此相关的题目是"当您在务工地生活遇到困难时，最先向谁求救"，如表3—13所示，选择最先向亲戚或老乡求助的在数量上占绝对优势，达到78.8%，选择求助本地朋友的虽然比例位居第二，但只有7.8%，接下来是求助工作单位和外地朋友，分别占3.8%和3.7%，只有3.3%的人选择最先向政府部门寻求帮助，还有极少数（占0.4%）的人选择请居委会帮忙解决问题，剩余的2.2%选择用其他项，主要就是靠自己解决，不求助于别人。从农民工的新生社会网络状况及遇到困难求助对象分布上可以看出，农民工的社会关系网依然以血缘和地缘关系为主。

表3—13　　　　　　　　遇到困难最先向谁求助

求助对象	百分比（%）	求助对象	百分比（%）
亲戚或老乡	78.8	本地朋友	7.8
外地朋友	3.7	工作单位	3.8
社区居委会	0.4	政府部门	3.3
其他	2.2		

数据结果还显示，农民工与本地居民的交往十分有限，大多数样本与本地同事和邻居等只停留在偶尔来往的程度，这一比例达到67.0%，还有15.4%的受访者表示从不与本地人交往，只有17.6%的样本会经常与本地人来往，也就是说与本地人互动较为频繁的农民工占总样本的比重不足五分之一。可以从客观和主观两方面分析造成这一结果的原因，从客观方面来说，农民工群体所从事的职业多是收入较低、强度较大的工作，本地人不愿意干，而且他们为了工作便利并节省住房开支，多居住在城中村，接触本地人的

机会不多，这降低了他们与本地人发生频繁互动的可能性，这也可以从我们的访谈中得到证实，"我们干的活本地人不会愿意干的""这里住的都是外地人，哪有本地人"是频繁出现在他们叙述中的话语。从主观方面来说，则是受访者感觉本地人态度不友好，存在歧视外地人和农村人的现象，所以他们从内心也不愿意和本地人有过多来往。

五 心理认同市民化

是否愿意在务工城市定居是衡量农民工心理认同市民化的重要指标，有44.9%的受访者希望在务工城市定居。吸引受访者定居城市的主要原因是城市环境好（54.8%）、生活便利（53.2%）以及机会多（45.0%），此外还有33.4%的受访者选择了"能开阔眼界"。而不想在城市定居的原因排名前三位的是生活成本高压力大（59.4%）、购房困难（43.4%）和收入不稳定（42.5%），除此之外，也有约三分之一（31.9%）的人是因为老家有人需要照顾所以不想定居城市，还有15.2%的样本不想在城市生活是因为本身更喜欢农村，其余还有少量受访者选择了在城市会遭受歧视（4.7%）、城市环境不好（6.4%）以及其他原因（3.7%）。可以看出，经济压力仍然是当前阶段限制农民工市民化意愿的首要因素。

农民工的落户意愿事关各地户籍城镇化率的提升并最终制约新型城镇化目标的实现，尽管很多地方相继出台了宽松的落户政策，但农民工的落户意愿依旧不强。本次调查中有45.3%的受访者希望获得务工地城镇户口，最主要的原因是孩子能上公立学校（39.8%），其次是有社会保障（21.9%）和有保障性住房及廉租房（20.6%），有13.5%的人认为城市户口能够给他们带来平等的身份。不想获得务工地城镇户口的原因是：38.5%的人因为还没有定下在哪里发展；有21.9%的人不愿意放弃农村户口；还有相近比例（19.0%）的人觉得城市户口没什么用，并不能给自己的生活质量带来明显提升；此外，10.8%的样本准备在其他城市落户，其余的9.8%的受访者因为其他原因不愿意落户务工地城市，原因主要是"没钱买不起房子""不可能获得""想也没用"，可见实际上这部分样本并非在主观上不愿意落户城市，而是因为其中的客观障碍太多（见表3—14）。

表3—14　　　　农民工想/不想获得务工地城镇户口的原因

想获得城镇户口的原因 (N=428)	百分比 (%)	不想获得城镇户口的原因 (N=513)	百分比 (%)
有保障性住房或廉租房	20.6	没什么用	19.0
身份平等	13.5	没定下在哪里发展	38.5
孩子能上公立学校	39.8	农村户口还有用	21.9
有社会保障	21.9	准备在其他城市落户	10.8
其他	4.2	其他	9.8

本章运用农民工市民化进程指标指数，测算出当前阶段厦门、苏州、东莞、深圳四城市农民工总体市民化进程指数为0.563，即农民工群体的市民化进程已达到"半市民化"水平。通过对比不同城市、不同世代、不同流动范围的农民工市民化进程指数发现，三个城市之间在总体市民化水平上存在较明显差别；新生代和第一代农民工的市民化总体进程相当；而省内流动农民工的市民化程度明显高于跨省流动农民工。

在分析了农民工总体市民化进程以后，本章进一步详细描述了样本在五个分类市民化维度的进展情况。五个分类维度中得分最高的是生活保障市民化，农民工室内基本生活设施已经普及，住所周边环境质量较好；就业方式市民化排在第二，样本超时工作现象比较严重，但社会保险拥有状况有所改观，合同签订率也较高；位列第三位的是心理认同市民化，有超过一半的人不想在务工城市定居，首要原因是经济压力太大，也有相近比例的样本不想获得务工地城镇户口；经济生活市民化进程较为缓慢，样本收入水平得以提升，但与城市居民相比差距仍旧明显；而市民化程度最低的是社会关系维度，约三分之二的受访者表示未能与本地人发展出亲密的友谊，与本地居民的交往十分有限。

第四章 社会质量与农民工市民化

通过市民化进程指数的测算，可知当前农民工处于"半市民化"阶段，那么，究竟有哪些因素会影响到农民工的市民化水平呢？本书认为，农民工是作为"社会人"而存在的，既不是原子化的经济主体，也不是保持秘密的封闭个体，而是集合人际关系的社会存在。而社会质量本体论的基础正是在于社会性，它不仅指明了社会性存在于个体自我实现过程与集体认同形成过程之间的构成性相互依赖关系中，还通过"个人发展—社会发展"以及"生活世界—系统世界"这两种基本的社会紧张关系的互动，使"社会性"得以在日常生活中具体化，将固定的社会结构、实践和惯习更清晰地显现出来。[①] 社会质量理论还提供了操作化的指标体系，通过对条件性因素的测量，来展示不同社会的质量水平，创造出新的社会政策选择权。因此，本书将尝试运用这一分析方法来讨论农民工市民化的影响因素。

本章根据社会质量理论的基本观点整理出了几个影响农民工市民化水平的相关假设，认为高水平的社会质量能够带来更高程度的市民化，某些社会质量维度不仅能够直接作用于市民化水平，还能够通过不同机制对市民化产生间接影响。并运用调研数据对这些假设进行验证。为了更详细地分析社会质量对市民化的影响，将社会

---

① ［荷］沃尔夫冈·贝克、［荷］劳伦·范德蒙森、［英］艾伦·沃克：《理论基础》，见［荷］范德蒙森、［英］沃克主编《社会质量：从理论到指标》，冯希莹、张海东译，社会科学文献出版社2015年版，第35—55页。

质量分解为社会经济保障、社会凝聚、社会包容和社会赋权四个构成要素。在分析策略上,将主要采用逐步回归的方法,将控制变量和社会质量指标逐步纳入回归模型中,比较不同因素对总体市民化的影响效应。此外,还将运用相关分析法,探究社会质量指标与各分维度的市民化之间的关系。

第一节 研究假设与变量的操作化

一 研究假设

(一) 社会经济保障与市民化

社会经济保障是社会质量的第一个条件性因素,指的是人们获得充足的物质和非物质资源的可能性。资源是社会经济保障的核心,因为人们需要它来应对风险和增加生活机会,而资源的形式既包括物质资源也包括非物质资源,它们都能够帮助人们真正参与到他们生活于其中的社会环境。至于资源的拥有量是否充足,则是一个主观的概念,行动者自己决定什么程度才叫充足。从语源学上来看社会经济保障,"社会的"并不是指共同的,而是指在集体认同中的自我实现;"经济"是指相互合作以应对日常生活处境;"保障"并不是指代没有担忧和不确定性的生活,而是指在政府、社区组织和国家机构的帮助下,照顾自己、家人和亲戚生活的各方面。所以在社会质量框架下,社会经济保障的主旨就是在一个互相照顾与合作的社会关系的情境中达到自我实现,以应对生活中的不确定性。① 社会质量理论主张，一个具有高质量的社会必须使人们能够获得经济保障——不管是来自企业保险还是来自国家的社会保险，以免于贫困和各种形式的物质剥夺②，即必须能够保障人们的社会经济安全。社会经济安全要求社会能够提供高质量的就业，并且能够采取保护措施保障人们的生活水平以及对于收入、教育、健康照顾、公共卫生等资源的享有，这些资源对于农民工群体实现经济层面的城市适应是十分必要的。我们认为，农民工群体在城市的客观社会经济保障水平及其对于保障水平的主观感知，一方面会提升其应对城市生活挑战的实际能力，另一方面还会帮助他们建立起适应未来城市生活的信心，从而在市民化意愿和市民化能力两个维度共同造就行动者较高的市民化水平。由此我们提出本章的第一个假设：

假设4.1：社会经济保障水平越高，农民工总体市民化程度就越高。

本书采用职业地位、失业风险两个指标来对社会经济保障进行操作化。研究表明，农民工群体由于人力资本存量较低，只能进入偏重体力劳动的低技术行业，不仅收入十分微薄，而且高强度的工作导致他们没有能力和精力提升自身综合素质，由此陷入一种恶性循环③，而其中的一些人力资本存量较高且善于抓住机会的个体通

---

① Keizer, M., Social Quality and the Component of Socio-econimic Security, International Association on Social Quality, 2004 年（http：//www.socialquality.org/wp-content/uploads /2014/10 /Socio-Economic-Febr – 2004. pdf）。

② ［英］艾伦·沃克：《21世纪的社会政策：最低标准，还是社会质量？》，《社会政策评论》（第一辑），社会科学文献出版社2007年版，第14—15页。

③ 姚先国、俞玲：《农民工职业分层与人力资本约束》，《浙江大学学报》（人文社会科学版）2006年第5期。

过多年努力，也可以进入初级劳动力市场从事中高端职业①，从而在这一群体内部形成职业分层，显然，职业地位较高的个体更容易实现市民化。而失业风险则反映了劳动权益保障和就业稳定性方面的特征，这些都事关农民工在城市社会安身立命的根本，因此我们提出两个相关子假设：

假设4.1.1：职业地位越高的农民工，总体市民化程度越高。

假设4.1.2：失业风险越大的农民工，总体市民化程度越低。

（二）社会凝聚与市民化

社会质量的第二个条件性因素是社会凝聚，指的是建立在认同、价值和规范基础上的社会关系被分享的程度②，较高水平的社会凝聚能够确保人们像真正的"社会人"那样生活③。社会凝聚和社会资本之间存在着密切的关系，二者都包括社会信任和网络，但除此之外，社会凝聚还关注机会平等、社会公正、利他主义、公民责任等议题。在社会质量的四个条件性因素中，社会凝聚和社会团结与"社会性"的实现最为密切相关，因为个体的自我实现和集体的身份认同之间的辩证关系是通过社会关系发挥作用的，同时也离不开社会价值和规范的作用，并且团结是集体身份认同形成的必要条件。④ 国外有关移民社区公民身份与社区社会质量的研究启发我们，如果社区内部没有一定程度的社会凝聚，是不可能有任何形式

---

① 符平、唐有财、江立华：《农民工的职业分割与向上流动》，《中国人口科学》2012年第6期。

② Maesen, van der L. & A. Walker, Indicators of Social Quality: Outcomes of the EuropeanScientific Network, *European Journal of Social Quality* 5 (5), 2005.

③ Beck, W., Maesen, van der Laurent & A. Walker (eds), *The Social Quality of Europe*, The Hague: Kluwer Law International, 1997, p. 284.

④ Berman, Y. & Phillips, D., Indicators for Social Cohesion, International Association on Social Quality, 2004年6月 (http://www.socialquality.org/wp-content/uploads/2014/10/Indicators-June--2004.pdf)。

的社区公民权的，进而会影响到他们国家层面公民身份的获得。①由此我们提出假设二：

假设4.2：社会凝聚水平越高，农民工总体市民化程度就越高。

本书将社会凝聚测量指标确定为社会信任以及利他主义精神，后者被操作化为参加义务献血的意愿。信任是各种类型的社会合作的前提，对于农民工群体来说，社会信任无论是作为一种社会习俗、社会资本，还是社会心态，都将对他们的城市融合效果产生积极影响②，相反，不信任的群体心理则具有一种弥漫性的自我疏离作用，极易破坏特定群体对其他群体和整个社会的认同感及责任感，并导致越轨行为的发生，农民工的社会信任水平应该是其市民化程度的一个有效预测变量。与此同时，当代利他主义研究表明，利他不仅意味着牺牲和奉献，利他的同时也能够更好地利己。③农民工参与义工服务等利他主义行为有助于其融入城市社会，促进身心健康发展，并壮大社会慈善力量。④而在参与利他行为的动机方面，则混杂着获取社会资本和符号资本的工具性动机、身份建构和生活方式自主选择的主观性动机，以及追求公民权和社区融入的社会性动机⑤，参与利他行为可以被看作农民工在城乡二元体制和公民身份差序格局中主动完成市民化的一种努力。由此我们提出有关

---

① Phillips, D., Community Citizenship and Community Social Quality: the British Jewish Community at the Turn of the Twentieth Century, *European Journal of Social Quality* (3), 2001.

② 郭庆、高平安、于运江：《社会信任视角下的农民工城市融合》，《人口与社会》2014年第4期。

③ 刘鹤龄：《利他主义新理念与和谐社会的构建》，《伦理学研究》2010年第6期。

④ 赵宝爱：《浅议新生代农民工的义工服务参与问题》，《青年探索》2008年第5期。

⑤ 王斌：《个体化的助人者：新生代农民工从事志愿服务的动机分析》，《深圳大学学报》（人文社会科学版）2014年第1期。

社会凝聚与市民化水平的两个子假设：

假设 4.2.1：社会信任水平越高的农民工，总体市民化程度越高。

假设 4.2.2：愿意参加义务献血的农民工，总体市民化程度高于不愿意参加者。

(三) 社会包容与市民化

社会包容指的是人们感觉到自己被整合进那些构成人们日常生活的关系、组织、社会子系统以及制度的程度。[①]。作为理解和测量社会质量的重要因素，社会包容代表了社会质量的积极取向，其核心议题是公民身份，这里的公民身份并不是法律上的狭窄定义，而是指"参与到政治、经济、社会和文化系统及制度的可能性"。[②] 在社会质量框架下讨论社会包容问题，必须反映出社会子系统的复杂性，各种社会关系的复杂性，以及阻碍人们进入这些系统和关系的障碍，从一个子系统中被排斥可能同时伴随着被其他子系统所包容。

社会包容与社会排斥密切相关，后者指的是感觉到被部分或者全部排除出那些能够影响社会地位和公民权利的政治、经济、文化系统的动态过程。但是社会包容并不仅仅是社会排斥的反面，它之所以能够成为社会质量四大条件性因素之一，首先在于它代表了一种积极的取向，其次在于它代表了一种在民主社会中表述公民权利内涵的可能性。所以社会质量不仅关注是否融合，还要关注融合的程度。概括而言，社会包容具有以下特征：第一，它是一个动态的过程；第二，就其涉及的诸多社会子系统和社会过程而言，它是多面向的；第三，它是多层次的，因为它涉及家庭、邻里、组织、国

---

① Walker, A. & Wigfield, A., The Social Inclusion Component of Social Quality, Fourth Draft Discussion Paper, *Amsterdam*: *European Foundation on Social Quality*, 2004.

② Beck, W., Maesen, van der Laurent, F. Thomese & A. Walker (eds.), *Social Quality*: *A Vision for Europe*, The Hague: Kluwer Law International, 2001, p.346.

家和超国家机构等不同层次中的排斥问题;第四,它既是一种主观体验,又是一种客观经历;第五,对同一个人或家庭来说可能存在着不同程度的社会包容。① 已有研究指出,社会排斥是造成农民工群体在务工城市弱势地位的根源,而社会包容是推进农民工市民化的重要前提和途径②,农民工在城市受到的排斥是多面向的,涉及经济、政治、文化、社会网络、社会保障、教育、就业等不同领域,且这些不同面向之间会相互加强,相应的,社会包容也应该具有不同层次。社会包容与农民工市民化水平之间应该是一种正向关系,因此我们假设:

假设4.3:社会包容水平越高,农民工总体市民化程度就越高。

本书采用两个负向指标社会歧视感知、群体差距感知以及一个正向指标社团参与来测量社会融合。农民工的市民化结果不仅受到自身市民化意愿和市民化能力的影响,他们感知到的城市居民的态度也是重要的影响因素之一。城市居民的友好接纳态度有助于农民工实现市民化,特别是心理维度的市民化③,而歧视性态度则会产生消极影响。同样的,有差别就会有对比,群体之间巨大的社会差距会促使弱势群体产生相对剥夺感和社会差异感,这显然不利于社会融合目标的实现。具体到农民工群体,相对剥夺感会对其市民化意愿产生消极影响。④ 据此我们提出:

假设4.3.1:对群体差距感知越明显的农民工,总体市民化程度越低。

---

① Walker, A. & Wigfield, A., The Social Inclusion Component of Social Quality, Fourth Draft Discussion Paper, Amsterdam: European Foundation on Social Quality, 2004.

② 王桂新、沈建法、刘建波:《中国城市农民工市民化研究:以上海为例》,《城市学研究》2011年第1辑。

③ 同上。

④ 张笑秋:《新生代农民工市民化意愿心理影响因素的理论框架》,《西北农林科技大学学报》(社会科学版)2015年第3期。

假设4.3.2：对社会歧视感知越明显的农民工，总体市民化程度越低。

社会包容的另一个指标是社团参与，社团参与是社会参与的一种重要途径，而后者正是农民工实现城市融合的前提条件，体现了农民工对现实生活的积极介入[①]，可以说，只有在社会参与的基础上才能实现高质量的农民工市民化。据此我们提出有关社会包容和市民化关系的第三个子假设：

假设4.3.3：社团参与越积极的农民工，总体市民化程度越高。

（四）社会赋权与市民化

赋权意味着要发展人们参与到那些决定其日常生活的过程的能力[②]，而社会赋权则指的是通过社会关系来增强人们的个人能力和行动能力。[③] 社会赋权的目的在于促进个体的参与，以便他们可以在个体发展和与社会环境进行合作之间实现平衡。正是社会赋权的存在，使人们能够把握行动者与结构、个体和社会之间的辩证关系。

在社会质量的四个条件性因素中，社会经济保障关注的是可以获得的物质资源，社会包容关注的是整合不同的社会关系，社会凝聚关注的是社会关系的可信赖性，而社会赋权关注的是社会参与的可行能力的提升。从某种程度上来说，一方面，社会赋权是起始点，其他条件性因素的实现都建立在社会赋权基础之上；另一方面，社会赋权又是其他组成部分的结果。[④] 赋权的核心话语是强调

---

① 潘泽泉：《农民工融入城市的困境：共有的空间何以可能》，《中州学刊》2008年第3期。

② Beck, W., Maesen, van der Laurent & A. Walker (eds.), *The Social Quality of Europe*, The Hague: Kluwer Law International, 1997, p. 290.

③ Hermann, P., "Empowerment", International Association on Social Quality, 2004年（http://www.social-quality.org/wp-content/uploads/2014/10/Empowerment-febr-2004.pdf）。

④ Ibid..

个体是有知识和有能力的，以及互相帮助和团结的重要性。这一取向号召人们要在他们的环境内制造变化，或者改变他们的环境，反对把他们视为干预策略的客体。[①] 我们认为这个理念对于农民工群体同样适用。其实，国内也有学者提出了这个发展路径，比如，刘爱玉[②]指出，农民工市民化的出路就在于赋权和增能。结合农民工群体的实际，最直接的提升其知识和能力的赋权途径当属参与职业技能培训；此外，政治参与也体现了农民工试图影响公共生活的努力。与这些客观赋权方式相对应，农民工对于个人在多大程度上能通过自身努力提升社会地位的看法，即自致成功预期，则反映了个体对于社会提供的发展空间的主观评价，这个预期会影响到农民工参与社会生活的意愿和效果。因此本书认为，赋权能够有效推动农民工的市民化进程，由此提出如下假设：

假设4.4：社会赋权水平越高，农民工总体市民化程度越高；

假设4.4.1：政治参与越积极的农民工，总体市民化程度越高。

假设4.4.2：参加职业技能培训的农民工，总体市民化程度高于未参加培训者。

假设4.4.3：自致成功预期越积极的农民工，总体市民化程度越高。

二 变量的操作化

（一）自变量的操作化

人在本质上是社会人，而人的"社会性"实现是个体自我实现

---

① Vanderplaat, M., Beyond Technique: Issues in Evaluating for Empowerment, *E-valuation* 1 (1), 1995.

② 刘爱玉：《城市化过程中的农民工市民化问题》，《中国行政管理》2012年第1期。

过程与集体认同过程之间"构成性相互依赖"的结果,社会质量理论的这一基本假设要求在各因素的测量指标中都要明确体现出这种辩证关系。[①] 本书所采用的社会质量测量指标是在"社会质量欧洲问卷"和"社会质量亚洲问卷"[②]基础上加以改造而得到的,改造的基本步骤如下:第一步,确定测量维度。保留欧洲问卷和亚洲问卷的四大基本维度,即社会经济保障、社会凝聚、社会包容和社会赋权;第二步,确定各维度测量领域和子领域。4个基本维度遵循欧洲问卷和亚洲问卷的选择标准;第三步,选择具体的测量指标。一方面参考"社会质量视角下的社会建设研究"课题组[③]的问卷内容,另一方面根据农民工群体的实际情况确定具体测量问题。需要指出的是,已有的社会质量研究多采用诸如拥有健康保险的人口比例、人均住房面积等宏观层次的指标,这对于进行省市、国家之间的比较研究而言是适合的,但是将其作为农民工个体市民化程度的影响因素则是不恰当的,因此我们需要得到个体层次的社会质量水平。从原则上看,如果社会质量是可以测量的,那么将其用来评估个体的社会质量等级则不仅是可行的而且是必要的[④],因此我们在确定问卷中的具体指标时,均将宏观层次的指标转化为个体层次。自变量的具体操作方式如下:

---

① [荷]沃尔夫冈·贝克、[荷]劳伦·范德蒙森、[英]艾伦·沃克:《社会质量概念实证的和政策的适用性》,见[荷]贝克等主编《社会质量:欧洲愿景》,王晓楠等译,社会科学文献出版社2015年版,第307—319页。

② 两个版本问卷的中文版可参见王丽容《亚洲社会质量指标:什么是独特的?》,见张海东编《社会质量研究:理论、方法与经验》,社会科学文献出版社2011年版,第180—186页。

③ "社会质量视角下的社会建设研究"是本课题负责人2011年主持的国家社科基金重点项目。

④ [英]Phillips, D. & [奥]Berman, Y.:《社会质量的定义、概念和操作议题》,见[荷]贝克等主编《社会质量:欧洲愿景》,王晓楠等译,社会科学文献出版社2015年版,第113—132页。

1. 社会经济保障

在欧洲社会质量指标体系中，社会经济保障的测量领域包括金融资源、住房和环境资源、健康和照顾资源、教育、就业五个方面，每个方面对应着子领域，如金融资源对应的是收入充足性和收入保障，住房和环境资源对应的是住房保障、房屋质量和居住环境等，就业对应的是就业保障和工作条件等，每一个子领域又通过具体的测量指标来反映。本书选择受访者职业地位和失业风险两个指标来测量受访者的社会经济保障水平，它们分别对应着就业保障、收入保障等子领域。

（1）职业地位

社会经济保障衡量的是人们获得物质和非物质资源的可能性，而就业即为农民工群体在城市社会获得物质资源的几乎唯一途径，因此职业地位应当成为社会经济保障维度的核心指标。

本书对农民工职业地位的测量方法是，在问卷中直接询问调查对象的具体职业，然后对职业进行后期编码。参照符平等人[1]以及姚先国、俞玲[2]的处理方法，本书将农民工职业划分为9类：分别是生产工人（包括制造业、建筑业工人等）、服务行业人员（主要是低技能的服务行业工作，如家政服务、酒店服务、保安等）、办公室一般工作人员、管理和专业技术人员、个体经营者、私营业主、灵活就业人员（如废品回收人员、个体加工、流动摊贩等）、家庭主妇或失业人员，以及其他职业。然后从职业声望、收入待遇等方面将这些职业划分为高端、中端和低端三类（为了分析之便，极少量的无业或家庭主妇样本被剔除），其中高端职业包括私营业

---

[1] 符平、唐有财、江立华：《农民工的职业分割与向上流动》，《中国人口科学》2012年第6期。

[2] 姚先国、俞玲：《农民工职业分层与人力资本约束》，《浙江大学学报》（人文社会科学版）2006年第5期。

主以及管理和专业技术人员，中端职业包括办公室一般工作人员和个体经营者，低端职业包括生产工人、服务行业从业人员、灵活就业人员以及其他职业从业人员，在放入回归模型时，做虚拟变量处理，以低端职业作为参照类别。

（2）失业风险

转型经济的一个重要特征是不确定性，我国农民工群体面临的最大的不确定性就是就业的不稳定，即失业风险。[①] 对于农民工群体来说，失业意味着他们在城市失去了安身立命的根本，维持生存已属不易，后续的市民化问题更是无从谈起。问卷中对应失业风险的问题是：您认为自己在未来半年失业的可能性有多大？选择"非常大"赋值为5，"比较大"赋值为4，"一般"赋值为3，"不太大"赋值为2，"不可能"赋值为1，数值越大，代表失业的可能性越高。

2. 社会凝聚

社会凝聚包括信任、社会网络、整合的价值观和规范以及认同等四个核心测量领域，每个领域下面又对应着子领域和具体的测量指标。本书从信任和利他主义两个维度反映社会凝聚水平。

（1）社会信任

社会质量框架下的信任包括人际信任和制度信任两方面。人际信任是社会凝聚的核心要素，指的是当个体面临不确定性情境时，期待他人做出符合自己期望的行为或发生令自己满意的结果的心理或行为倾向。[②] 制度信任是指人们对公共领域中的社会制度、正式制度以及社区领域中形成的规章制度的信任。

[①] 张华初、刘胜蓝：《失业风险对流动人口消费的影响》，《经济评论》2015年第2期。

[②] 薛天山、翟学伟：《西方人际信任研究的路径与困境》，《南京大学学报》（哲学·人文科学·社会科学版）2009年第2期。

按照信任对象的特征,西方学者将人际信任划分为普遍信任和特殊信任两种类型,前者指的是对一般社会成员的信任,后者指的是对熟人(如家庭成员、亲戚)等的忠诚。[①] 本书也是依据特殊信任和普遍信任的划分方法来考察外来人口的人际信任状况,问卷中对应的具体问题是:"您对以下人员的信任程度如何:1)家人;2)邻居;3)朋友;4)同事;5)老乡;6)陌生人;7)跟自己有不同信仰的人;8)外国人;9)医生;10)商人;11)雇主;12)老师;13)记者。"问题采用量表形式,"完全信任"到"完全不信任"五个等级分别记1—5分,分析时进行反向赋值。

制度信任的测量方式和对人际信任的测量相似,即直接询问调查对象对以下机构的信任程度:1)新闻媒体;2)公安机关;3)司法机关;4)行政机关;5)立法机关;6)非政府组织/非营利组织;7)工会;8)教育科研机构;9)银行;10)医疗机构,答案设置及赋值方式也一致。然后进行因子分析,经过最大方差法旋转后形成5个因子,如表4—1所示,根据每个因子包含项目的特征并参考相关文献[②],分别命名为正式制度信任因子、典型普遍信任因子、特殊信任因子、非正式制度信任因子和非典型普遍信任因子。项目的 KMO 值为 0.920,巴赫利特球度检验值达到 15566 ($p<0.001$)。

[①] 陈捷、呼和·那日松、卢春龙:《社会信任与基层社区治理效应的因果机制》,《社会》2011年第6期。

[②] 雷开春、张文宏:《城市新移民的社会信任及其与社会交往的关系剖析》,《江苏行政学院学报》2012年第6期。

表 4—1 社会信任因子（主成分因子分析）

项目（信任对象）	正式制度信任	特殊信任	典型普遍信任	非正式制度信任	非典型普遍信任	共量
家人	-0.047	0.446	-0.242	0.003	0.173	0.290
邻居	0.177	0.649	0.241	0.064	-0.094	0.524
朋友	0.129	0.789	0.182	0.101	-0.002	0.683
同事	0.175	0.791	0.200	0.126	0.008	0.712
老乡	0.117	0.715	0.170	0.110	0.117	0.580
陌生人	-0.005	0.181	0.768	0.064	0.000	0.627
不同信仰者	-0.001	0.138	0.706	0.030	0.108	0.530
外国人	0.042	0.090	0.730	0.044	0.194	0.583
商人	0.105	0.121	0.572	0.222	0.315	0.501
医生	0.179	0.016	0.201	0.172	0.766	0.689
老师	0.216	0.093	0.142	0.057	0.815	0.743
记者	0.293	0.041	0.392	0.096	0.517	0.517
中央政府	0.828	0.099	0.013	0.036	0.152	0.720
务工地政府	0.795	0.151	0.149	0.233	0.004	0.732
法院/检察院	0.840	0.099	0.029	0.198	0.147	0.778
全国人代会	0.856	0.115	0.007	0.128	0.148	0.784
军队	0.812	0.115	0.009	0.125	0.207	0.731
公安部门	0.834	0.075	-0.011	0.243	0.097	0.770
中央媒体	0.727	0.069	0.111	0.375	0.088	0.694
地方媒体	0.605	0.119	0.182	0.522	0.019	0.686
NGO/NPO	0.181	0.074	0.350	0.665	-0.239	0.660
教育科研机构	0.454	0.135	0.064	0.622	0.240	0.672
公司企业	0.286	0.196	0.026	0.706	0.228	0.671
医疗机构	0.386	0.079	-0.008	0.700	0.293	0.730
特征值	5.749	2.627	2.578	2.555	2.099	15.608
解释方差（%）	23.952	10.945	10.741	10.647	8.745	65.030

(2) 利他主义精神

利他主义强调他人利益，赞扬为了他人做出牺牲的高尚美德。

利他主义有助于社会资本的发展，而社会资本可以发挥社会黏合剂的作用，促进社会更有效率地运转[①]，所以利他主义是社会凝聚的重要指标之一。本书通过测量农民工参与利他主义行为的意愿来反映其利他主义精神，具体测量方法是询问调查对象"是否愿意参加义务献血"，答案分为"愿意""不愿意"和"看情况"，在放入回归分析时进行虚拟变量处理，以"不愿意"作为参照类别。

3. 社会包容

欧洲社会质量指标体系中，对社会包容的操作化是从宏观、中观、微观等不同层面展开的。在宏观层面，社会包容的指标使用公民权利的行使情况；在中观层面，测量的内容包括劳动力市场、公共服务和私人服务的包容情况；在微观领域，则通过私人友谊、邻里参与、家庭生活等社会网络来反映社会包容。宏观层次的社会包容较难直接测量，而且其中的一些指标实际上直接反映了个体的市民化水平，为了避免自变量和因变量相互影响而产生联立性偏误，本书主要从中观和微观层次入手，选择群体差距感知、社会歧视感知以及社团参与三个指标来测量社会包容程度。

（1）群体差距感知

现代性就是一个差异的生产和再生产的过程，随着传统社会关系纽带的削弱，人们之间的同质性特征不断弱化，在自然性差异的基础上，伴随劳动分工和社会分化过程的加剧，个体和群体之间的社会性差别日益凸显。[②] 一定程度的差别是必需的，甚至公平也要以合理的差别为前提，但是，如果不同群体和阶层之间的可感知的

---

① Berman, Y. & Phillips, D., Indicators for Social Cohesion, International Association on Social Quality, 2004 年 6 月 (http://www.socialquality.org/wp-content/uploads/2014/10/Indicators-June--2004.pdf)。

② 杨敏、郑杭生：《社会实践结构性剧变视野下的改革与和谐》，《社会科学》2007 年第 1 期。

差距过大，则会对社会稳定构成潜在的和现实的威胁，这种差别不仅体现在贫富差距上，还包括价值取向、生活方式、认知偏好等多个方面。

本书对群体差距的测量，通过下列问题获取："你觉得下列群体之间的差距有多大：1）穷人与富人；2）老板与员工；3）男人与女人；4）老人与年轻人；5）本地居民与外来务工者。"选择"非常大"赋值为5，"比较大"赋值为4，"说不清"赋值为3，"比较小"赋值为2，"非常小"赋值为1。然后将各项相加，得到一个分值介于5—25的群体差距指数，数值越大，代表调查对象感知到的群体差距越严重。

(2) 社会歧视感知

所谓歧视，是指由于某些人是某一群体或类属的成员而对他们施以不公平或不平等的待遇。[①] 态度、行为和制度是社会歧视的三个维度，由此可以将社会歧视划分为社会偏见、行为性歧视和制度性歧视三类，无论以哪种形态出现，社会歧视的核心都是不公平和不平等。[②] 农民工在城市社会受到的歧视兼有这三种类型，使农民工产生较为明显的"被排斥感"，并在不同程度上影响其对城市社会的认同和市民化的实现。

本书对社会歧视感知的测量方法是询问调查对象在过去一年中是否因为一些具体原因而受到歧视。问卷中对应的问题是："在这一年中，您有没有因为以下原因受到歧视：1）农村人；2）职业；3）消费水平；4）年龄；5）性别；6）外地人；7）普通话水平；8）技术水平；9）学历；10）患有某种疾病。"答案选项分为

---

① ［美］刘易斯·科塞：《社会学导论》，杨心恒等译，南开大学出版社1990年版，第305页。

② 黄家亮：《论社会歧视及其治理——一个社会学视角的理论分析》，《华东理工大学学报》（社会科学版）2008年第3期。

"有"和"没有",分别赋值为2、1,然后将各项相加,得到一个分值介于10—20分的社会歧视指数,分值越高,表示受到的社会歧视越严重。

(3) 社团参与

社团参与不仅能够培养信任,还能够促进公民之间的合作,邻里组织、合唱队、合作社、体育俱乐部、大众性政党等公民参与网络都属于普特南意义上的密切的横向互动,一个社会中此类网络越密集,人们就越有可能为了共同的利益展开合作[①],此外,社团组织是市民社会的重要组成部分,社团组织的存在不仅能够减少国家自上而下的管理造成的压力,还能为个体的社会参与提供良好的平台,是社会参与的一个重要途径。

问卷中测量社团参与的问题是:"您是否参加以下团体的活动:1) 宗教团体;2) 体育或娱乐团体;3) 单位组织的活动;4) 政党;5) 老乡会;6) 慈善组织;7) 与学校有关的团体;8) 宗族组织;9) 社区组织的活动。"将答案"从未参加"赋值为1,"偶尔参加"赋值为2,"经常参加"赋值为3,然后将各项相加,得到一个总分介于9—27分的社团参与得分,分值越高,代表社团参与越活跃。

4. 社会赋权

赋权是一个如何使人们在社会关系中实现个人能力提升和发展的问题,而社会赋权则是指通过社会关系的改善来提高个体的行动能力。[②] 所以社会赋权指标应该包括人们参与社会事务的意愿和积极性,同时,如何通过外界力量的介入提升个体的能力也是社会赋权的重要关注点。相比较而言,对赋权的操作化进展较为缓慢,一

[①] [美] 罗伯特·普特南:《使民主运转起来》,王列、赖海榕译,江西人民出版社2001年版,第203页。

[②] 韩克庆:《社会质量理论:一个研究综述》,《东吴学术》2010年创刊号。

般认为赋权主要包括文化赋权、经济赋权、社会心理赋权以及政治赋权等[1]，本书着重从经济和政治两个方面来测量社会赋权水平，具体的测量指标包括政治参与和职业培训两类，此外还加入一个主观指标即自致成功性预期。

(1) 政治参与

政治参与是社会参与的最主要形式，在公民参与中居于核心地位，它不仅是农民工实现政治权利的重要途径，也反映了农民工群体在政治生活中的地位。由于制度环境、自身能力、参与意识等因素的影响，农民工群体的政治参与表现出"边缘化""政治冷漠"等特征，不仅在农村政治生活中成为若即若离的边缘人，而且难以融入城市政治生活，政治权利无法得到有效保障，处于"政治性贫困"状态[2]，这对于他们在城市中的生存和事业发展都表现出消极影响。如果农民工合法的、制度化的政治参与渠道被堵塞，则有可能采取非制度化的政治参与方式，导致社会混乱或动荡。

本书在宽泛的意义上讨论政治参与，采用史天健的定义，将其描述为个体旨在影响政府决策的实际结果的所有行动。[3] 参照史天健的政治参与指标并结合时代背景和农民工群体特征加以改造，建立了本书的政治参与指标。在问卷中我们设计的具体问题是："您是否参与下列活动：1) 在网上发表对社会问题的看法或建议；2) 在网上发表对政治问题的看法或建议；3) 向媒体爆料；4) 向居委会、业委会等社区组织提意见或建议；5) 在社区居民提议的联名信上签名；6) 在选举时为自己和别人拉票；7) 上访（或给

---

[1] Vanderplaat, M., Beyond Technique: Issues in Evaluating for Empowerment, *E-valuation* 1 (1), 1995.

[2] 邓秀华：《长沙、广州两市农民工政治参与问卷调查分析》，《政治学研究》2009 年第 2 期。

[3] Tianjian Shi, *Political Participation in Beijing*, Cambridge: Harvard University Press, 1997, p.21.

信访部门打报告);8) 参与抵制行动;9) 参与罢工/罢市。"答案选项分为"曾经参与""从不参与""可能参与"和"没想过",分别赋值为4、3、2、1,然后进行因子分析,经过方差最大法旋转后形成两个因子,根据每个因子所包含的项目特征,分别命名为"表达型政治参与因子"和"行动型政治参与因子"。

表4—2　　政治参与因子分析(主成分分析法)

项目	表达型政治参与	行动型政治参与	共量
在网上发表对社会问题看法	0.833	0.096	0.703
在网上发表对政治问题看法	0.816	0.226	0.720
向媒体反映情况	0.720	0.358	0.646
向社区组织提建议	0.662	0.334	0.550
在社区居民联名信上签名	0.616	0.478	0.608
在选举时为自己或别人拉票	0.306	0.598	0.452
上访	0.314	0.771	0.693
参与抵制行动	0.248	0.793	0.690
罢工/罢市	0.129	0.834	0.712
特征值	2.970	2.805	5.775
解释方差(%)	32.995	31.161	64.157

注:KMO = 0.868, $p < 0.001$。

(2) 职业培训

移民的人力资本对于其经济社会地位获得具有决定性作用,而职业培训是正式教育之外积累人力资本的最主要途径之一,已有研究表明,职业培训对农民工经济地位的影响与他们接受正规教育的作用相差无几,因为参与职业培训不仅能够产生新的人力资本,还能对原有的人力资本形成有效补充和转化。[①] 因此本书将农民工参

[①] 赵延东、王奋宇:《城乡流动人口的经济地位获得及决定因素》,《中国人口科学》2002年第4期。

与职业培训作为社会赋权的一个重要指标加以考察。测量方法是在问卷中直接询问调查对象在过去三年中是否参加职业培训，如果有，赋值为1，没有，赋值为0。

（3）自致成功预期

赋权的概念暗示人类是社会发展进程的主体而不是接受外界慈善干预的被动客体，信任人们的知识和能力，并力图扩大人们对生活的选择范围。① 一个人在多大程度上能够通过自己的努力获得成功，即自致成功预期，在某种程度上反映了社会给予个体的选择自由。

自致成功预期在问卷中对应的问题是："您觉得一个人能否通过获得更高的学历达到更高的社会地位"，选择"完全有可能"赋值为1，"有可能"赋值为2，"说不清"赋值为3，"不太可能"赋值为4，"非常不可能"赋值为5，在进入回归方程时进行反向赋值，数值越大，表明受访者越相信可以通过自身努力获得成功。

（二）控制变量操作化

1. 性别

男性和女性在很多方面都存在差异。首先，在迁移意愿方面，女性比男性更倾向于迁移②；其次，在市民化途径方面，女性更容易通过结婚等途径实现身份上的市民化；在市民化结果方面，性别差异理论认为，相比男性，女性在人际交往方面更具有优势，她们能积极从城市社会获取资源，积累社会资本，努力实现市民化③；

---

① ［荷］沃尔夫冈·贝克、［荷］劳伦·范德蒙森、［英］艾伦·沃克：《社会质量的理论化：概念的有效性》，见［荷］贝克等主编《社会质量：欧洲愿景》，王晓楠等译，社会科学文献出版社2015年版，第267—306页。

② Ravenstein, E. G., The Law of Migration, *Journal of the Statistical Society of London* 48 (2), 1885.

③ 李荣彬、袁城、王国宏等：《新生代农民工市民化水平的现状及影响因素分析——基于我国106个城市调查数据的实证研究》，《青年研究》2013年第1期。

但与此同时,男性在人力资本方面会优于女性,因此男性农民工的市民化水平一般高于女性农民工。① 更进一步的研究发现,男性和女性在市民化的具体维度方面水平有所差异,男性在经济生活、社会关系等维度的市民化水平要高于女性,但在心理融入方面则相对较弱。② 总之,性别是农民工市民化的一个有效预测变量,但男性和女性在市民化程度上的差异并不是本书关注的核心问题,因此被当作控制变量来处理。在放入统计模型时,性别被操作化为虚拟变量,"男性"=1,"女性"=0。

2. 年龄及年龄平方

年龄对市民化意愿具有一定影响。与第一代农民工相比,新生代农民工呈现出"三高一低"的特点,"三高"即受教育程度普遍较高、职业期望值高、物质和精神享受高;"一低"即吃苦耐劳低。③ 在市民化意愿方面,由于和乡土生活的联系不如父辈密切、缺乏农村生活技能、冒险精神又多于父辈等原因,新生代农民工更倾向于市民化④,但户籍及其衍生制度仍是阻碍其成为城市人的主要因素,因此不同世代的农民工在市民化结果方面也具有一些共性特征。

年龄对农民工市民化能力可能具有一定影响。有的学者认为随着年龄的提升,积累的物质资本和社会资本会越多,这有助于其最

---

① 王桂新、沈建法、刘建波:《中国城市农民工市民化研究:以上海为例》,《城市学研究》2011年第1辑。
② 李培林、田丰:《中国农民工社会融入的代际比较》,《社会》2012年第5期。
③ 全国总工会新生代农民工问题课题组:《全国总工会新生代农民工问题课题组关于新生代农民工问题的研究报告》,全国总工会,2010年。
④ 国务院发展研究中心课题组:《农民工市民化进程的总体态势与战略取向》,《改革》2011年第5期。

终实现市民化，所以随着年龄增大，市民化水平呈增高趋势①；另外，根据农民工群体的职业特点，年龄越大在城市劳动力市场的竞争力会越小，而就业是市民化的基础，所以年龄越大者可能市民化水平越低。② 也有学者认为，年龄对市民化的影响方式比较复杂，可能并不是直线作用，而是呈现一种倒"U"型结构③，因此在研究中需要同时控制年龄和年龄平方。本书中年龄是通过调查年份减去出生年份得到。

3. 受教育程度

受教育程度作为最重要的人力资本，是农民工市民化能力的核心，通常认为受教育程度越高，市民化水平越高；但也有研究发现，受教育程度越高者对市民化前景的期望也更高，然而各种社会屏蔽制度可能使其备感挫折，从而在心理上把城市社会归为"他们的"，而自己的"根"在农村④，所以受教育程度对市民化的影响不能一概而论。本书将受教育程度纳入分析模型并做虚拟变量处理，参照类别为"小学及以下"。

4. 在务工地居住时间

在城市居住时间长短是市民化程度的重要影响因素。对美国外来移民的经验研究表明，移民在美国社会居留时间越长，其工作经验、语言能力等人力资本存量就越大，更有可能获得经济成功。⑤

---

① 王桂新、沈建法、刘建波：《中国城市农民工市民化研究：以上海为例》，《城市学研究》2011年第1辑。

② 任远、乔楠：《城市流动人口社会融合的过程、测量及影响因素》，《人口研究》2010年第2期。

③ 李荣彬、袁城、王国宏等：《新生代农民工市民化水平的现状及影响因素分析——基于我国106个城市调查数据的实证研究》，《青年研究》2013年第1期。

④ 同上。

⑤ 任远、邬民乐：《城市流动人口的社会融合：文献述评》，《人口研究》2006年第3期。

国内学者的研究表明，在城市工作生活时间越长者，越容易在各个方面融入城市社会①，这是因为较长时间的城市生活经历有助于农民工积累起市民化所需的各类资源，市民化能力有所提升；同时在城市生活时间越长，越容易认同于城市的生活方式和价值观念等，市民化意愿也有所强化。所以本书将调查对象在务工地的居住时间作为一个控制变量放入模型。

5. 流动范围

按照是否流入户籍所在地以外的省份就业，可以将农民工群体的流动类型划分为省内流动和跨省流动两类。研究发现，跨省流动农民工与省内流动者相比，前者受教育程度更高、工作收益水平越好，市民化能力更强，但是后者留城意愿更强②，所以流动范围对农民工市民化的影响有待进一步探讨。本书对流动范围加以控制，在放入模型时，进行虚拟变量处理，参照类别是"跨省流动"。

因变量即农民工市民化进程在前面已有介绍，此处不再赘述。因变量、自变量和控制变量的基本情况见表4—3。

表4—3　　　　　　　　　　变量基本情况

变量	N	描述
因变量		
总体市民化进程指数	897	综合指数，平均值0.563，标准差0.155，最大值0.94，最小值0.07
经济生活市民化进程指数	1245	平均值0.449，标准差0.189，最大值1，最小值0

---

① 任远、乔楠：《城市流动人口社会融合的过程、测量及影响因素》，《人口研究》2010年第2期。

② 王兴周：《农民工：跨省流动与省内流动》，《中山大学学报》（社会科学版）2006年第5期。

续表

变量	N	描述
生活保障市民化进程指数	1112	平均值 0.765，标准差 0.164，最大值 1，最小值 0.09
工作状况市民化进程指数	1117	平均值 0.711，标准差 0.319，最大值 1，最小值 0
社会关系市民化进程指数	1216	平均值 0.383，标准差 0.257，最大值 1，最小值 0
心理认同市民化进程指数	1209	平均值 0.449，标准差 0.438，最大值 1，最小值 0
自变量		
社会经济保障		
职业类型	1243	定序变量，低端职业 77.6%，中端职业 17.2%，高端职业 5.2%
失业风险	1232	定序变量，"不可能" 16.9%，"不太大" 35.0%，"一般" 35.3%，"比较大" 9.3%，"非常大" 3.5%
社会凝聚		
社会信任		
正式制度信任	1185	因子值，最大值 2.417，最小值 -3.776
典型普遍信任	1185	因子值，最大值 2.521，最小值 -4.719
特殊信任	1185	因子值，最大值 2.897，最小值 -3.828
非正式制度信任	1185	因子值，最大值 3.007，最小值 -4.595
非典型普遍信任	1185	因子值，最大值 2.542，最小值 -3.496
是否愿意献血	1266	类别变量，"愿意" 47.6%，"不愿意" 10.3%，"看情况" 42.1%
社会包容		
群体差距感知	1278	累加得分，平均值 19.643，标准差 3.074，最大值 25，最小值 10
社会歧视感知	995	累加得分，平均值 11.853，标准差 2.634，最大值 20，最小值 10
社团参与	1270	累加得分，平均值 12.776，标准差 2.784，最大值 27，最小值 9

续表

变量	N	描述
社会赋权		
政治参与		
表达型政治参与	1274	因子值,最大值3.389,最小值-2.857
行动型政治参与	1274	因子值,最大值3.852,最小值-2.760
是否参与职业技能培训	1246	类别变量,"参加过"37.2%,"未参加过"62.8%
自致成功性	1269	定序变量,"完全不可能"1.1%,"不太可能"7.2%,"说不清"26.1%,"有可能"44.9%,"完全有可能"20.6%
控制变量		
人口学特征		
性别	1271	类别变量,男性48.6%,女性51.4%
年龄(岁)	1288	定距变量,平均值31.98,最大值64,最小值16
人力资本		
受教育程度	1271	定序变量,"小学及以下"9.5%,"初中"40.9%,"高中/中专"36.5%,"大专及以上"13.1%
流动经历		
在务工地居住时间(年)	1271	定距变量,平均值6.80,标准差6.753,最大值30,最小值1
流动范围	1261	类别变量,"跨省流动"75.3%,"省内流动"24.7%

第二节　社会经济保障与农民工市民化

一　社会经济保障与总体市民化进程

在表4—4的模型1中,我们控制了受访者基本的人口统计学变量(性别、年龄、年龄平方)、人力资本核心指标(教育程度)

以及流动特征(流动范围、在务工地居住时间)等,模型2在模型1的基础上加入了两个社会经济保障指标,模型的拟合度得以改善,调整后的 R^2 从 16.2% 上升到 17.8%。

表4—4　社会经济保障与总体市民化进程的回归分析结果

自变量/常数项	模型1 (N=862)		模型2 (N=852)	
	b	SE	b	SE
性别[a]	-0.001	0.010	0.006	0.010
年龄	0.017***	0.004	0.017***	0.004
年龄平方/100	-0.023***	0.005	-0.024***	0.005
受教育程度[b]				
初中	0.082***	0.019	0.076***	0.019
高中/中专	0.108***	0.019	0.096***	0.020
大专及以上	0.173***	0.022	0.149***	0.023
在务工地居住时间	0.005***	0.001	0.005***	0.001
流动范围[c]	0.054***	0.012	0.053***	0.012
职业类型[d]				
中端职业			0.033*	0.014
高端职业			0.046*	0.023
失业风险			-0.014**	0.005
常数项	0.135*	0.064	0.171**	0.064
F	21.736		17.790	
R^2	0.169		0.189	
Adj R^2	0.162		0.178	

注:1. ***$p<0.001$,**$p<0.01$,*$p<0.05$,¹$p<0.1$。
　　2. 参照组:a,女性;b,小学及以下;c,跨省流动;d,低端职业。

从模型1和模型2可以看出,控制变量对农民工总体市民化进程的影响与以往研究结论比较一致。从性别来看,男女之间在市民化进程方面无显著区别,这既不同于李荣彬等人[①]关于女性市民化程度会优于男性的判断,也和王桂新等人[②]相反的论断有所不同,而是支持了任远、乔楠[③]的研究发现。从年龄和年龄平方来看,年龄的系数为正,年龄平方项的系数为负,这显示出年龄和市民化进程之间呈现出倒"U"形的关系,在农民工生命周期的前段,市民化程度会随着年龄的增长而提升,但是到了一定年龄以后,年龄不再单单意味着物质积累多、认同感强,还代表着在劳动力市场上的相对弱势地位,于是开始对市民化发展表现出消极影响。受教育程度作为人力资本的最重要表征,也是市民化程度的核心影响因素,与受教育程度为小学及以下的人相比,接受过初中教育的受访者市民化进程得分能够提升0.082分,接受过高中/中专教育的样本能够提升0.108分,而受教育程度为大专及以上者,则会超出小学及以下教育程度人士0.173分。在流入务工地时间方面,大量研究表明,在务工城市工作生活时间越久,社会包容状况越好,市民化程度越高[④],本书数据分析结果支持这一论断。而在流动范围方面,省内流动样本比跨省流动样本市民化程度更高。

在社会经济保障的两个指标中,职业类型对总体市民化进程的影响显著。与从事低端职业的受访者(如生产工人、低端服务行业工作人员、灵活就业人员)相比,从事中端职业的样本(如办公室一般工作人员、个体经营者)和中层及以上管理人员、专业技术人员、私营业主在市民化得分更高,且通过了显著性检验,假设

[①] 李荣彬、袁城、王国宏等:《新生代农民工市民化水平的现状及影响因素分析——基于我国106个城市调查数据的实证研究》,《青年研究》2013年第1期。

[②] 王桂新、沈建法、刘建波:《中国城市农民工市民化研究:以上海为例》,《城市学研究》2011年第1辑。

[③] 任远、乔楠:《城市流动人口社会融合的过程、测量及影响因素》,《人口研究》2010年第2期。

[④] 同上。

4.1.1能得到数据支撑。这一结果也和我们的日常经验相一致。

最后,社会经济保障的第二个指标失业风险也是农民工总体市民化进程的一个有效预测变量,表现为在未来半年内失业风险越大的受访者,其总体市民化进程越缓慢,假设4.1.2得到证实。失业风险越大,意味着受访者的就业稳定性越差,而在社会保险参与状况不理想的条件下,直接威胁到农民工在城市社会的基本生存,不仅如此,离开旧的工作岗位还意味着原有的社会关系的解散,而且生活环境的频繁变动不利于农民工感受到当地居民的生活方式,也很难在心理上认同并归属于当地城市。所以,就业不稳定给市民化带来的消极影响可谓是全方位的。综合来看,假设4.1得到了验证。

二 社会经济保障与分类市民化进程

为了考察社会经济保障各指标对分维度市民化的影响作用,本书还对二者进行了相关分析,同时为了比较之便,也将表4—4中作为控制变量的指标纳入分析中,表4—5展示了相关分析的结果。

首先来看人口统计学特征、人力资本变量以及流动特征与分类市民化的关系。性别作为一种自然分类,与农民工分维度市民化进程都没有统计意义上的显著关系。年龄和除社会关系以外的各维度市民化进程都有相关性,但方向相反,年龄较大者,一般在城市居住的时间也比较长,所以生活设施方面得以改善,并且长期的城市生活经历也使他们比较容易在心理上产生认同感与归属感,所以年龄越大,经济生活和工作状况维度的市民化水平越高,但是年龄的增长在高度竞争性的农民工劳动市场上不是一个优势,所以经济生活市民化水平并没有随之提升。除心理认同维度以外,受教育程度对四个维度的市民化水平都有正向影响,并且与工作状况维度的相关系数最高。在务工地居住时间对各个维度的影响比较一致,都是在务工地居住时间越长者,市民化程度越高；最后一个控制变量流动范围的影响力体现在除经济生活以外的四个维度。

表4—5　　社会经济保障与分类市民化进程的相关分析结果

变量	经济生活市民化	工作状况市民化	社会关系市民化	生活保障市民化	心理认同市民化
性别	0.010 (1225)	0.040 (1101)	0.016 (1248)	0.008 (1097)	0.018 (1192)
年龄	-0.112*** (1288)	-0.061* (1115)	0.049 (1263)	0.122*** (1109)	0.131*** (1206)
受教育程度	0.132*** (1229)	0.314*** (1101)	0.090*** (1246)	0.139*** (1105)	020 (1190)
务工地居住时间	-0.013 (1227)	0.009 (1100)	0.183*** (1247)	0.294*** (1096)	0.173*** (1192)
流动范围	0.041 (1219)	0.118*** (1099)	0.150*** (1238)	0.241*** (1091)	0.090*** (1184)
职业类型	0.151*** (1204)	151*** (1112)	0.134*** (1218)	0.236*** (1073)	0.104* (1165)
失业风险	-0.152*** (1193)	-0.084** (1103)	-0.078** (1207)	-0.105** (1063)	-0.045 (151)

注：1. *** $p<0.001$，** $p<0.01$，* $p<0.05$，! $p<0.1$。

2. 括号内为计算相关系数时参与分析的样本数。

我们更关心的是社会保障各指标与分类市民化进程的关系。通过观察表4—5中两个社会经济保障指标与分类市民化进程的相关系数可以发现，社会经济保障对市民化的影响主要体现在经济生活市民化和生活保障市民化两个方面，这两个维度与社会经济保障的两个指标之间都存在着显著的相关关系。

社会经济保障与经济生活市民化维度关系密切是符合社会经济保障维度的内涵以及日常生活经验的。具体而言，职业类型与经济生活市民化存在正相关，即从事的职业类型越高端，越是趋向于"去体力化"（如成为办公室工作人员）、"去蓝领化"（如成为技术人才、中端及以上管理人员、个体经营者、私营业主等），其经济生活市民化程度越高；失业风险与经济生活市民化进程存在着显著的负向关系，一般而言，失业风险较大的受访者从事的也是一些待遇较低、保障较差的工作，相应地其经济生活维度的市民化进程也较缓慢。

对于生活保障市民化维度而言，职业类型以及失业风险都与之存在显著的相关关系，这与经济生活市民化维度的情况一致，因为无论是消费支出还是生活设施，都是物质生活水平的反映，这离不开物质资本的支持，高端职业者和失业风险较小者在农民工群体中属于比较偏精英的阶层，其相对较高的收入水平能够为他们带来较好的生活条件，因此在居住条件市民化维度得分较高。

第三节 社会凝聚与农民工市民化

一 社会凝聚与总体市民化进程

为了探讨社会凝聚对农民工总体市民化进程的影响作用，我们以总体市民化进程指数为因变量，以控制变量和社会信任、利他主义为预测变量建立回归方程，表4—6列出了社会凝聚各指标对农民工总体市民化进程的影响效应。模型1和表4—4中的模型1一样，只放入了控制变量，模型2在模型1的基础上加入了两类社会凝聚测量指标，模型的解释力提高到22.7%。通过模型1和模型2的对比，可以分析社会凝聚对农民工总体市民化的影响作用。

表4—6　　社会凝聚与农民工总体市民化进程的回归分析结果

自变量/常数项	模型1（N=862）		模型2（N=817）	
	b	SE	b	SE
性别[a]	0.001	0.010	0.008	0.010
年龄	0.017***	0.004	0.016***	0.004
年龄平方	-0.023***	0.005	-0.023***	0.005
受教育程度[b]				
初中	0.082***	0.019	0.077***	0.019
高中/中专	0.108***	0.019	0.103***	0.020
大专及以上	0.173***	0.022	0.165***	0.023
在务工地居住时间	0.005***	0.001	0.004***	0.001
流动范围[c]	0.054***	0.012	0.060***	0.012
社会信任				
正式制度信任			0.010**	0.005
典型普遍信任			0.005	0.005
特殊信任			0.021***	0.005
非正式制度信任			0.010!	0.005
非典型普遍信任			0.019**	0.005
利他主义精神[d]				
愿意献血			0.072***	0.016
看情况	0.051**	0.017		
常数	0.135*	0.064	0.099	0.066
F	21.736		16.980	
R^2	0.169		0.241	
Adj R^2	0.162		0.227	

注：1. ***$p<0.001$，**$p<0.01$，*$p<0.05$，!$p<0.1$。

2. 参照组：a，女性；b，小学及以下；c，跨省流动；d，不愿意献血。

首先来看社会信任对农民工总体市民化进程的影响。在社会信任的五个因子中，衡量制度信任的两个因子的效应都通过了显著性检验，对因变量呈现出正向影响，而人际信任三个因子中，特殊信任和非典型性普遍信任都对总体市民化进程有显著的正向作用，假设4.2.1基本得到验证。具体而言，无论是对家人、邻居等特殊信任对象,还是对医生老师等非典型性普遍信任对象,受访者越是信任他们,其市民化水平就越高。同样的,无论是对于正式制度还是非正式制度的信任均能显著提升农民工的市民化进程指数。

是否具有愿意帮助他人的利他主义倾向也对市民化总体进程表现出积极影响,相比而言,愿意献血的被访者其市民化指数会高出 0.072 分,即使是那些看情况决定要不要献血的人,其市民化指数也比直接表示拒绝者高出 0.051 分,假设 4.2.2 完全得到数据支撑。农民工是作为"个体化的助人者"参与到义务献血等利他活动中的,即他们的利他行为既是出于个人的需要,也是个体自己做出的选择,这种行为倾向显示了农民工向新市民转变的可能性。[①] 本书用数据资料支持了这一论断。总体而言,假设 4.2 通过了验证。

表 4—7　　　　　　　　农民工对不同信任对象的信任度排序

信任对象	平均值	标准差	信任对象	平均值	标准差
家人	4.87	0.388	军队	4.05	0.930
朋友	3.84	0.716	中央政府	4.04	0.956
老师	3.73	0.937	全国人大	3.95	0.985
同事	3.57	0.740	人民检察院	3.85	0.970
邻居	3.48	0.846	公安部门	3.85	0.976
老乡	3.48	0.812	中央媒体	3.73	1.003
医生	3.30	9.998	务工地政府	3.62	9.984
记者	2.86	1.093	教育科研机构	3.59	9.956
商人	2.32	9.868	医疗机构	3.54	9.932
不同信仰者	2.11	9.867	公司企业	3.44	9.896
外国人	2.01	9.900	地方媒体	3.37	1.005
陌生人	1.66	0.763	NPO/NGO	2.79	1.171

注:左侧是人际信任对象,右侧是制度信任对象。

---

① 王斌:《个体化的助人者:新生代农民工从事志愿服务的动机分析》,《深圳大学学报》(人文社会科学版) 2014 年第 1 期。

表4—7列出了受访者对24个信任对象的信任度排名,可以看出,农民工的人际信任大致呈现出从特殊信任对象到非典型普遍信任对象、再到典型普遍信任对象的差序格局,这与雷开春、张文宏①的发现一致,而对制度的信任则表现出"逆差序格局"的特征。② 获得信任度最高的是没有直接交往的中央政府、军队、全国人大、中央媒体等,而与之接触较多的地方政府、公司企业则得分较低。农民工群体的特殊信任是通过血缘和地缘关系建立起来的,而普遍信任则是通过需求—满足的市场逻辑建立起来的,但数据分析显示农民工对普遍信任对象的信任状况并不理想,因此需要超越基于初级群体建立起来的信任并发展出基于市场关系的信任类型。

二 社会凝聚与分类市民化进程

在探讨了社会凝聚对农民工总体市民化进程的影响之后,还需要进一步了解它对各个分维度市民化水平的效应,表4—8列出了社会凝聚的两类指标与分维度市民化的相关分析结果。

表4—8　　　　社会凝聚与分类市民化进程的相关分析结果

变量	经济生活市民化	工作状况市民化	社会关系市民化	生活保障市民化	心理认同市民化
利他主义					
献血意愿	0.092** (1225)	0.057¹ (1100)	0.091** (1245)	0.176*** (1096)	0.142*** (1191)

---

① 雷开春、张文宏:《城市新移民的社会信任及其与社会交往的关系剖析》,《江苏行政学院学报》2012年第6期。

② 符平:《中国农民工的信任结构:基本现状与影响因素》,《华中师范大学学报》(人文社会科学版)2013年第2期。

续表

变量	经济生活市民化	工作状况市民化	社会关系市民化	生活保障市民化	心理认同市民化
社会信任					
正式制度信任	0.040 (1145)	-0.042 (1034)	0.022 (1164)	0.064* (1033)	0.078** (1116)
典型普遍信任	0.125*** (1145)	-0.041 (1034)	0.144*** (1164)	0.019 (1033)	0.087** (1116)
特殊信任	0.027 (1145)	0.069* (1034)	0.092*** (1164)	0.102** (1033)	0.013 (1116)
非正式制度信任	0.072* (1145)	0.094** (1034)	0.034 (1164)	0.017 (1033)	0.013 (1116)
非典型普遍信任	0.014 (1145)	0.038 (1034)	0.058* (1164)	0.077* (1033)	0.102** (1116)

注：1. *** $p<0.001$，** $p<0.01$，* $p<0.05$，! $p<0.1$。

2. 括号内为计算相关系数时参与分析的样本数。

代表利他主义精神的献血意愿与经济生活、社会关系、居住条件以及心理认同等四个维度的市民化水平之间都存在着正相关关系。由于社会信任被分解为五个因子，因此社会信任对市民化的影响需要更详细的讨论。经济生活市民化水平主要和普遍信任存在正向关系，表明增加对异质性群体的信任有利于农民工群体获得更好的收入，提升经济地位，因为后者能够为他们提供更有价值的信息[①]；工作状况市民化与非正式制度信任和特殊信任都有正向关系；三种人际信任类型都和农民工社会关系市民化程度具有正相关关系，普遍信任的正向作用在情理之中，因为社会关系市民化维度聚焦于农民工与城市居民的社会关系，作为一种"道德资源"，对陌

---

① 郭庆、高平安、于运江：《社会信任视角下的农民工城市融合》，《人口与社会》2014年第4期。

生人等产生的信任能够使农民工减轻防备心态，推动其与务工城市居民发展出新生社会关系，而特殊信任对发展新生社会网络的正向作用则与我们的预期稍有不同；生活保障市民化与特殊信任存在较强的关系，可能是因为对家人亲友能够提供物质支持的预期使他们愿意为居住环境支付一定的费用；而心理认同市民化则与对两类普遍信任对象的信任程度相关关系较强，这表明对传统关系圈以外的信任，能够增强农民工群体定居城市的意愿和决心，帮助其在心理上融入城市社会。

第四节 社会包容与农民工市民化

一 社会包容与总体市民化进程

（一）社会包容的直接效应

表4—9中的模型1展示了衡量社会包容的三类指标对农民工总体市民化进程的直接影响效应，通过表4—9的模型1和表4—4中只放入控制变量的模型1的对比，可以发现社会包容指标的引入使模型的解释力提升了4%。

表4—9　　　　社会包容与总体市民化进程的回归分析结果

自变量/常数项	模型1（N=831） 总体市民化进程 b（SE）	模型2（N=808） 总体市民化进程 b（SE）	模型3（N=896） 城市身份认同模型 B（SE）
性别[a]	−0.003（0.011）	−0.004（0.011）	0.195（0.150）
年龄	0.015***（0.004）	0.016***（0.004）	−0.092（0.057）
年龄平方/100	−0.021***（0.006）	−0.022***（0.006）	0.113（0.080）

续表

自变量/常数项	模型1 (N=831) 总体市民化进程 b (SE)	模型2 (N=808) 总体市民化进程 b (SE)	模型3 (N=896) 城市身份认同模型 B (SE)
受教育程度[b]			
初中	0.078** (0.023)	0.072** (0.024)	1.013** (0.336)
高中/中专	0.090*** (0.024)	0.087*** (0.024)	0.700* (0.346)
大专及以上	0.145*** (0.027)	0.141*** (0.027)	1.011** (0.379)
在务工地居住时间	0.005*** (0.001)	0.004*** (0.001)	0.059*** (0.015)
流动范围[c]	0.064*** (0.013)	0.060*** (0.013)	0.354* (0.174)
社会歧视感知	−0.005* (0.002)	−0.004¹ (0.002)	−0.071* (0.031)
群体差距感知	−0.002 (0.002)	−0.001 (0.002)	−0.079** (0.026)
社团参与	0.012*** (0.002)	0.010*** (0.002)	0.118*** (0.024)
城市身份认同[d]		0.044*** (0.012)	
常数项	0.116 (0.084)	0.078 (0.085)	0.487 (1.156)
F	19.592	15.358	
R^2	0.215	0.226	
Adj R^2	0.202	0.212	
−2LL			1073.26
Cox & SnellR^2			0.087

注：1. ***$p<0.001$，**$p<0.01$，*$p<0.05$，¹$p<0.1$。
2. 参照组：a，女性；b，小学及以下；c，跨省流动；d，不认同城市一员身份。

从表4—9中可以看出，受访者感知到的社会歧视会显著降低其市民化进程，根据"社会歧视感知"变量的操作化方法，受访者每多受到一种类型的社会歧视，其市民化进程指数会降低0.005分，这与假设4.3.2的判断一致。客观存在的歧视以及农民工对歧视的感知对农民工市民化的消极影响已经得到多个研究证实[1]，如

---

[1] 朱力：《群体性偏见与歧视——农民工与市民的摩擦性互动》，《江海学刊》2001年第6期。

果说城乡分割的二元体制是制约农民工市民化的内在根源,那么城市居民的歧视则是阻碍农民工真正融入城市的浅层根源。[①] 戈登提出的衡量族群关系的七个维度之一就是教育、就业等领域歧视的消除,如何逐步消解存在于日常生活、公共领域以及政策制度中的歧视,是推进农民工有序实现市民化的一个重要课题。

社会歧视感知测量的是受访者个体的经历,相比较而言,社会包容的另一个指标社会群体差异感知则衡量的是受访者对社会上不同群体之间差异程度的评价,模型1表明,社会群体差异感知对市民化进程有负向影响,但是并未通过显著性检验,假设4.3.1未通过验证。表4—10列出了受访者对各类群体之间差别的评价,可以看出,相对于基于先天性因素的差别,农民工对基于财富、地位等后致性因素产生的差别感知更明显,样本感觉到差别"非常大"的比例位列前三位的分别是穷人与富人、老板与员工以及本地人和外地人,这些相互对比的群体之间在财富、权力、声望以及权利方面的差别被农民工切实感受到。

表4—10　　　　　农民工对社会群体差距的评价　　　　　　　(%)

	非常小	比较小	说不清	比较大	非常大
穷人与富人	0.2	1.1	7.6	24.3	66.8
老板与员工	0.1	3.8	11.1	38.2	46.8
男人与女人	3.9	18.6	40.9	23.9	12.7
老人与年轻人	1.4	9.9	24.6	41.2	22.9
本地人与外地人	2.8	8.8	23.4	32.2	32.8

最后是社团参与,模型1表明,农民工越是频繁地参与到各类社团活动中去,其市民化程度就越高,假设4.3.3通过验证。社团

---

① 李景平、程燕子、汪锐:《我国新生代农民工市民化的发展路径》,《西北人口》2012年第4期。

参与对于市民化的推动作用能从多个途径实现。首先，社团参与是农民工实现社会参与的一个非常重要的渠道，参与体育、艺术等娱乐性社团，能够丰富业余生活，增进社会交往；参与政治性社团，能够提升办事技能，增加安定感；参与宗教组织、宗族组织等信仰性社团，能够找到心灵寄托，更好应对现实社会中的不利境遇，这些都能够增加人们选择生活的机会和自由。其次，种类多样的社团活动使农民工有机会与志趣相投的成员展开密切互动，这其中也包括本地城市人，其原本规模小、紧密度高、趋同性强、异质性低的社会网络结构可能发生变动，外来人口能够从中得到有价值的住房、就业等信息。此外，根据"接触假设"（contact hypothesis）的观点，不同群体成员之间建立的良好的合作关系，有助于消除群体成员对另外群体既有的消极看法，并促使消极看法向积极方向转变[1]，从而化解彼此间的偏见，减小社会距离。假设4.3得到了数据的完全支撑。

（二）社会包容的间接效应

已有研究表明，感知到的社会歧视是影响农民工城市社会认同的关键因素[2]，而对城市社会的认同又是决定外来人口市民化意愿的重要变量；类似的，对城市生活中各类人群群体差距的主观感受也会作用于他们对城市生活的评价，进而影响到其城市归属感和对城市一员身份的认同；而参与各类社团则会因为增加了与城市居民的互动机会、培养了互惠规范、扩大信息来源等原因提升个体对城市身份认同的可能性。因此，本书除考察社会包容对农民工总体市民化进程的直接效应之外，还探讨了社会包容变量通过城市身份认

---

[1] Allport, G. W., *The Nature of Prejudice*, Cambridge, MA: Addison – Wesley, 1954, p.537.

[2] 褚荣伟、熊易寒、邹怡：《农民工社会认同的决定因素研究：基于上海的实证分析》，《社会》2014年第4期。

同影响总体市民化进程的间接效应。

中介效应的基本模型包括：

（1） $Y = cX + e_1$；（2） $M = aX + e_2$；（3） $Y = c_1 X + bM + e_3$，其中，X 为自变量，M 为中介变量，Y 为因变量。如果：（1）系数 a，b，c 都显著，且 c_1 小于 c，则存在部分中介效应；（2）系数 a，b 显著，原来显著的 c 变成了不显著的 c_1，则存在完全中介效应；（3）如果 c 显著，a 和 b 至少有一个不显著，则需要通过 Sobel 中介效应检验判断是否存在中介效应。

根据中介效应的检验方法，本书在表4—9模型1的基础上加入城市身份认同变量得到模型2，并且以控制变量和三类社会包容变量作为自变量，城市身份认同作为因变量建立 Logistic 回归方程，得到模型3。

首先来看社会歧视感知和社团参与。在模型1中，社会歧视感知的系数是 -0.005，引入社会认同变量之后，模型2中社会歧视感知系数变为 -0.004，社团参与系数也经历了类似的变化，从模型1中的0.012降低到模型2中的0.010。模型2中城市身份认同变量对总体市民化进程的效应也通过了显著性检验，表现为产生城市身份认同的受访者，其总体市民化水平要高于不认同城市一员身份的样本。接下来看以城市身份认同为因变量建立的模型3，可以发现社会歧视感知对城市身份认同的负向效应是显著的，而社团参与的正向效应同样显著，即感知到的社会歧视每多一种，受访者认同城市一员身份的可能性就会降低6.9% [1 - exp（-0.071）]；相反的，积极参与各类社团活动则会增加受访者认同城市身份的可能性。

综合比较三个模型，可以判断社会歧视感知、群体差距感知以及社团参与会通过城市身份认同对总体市民化进程产生间接效应，城市身份认同是社会包容与总体市民化进程之间的中介变量，具有部分中介效应。接下来看群体差距感知，在模型1和模型2中，群体差距感知对因变量的影响作用都不显著,但是在模型 3 中,群体差距感知对受访者的城市身份认同有明显的消极作用,因此需要通过 Sobel 检验,来确定身份认同是否对群体差距感知具有中介作用,Sobel 检验结果表明,中介效应不显著。

二 社会包容与分类市民化进程

表 4—11 展示了五个分维度的市民化进程指数和社会包容的三个变量之间的关系,整体而言,社会包容的三个变量与分维度的市民化进程相关关系大都通过了显著性检验。

表 4—11　　　　社会包容与分类市民化进程的相关分析结果

变量	经济生活市民化	工作状况市民化	社会关系市民化	生活保障市民化	心理认同市民化
社团参与	0.114*** (1227)	0.095** (1101)	0.150*** (1248)	0.156*** (1096)	0.146*** (1192)
群体差距感知	-0.120*** (1236)	0.095* (1107)	-0.128*** (1254)	0.007 (1103)	-0.063* (1198)
社会歧视感知	-0.155*** (960)	-0.076* (875)	-0.026 (980)	-0.115*** (846)	0.013 (931)

注:1. *** $p<0.001$,** $p<0.01$,* $p<0.05$,† $p<0.1$。
2. 括号内为计算相关系数时参与分析的样本数。

社团参与和五个维度的市民化进程都有正向关系。频繁参与各类社团活动的农民工在经济生活市民化和居住条件市民化维度分值更高,通过参与社团,农民工可以发展出血缘、地缘关系以外的社会网络,如业缘关系、趣缘关系等,这种异质性网络可能会提供有价值的就业、住房等信息,帮助农民工更好的在经济和就业方面实现城市融入。社团参与和社会关系市民化的关系也比较明显，越是积极参与各类社团活动的农民工，其社会关系市民化水平越高。诚如普特南①所言，社团参与能够从四个方面推动社会成员之间的合作，即增加欺骗的潜在成本、培养互惠规范、促进有关个人品行的信息的流通，以及提供能够滋养未来合作的具有文化内涵的模板，那些积极参与各类社团活动的农民工正是借此与本地居民展开较多互动，在社会关系市民化进程上进展更快。此外，经常参与社团活动的人，更有机会了解和学习当地的城市文化，进而产生更强烈的在城市落户的意愿，心理认同市民化水平因此更高。群体差距感知和社会歧视感知与分类市民化进程之间的关系也和其对总体市民化进程的影响一致，都表现为负相关关系。

第五节 社会赋权与农民工市民化

一 社会赋权与总体市民化进程

在社会质量理论框架中，赋权可以被看作是增加人类选择自由的各种行动，广义上包括个人赋权、社会赋权、政治赋权等三种不同赋权形式，其中个人赋权指的是可以赋予个体更有自尊、更加自我完善、精神生活更加完整的所有知识、技能和经验；社会赋权指的是增进个体的各种联系关系；政治赋权则是为了能使个体获得必

---

① ［美］罗伯特·普特南：《使民主运转起来》，王列、赖海榕译，江西人民出版社2001年版，第203—204页。

要的信息和资源并参与到决策制定的过程。① 本书选择了个人赋权和政治赋权两种赋权形式,并将其操作化为具体的测量指标。之所以没有选择社会赋权形式,是因为因变量的一个重要组成维度就是对社会关系的测量,为了避免自变量和因变量相互影响从而产生较大的内生性,所以放弃了将个体的社会关系作为自变量纳入回归模型。

表4—12展示了社会赋权对农民工市民化的影响效应,将模型2与模型1对比,可以发现社会赋权变量的引入使模型的拟合度大大提升,调整后的 R^2 从16.2%上升到22.0%。具体来看三类变量各自的影响效果。

表4—12　社会赋权与农民工总体市民化进程的回归分析结果

自变量/常数项	模型1（N=841）		模型2（N=808）	
	b	SE	b	SE
性别[a]	0.001	0.010	-0.007	0.010
年龄	0.017***	0.004	0.018***	0.004
年龄平方	-0.023***	0.005	-0.024***	0.005
受教育程度[b]				
初中	0.082***	0.019	0.068***	0.019
高中/中专	0.108***	0.019	0.089***	0.019
大专及以上	0.173***	0.022	0.145***	0.022
在务工地居住时间	0.005***	0.001	0.005***	0.001
流动范围[c]	0.054***	0.012	0.055***	0.012
政治参与				
表达型政治参与			0.015**	0.005
行动型政治参与			-0.001	0.005

---

①　[荷]沃尔夫冈·贝克、[荷]劳伦·范德蒙森、[英]艾伦·沃克:《社会质量的理论化:概念的有效性》,见[荷]贝克等主编《社会质量:欧洲愿景》,王晓楠等译,社会科学文献出版社2015年版,第267—306页。

续表

自变量/常数项	模型1 (N=841)		模型2 (N=808)	
	b	SE	b	SE
职业技能培训[d]			0.062***	0.010
自致成功性			0.011[1]	0.006
常数项	0.135**	0.064	0.076	0.066
F	20.872		20.384	
R^2	0.172		0.231	
Adj R^2	0.164		0.220	

注：1. ***$p<0.001$，**$p<0.01$，*$p<0.05$，[1]$p<0.1$。

2. 参照组：a，女性；b，小学及以下；c，跨省流动；d，近三年未参加职业技能培训。

在政治参与方面，表达型政治参与对市民化进程有积极的影响作用，倾向于在网上或者现实生活中进行政治意见表达的受访者比那些不愿意这样做的样本市民化进程水平更高，但是采取实际的政治参与行动则会降低市民化进程得分，然而这种负向影响并未通过显著性检验，这与假设4.4.1有一些出入。造成这种结果的可能原因是，本书的线下政治参与包括一些较为激进的形式，如参与抵制行动、罢工、罢课、在联名信上签名等等，相对于参与人大代表选举、村委会选举等制度化政治参与而言，属于低制度化和非制度化的政治参与形式，类似于胡荣[1]提出的政治参与的"维权抗争因子"以及"利益表达因子"，但又包含着更为激进的群体事件形式。而农民工之所以选择这种参与形式，是由于缺乏制度化的利益表达渠道。低制度化和非制度化的政治参与具有参与动机的狭隘性、参与手段的非理性、参与过程的无序化等特征[2]，参与者多是

---

[1] 胡荣：《社会资本与城市居民的政治参与》，《社会学研究》2008年第5期。
[2] 孙中民：《从非制度化到制度化——农民工政治参与模式的变迁》，《江西社会科学》2007年第4期。

因为自身利益受损才选择参与，更重视政治参与的短期效果，而非追求长远的政治民主建设。因此本书中较多进行现实政治参与的受访者，更可能是利益受到损害而没有其他有效途径维护自身权益的人，因而这种参与并未成为一种对实现市民化而言有效的赋权途径。相反，那些在网上或社区事务中发表意见和看法的表达型政治参与者，则更可能是因为本身对社会问题及政治问题比较关心，而互联网等媒介为人们提供了获得信息和交流信息的渠道，并强化了个体对自身政治能力的感知。

　　社会赋权的第二个指标职业技能培训对因变量表现出积极影响，与那些在过去三年内未参加职业培训的人相比，参加职业培训者的市民化进程指数高出 0.062 分，这一发现和大多数研究结论一致，也支持了假设 4.4.2。参与职业技能培训是学校教育以外最主要的人力资本积累方式[①]，有助于农民工在激烈的市场竞争中站稳脚跟，并在职业身份、经济收入等方面实现对城市社会的融合。此次调查中有 37.2% 的样本表示在过去三年中参加过职业培训或者拜师学艺，这一结果与国家统计局公布的 2014 年农民工动态监测报告中的 34.8% 极为接近。在培训的具体形式上是以企业提供的培训为主，有 54.9% 的受访者参与了企业组织的技能培训，21.9% 自费参加职业培训，11.5% 的人得到了由亲友、师傅等提供的免费培训，而接受过社区或公益组织提供免费培训的样本比例相当低，只有 6.7%。可见公共部门在提供职业技能培训方面尚处于缺位状态。鉴于职业技能培训对于农民工实现市民化的积极影响作用、部分企业出于节省成本考虑不愿意组织员工技能培训，且受限于较低的预期收益及有限的收入，他们自己也不愿意投资于职业技能培训进行人力资本提升这一现状，政府应当在为包括农民工在内的弱势群体

---

　　① 赵延东、王奋宇：《城乡流动人口的经济地位获得及决定因素》，《中国人口科学》2002 年第 4 期。

提供职业技能培训上更有作为,这不仅仅体现了弱势关怀,更关乎新型城镇化目标的实现。

自致成功性是社会赋权的第三个指标,表4—12中模型2表明,农民工越是认可通过后天努力(获得更高的学位)能够实现社会地位的提升,其市民化总体进程水平越高,假设4.4.3的判断得到证实。农民工市民化的实现需要依靠物质资本、权利资本、人力资本和社会资本,其中权利资本的获得取决于制度供给,而人力资本、社会资本和物质资本则属于自致性因素[①],是农民工通过努力相对而言更容易积累起来的。如果农民工意识到自己能够通过后天努力,实现社会地位上升的话,则会更愿意花费时间、金钱和精力,投入于参加继续教育、扩展人际关系、增加组织参与等活动中,实现经济资本、人力资本和社会资本存量的提升,进而提升市民化总体水平。

总体而言,职业技能培训和自致成功性变量的作用得到了数据支撑,而政治参与的效应与我们的预想有一定出入,假设4.4仅得到部分验证。

二 社会赋权与分类市民化进程

接下来进一步讨论社会赋权和农民工分类市民化之间的关系,表4—13列出了相关分析结果。政治参与变量与各分类市民化维度的关系十分一致,即受访者的表达型政治参与行为对市民化进程有推动作用,而参与到现实社会中的各种低制度化和非制度化的政治活动与五个分维度市民化水平之间的相关关系则未通过显著性检

---

① 王竹林:《农民工市民化的资本困境及其缓解出路》,《农业经济问题》2010年第2期。

验。亨廷顿和纳尔逊①将政治参与描述为平民试图影响政府的活动，在我国当前的现实处境中，制度化的政治参与存在着基层人大代表选举制度不够完善、权力对选举过程控制过强、选民对代表不能进行有效监督、选举缺乏合意性②等问题，而非制度化的政治参与又会对市民化进程以及整个社会的和谐稳定存在消极影响，因此如何有效地提升制度化政治参与的效应，并逐步将低制度化和非制度化的政治参与引导到制度化框架内，是一个现实的问题。

职业技能培训与五个分类市民化进程都存在着正向关系。在与经济生活市民化进程的关系方面，已有很多研究讨论了职业技能培训对农民工经济地位提升的积极影响，并与正式学历教育的作用进行比较。有研究者发现职业培训与学历教育在提升农民工收入方面的作用相差无几③，有的则认为，对于农民工群体而言，技能培训对打工收入的影响要远大于学历教育④，还有研究认为，虽然学历教育和职业教育都是制约农民工职业层次提升的重要因素，但要实现更高水平的职业发展，还是应该更倚重学历教育。⑤

为了回应这一争论，我们将表4—5中教育程度变量和经济市民化进程之间的相关系数（0.132）与表4—13中职业技术培训与经济市民化进程（0.136）的相关系数进行比较，发现学历教育与农民工经济生活市民化的关系稍强一些。对于学历教育和职业技能

---

① ［美］塞缪尔·亨廷顿、［美］琼·纳尔逊：《难以抉择：发展中国家的政治参与》，汪晓寿等译，华夏出版社1989年版，第5页。

② 王小彬：《试论我国人大代表选举制度的几个问题》，《人大研究》2001年第6期。

③ 赵延东、王奋宇：《城乡流动人口的经济地位获得及决定因素》，《中国人口科学》2002年第4期。

④ 侯风云：《农村外出劳动力收益与人力资本状况相关性研究》，《财经研究》2004年第4期。

⑤ 姚先国、俞玲：《农民工职业分层与人力资本约束》，《浙江大学学报》（人文社会科学版）2006年第5期。

培训之间的关系,应将前者看作后者的基础,后者是对前者的升华,特别应该重视职业技能培训对于学历层次总体较低的农民工群体实现职业流动、提高经济收入的关键作用,这甚至几乎是他们凭借自身努力实现职业地位上升的最主要机会。[①] 所以应当充分重视对农民工群体的职业技能培训工作。职业技能培训还与工作状况及生活保障维度的市民化存在着正向关系,这是因为在本书中企业提供的培训是最主要的培训形式,而能够提供职业培训的企业也同样重视员工的工作权益,因此参与职业技能培训者也大多在工作状况维度得分较高,并且相对稳定的收入也能保证他们较好的居住及生活条件,从而和生活保障市民化维度存在正相关。职业技能培训对经济、社会生活诸方面的提升作用也会反映在心理认同方面,表现为职业技能培训与心理认同市民化进程存在正相关关系。

自致成功预期与就业方式、生活保障及心理认同维度的市民化水平存在正相关,而与经济生活市民化及社会关系市民化的关系不显著。相比较而言,自致成功预期和心理认同市民化之间的相关性比较强,可以推想,那些对于凭借自身努力能够实现社会地位提升持积极预期的受访者,当前面临的困难不会将他们击退,他们有较强的意愿和信心留在城市发展。

表4—13　　　社会赋权与分类市民化进程的相关分析结果

变量	经济生活市民化	就业方式市民化	社会关系市民化	生活保障市民化	心理认同市民化
政治参与					
表达型政治参与	0.093** (1230)	0.061** (1105)	0.116*** (1251)	0.104** (1101)	0.124** (1196)

---

① 李强:《为什么农民工"有技术无地位?"——技术工人转向中间阶层社会结构的战略探索》,《江苏社会科学》2010年第6期。

续表

变量	经济生活市民化	就业方式市民化	社会关系市民化	生活保障市民化	心理认同市民化
行动型政治参与	-0.015 (1230)	-0.043 (1105)	0.033 (1251)	-0.008 (1101)	0.048 (1196)
职业技能培训	0.136** (1206)	0.174*** (1086)	0.115*** (1223)	0.100** (1075)	0.061* (1173)
自致成功性	0.018 (1224)	0.091** (1100)	0.040 (1247)	0.092** (1094)	0.124*** (1189)

注：1. *** $p<0.001$，** $p<0.01$，* $p<0.05$，¹ $p<0.1$。
2. 括号内为计算相关系数时参与分析的样本数。

本章从社会质量的四个经典条件性因素入手，详细分析了社会质量与农民工总体市民化进程和分类市民化进程的关系，从研究假设的检验结果来看，大部分假设都得到数据支撑，社会质量是农民工市民化进程的有效预测变量。

具体来看，在农民工总体市民化方面，社会经济保障维度中的职业类型以及失业风险都具有显著效应；社会凝聚维度的社会信任和利他主义精神均能显著提升总体市民化进程；社会包容维度的社会歧视感知及社团参与不仅能够直接作用于市民化进程，还能够通过城市身份认同对因变量产生间接效应；社会赋权维度的职业技能培训和自致成功性评价都能对因变量产生显著正向影响，但两类政治参与行为的影响则存在差别。

社会质量因素对分维度市民化进程的影响存在着较大差别。社会经济保障因素和各分维度市民化进程都存在正相关关系，而失业风险则与各类市民化进程存在负向关系；社会凝聚因素和五个维度的市民化进程都有相关性，表现为越具有利他主义精神者各分维度市民化进程越快，而不同类型的社会信任也能不同程度地对分维度市民化进程产生正向影响；社会包容维度的社团参与和五个维度的市民化进程存在正向关系，而社会歧视感则具有相反效应；社会赋权维度，表达意见型政治参与和各分维度的市民化水平都存在正相关，低制度化和非制度化的实际政治参与行为则无明显影响。其余两个社会赋权指标与分类市民化进程的关系和他们对总体市民化进程的影响一致。

第五章　社区公民身份与农民工市民化

从本质上说，农民工问题更是一个"身份—政治"问题，是农民工的公民身份权利受到损害或者没有得到满足的体现。① 因此只有落实农民工平等的公民身份，才能有效破解市民化难题。然而，公民身份是一个内涵极为丰富的概念，具有规范、素养和实践等不同层面，包括区域公民身份、环境公民身份、文化公民身份等不同类别，笼统地讨论公民身份和农民工市民化的关系无助于我们对实质问题的把握，我们需要一个更为具体的落脚点来展开细致分析。有学者指出，在我国现实环境下，社区发展是公民性建构不可或缺的因素。② 受此启发，本章将社区场域作为研究焦点，分析社区公民身份与农民工市民化的关系。

第一节　农民工与社区公民身份

一　农民工的社区生活状况

农民工居住的社区类型具有差异性。根据社区结构特征，这些

---

① 郭忠华：《农民工公民身份权利的分析框架——本土化创新的尝试》，《人文杂志》2015年第2期。
② 闵学勤：《社区权力多元认同中的公民性建构》，《社会》2011年第4期。

社区大致可以划分为三类：第一类，没有正式的社区结构，如工地工棚、集体宿舍等，农民工居住在这类环境中，与城市市民处于绝缘状态，复制了农村习得的生活方式；第二类，拥有非正式的社区结构，包括农民工集中的城中村、城乡接合部以及以前的"浙江村""河南村"等，他们在城市中形成地域联结，有社会交往，但是交往模式单一，这些聚居区没有规范的管理体制，仅仅有居委会，且关系疏离；第三类，真正的社区，农民工通过租住、自购房或者住在雇主家等形式，进入城市正式社区体制的管理范围中，但是农民工在社区中的社会交往具有"内倾性"和"表层性"，他们的交往对象局限在老乡和其他身份相似的农民工，与城市市民交往仅处在业缘层面上无情感的交流，由社区带来的地缘交往很少。总体看来，无论是生活在哪类社区中，农民工都很少参与和被接纳到社区建设、社区政治和社区事务中。

农民工的早期迁移呈现出候鸟式的季节性迁移，随着时间的推移，目前农民工的迁移呈现出新的特征，倾向于长期居留在城市社区中。农民工进入城市中工作和生活，是一个"再社会化"的过程，需要摆脱其在乡村习得的惯习，在生活方式、价值观念和文化心理上都需要改变以适应城市生活。这个"再社会化"过程需要克服制度性和非制度性因素。由于户籍制度的分野，以及与户籍相联系的教育、就业、社会保障制度的综合作用，农民工被打上特殊的社会身份标签，在社区中被区别对待。另外，农民工在社区中与社区管理者和市民交往时受到潜在的排斥，被视为"外来人"。关信平和刘建娥[1]的研究发现，农民工在社区中没有社会交往，是一种没有互动的共存状态；社会活动参与不足、闲暇生活单一；在社区选举中也较少参与；与社区管理者缺乏沟通并欠缺参与的渠道；缺

---

[1] 关信平、刘建娥：《我国农民工社区融入的问题与政策研究》，《人口与经济》2009年第3期。

乏可获得的专业化服务。尽管与城市市民相比，没有得到真正意义上的心理认同，处在较低的社会地位，但是以往农民工通常不会与市民做横向比较，而是与自己的过去做纵向利益比较。目前农民工在城市社区中与市民还有一定的距离，在经济上与市民有差距，在社区中的参与也受到限制，与市民在心理上相互排斥。[①] 一方面是因为农民工的乡土情结较重，与城市文化产生冲突；另一方面农民工因为流动离开户籍地而丧失了部分依附于户籍的权利，成为城市中的"弱势群体"[②]，尽管职业上的角色已经成功转换，但是由于制度惯性的作用，社会角色仍然没有转换彻底。

农民工在城市向长居形式转变，尤其是新生代农民工，他们的权利意识开始觉醒，从听天由命向积极公民转变，更多提起"人权""自由""平等"等词汇逐渐培养起公民身份意识。[③] 第二代农民工，他们的公平、民主意识都在持续不断地强化，主张公民权利平等、地位平等，他们也更容易产生剥夺感，社区建设和社区志愿服务中经常出现第二代农民工的身影。随着住房的市场化，房屋可以自由买卖和租赁，劳动力可以自由流动以及户籍制度的松动，农民工真正意义上获得公民权利，实现与市民平权成为可能。

学界对于农民工与社区的研究集中在农民工的社区融入方面，强调通过社区融入达到城市的社会融入。社区融入是社区中的个人或群体平等参与社区活动与行动、社区决策与管理，享有社区服务，增强社区归属感与责任感，降低社区的不平等，促进不同群体之间和谐共处的过程。[④] 社区融入与实现社区公民身份具有核心内

---

① 柯元、柯华：《基于社区融入视角的农民工市民化问题探析》，《农村经济》2014年第8期。

② 王春光：《农村流动人口的"半城市化"问题研究》，《社会学研究》2006年第5期。

③ 熊易寒：《新生代农民工公民权政治的兴起》，《开放时代》2012年第5期。

④ 刘建娥：《乡—城移民社会融入的实践策略研究》，《社会》2010年第1期。

容上的交叉性，都强调参与、平等、归属与责任感。

二 农民工的社区公民身份诉求

随着农民工对社会平等的诉求不断增强，政府开始重视社区在解决农民工社会融入中的重要作用。国务院于2006年发布《国务院关于解决农民工问题的若干意见》，指出要发挥社区管理服务的重要作用，要建设开放型、多功能的城市社区，构建以社区为依托的农民工服务和管理平台；要鼓励农民工参与社区自治，增强作为社区成员的意识，提高自我管理、自我教育和自我服务功能；要发挥社区的社会融合功能，促进农民工融入城市社会，城市居民和谐相处；完善社区公共服务和文化设施，城市公共文化设施要向农民工开放。从这些意见当中可以发现，中央政府非常重视社区的作用，强调要帮助农民工实现身份转换以及与身份相关的权利和义务的转变。

在当今时代，随着新生代农民工不断增加，农民工更加注重情感交流、休闲娱乐、社会交往和自我实现等价值，不再局限于在城市赚钱、回农村老家生活的模式，渴望拥有在城市平等发展机会和实现自我价值的权利。在城市社区这个转换场域中，农民工通过积极参与社区活动，逐渐增强社区的归属感和责任感，可以在社区中建立社会网络，形成社会资本的横向联系，最终融入城市社会。[1]

经过多年发展，学术界对农民工的研究已覆盖农民工生活的方方面面，然而，有关农民工公民身份的研究还相对较少，相关的实证研究更是凤毛麟角。对于农民工与社区的研究多集中于社区融入，强调以城市社区作为主体，将农民工作为被动的客体，达到社区的各方面要求方能融入，忽视了农民工作为行动者主体、意义的

---

[1] 刘建娥：《乡—城移民社会融入的实践策略研究》，《社会》2010年第1期。

形塑和加工者这一事实，也缺少从过程视角的研究。已有研究较少将农民工作为理性的主体和行动者分析其在日常生活情境中的行动策略、目标和后果，缺少分析农民工日常生活实践中凭借对资源的占有情况和对市场、社区的了解程度而做出的理性选择。

本书认为，农民工作为能动的主体，在与社区的互动结构中不仅是客体，他们也可以在某种程度上成为形塑社区、改变社区的主体。目前，农民工的社区公民身份还缺少实证的研究，以往的研究仅停留在概念和理论的探讨中。因此本书将引入社区公民身份的概念，利用大规模问卷调查数据，探讨农民工社区公民身份与市民化的关系。

第二节 变量的操作化

一 公民身份操作化相关研究

农民工的社区公民身份是指农民工有权享受务工地城镇居民所享有的各种社会福利，这包括农民工及其子女有权在城市中平等地享受包括教育、医疗等在内的各种公共服务[1]，此外，作为社区成员，农民工也需要承担必要的社区责任，并具备一定的社区居民素养。目前学界尚未针对社区公民身份形成系统具体的测量指标，对本书具有较大启发意义的是闵学勤[2]提出的社区市民性指标，以及

---

[1] 清华大学"新生代农民工研究"课题组：《困境与行动——新生代农民工与"农民工生产体制"的碰撞》2012年8月（https://www.tsinghua.edu.cn/publish/thunews/9650/2012/20120821141554165716065/20120821141554165716065_html）。

[2] 闵学勤：《社区权力多元认同中的公民性建构》，《社会》2011年第4期。

郭忠华[①]提出的农民工公民身份权利分析框架。

郭忠华[②]对托马斯·雅诺斯基的公民身份框架进行了本土化改进，将农民工的公民身份划分为民事权利、政治权利、社会权利和劳动权利四种类型，民事权利包括身体权、财产权、表达权、组织权4个二级指标，政治权利包括个人权利、知情权、参与权3个二级指标，社会权利包括预防性权利、机会性权利和补偿性权利3个二级指标，劳动权利包括参与劳动市场的权利、劳动过程中的权利、享受劳动成果的权利和对资本控制的权利4个二级指标，由此形成了一个较为完整的农民工公民身份分析框架。但是郭忠华的指标构建仅停留在理论层面，并没有进行实证研究。

闵学勤[③]对公民性的操作化建立在马歇尔公民身份三要素基础之上，她认为马歇尔更强调的是公民权益，但是对于转型期的中国社会而言，公民性更多的是一种权责建构过程，因此应当既包括权利的维护，也包括公民参与的责任履行。她认为社区市民性包括三要素：市民道德素养、市民政治素养和市民社会素养。市民道德素养反映个人成为城市市民的基本美德，包括公共文明意识、公共参与精神和公共责任意识等具体内容；政治素养关注在社区外市民的政治参与意识和社区内的组织参与行为等内容；社会素养则重点关注社区成员的权益保障和维权意识、对社区治理的态度以及社区冲突中的维权行为等。两位学者对农民工公民身份和社区性的理解及操作化对于本书具有很强的参考价值。

---

① 郭忠华：《农民工公民身份权利的分析框架——本土化创新的尝试》，《人文杂志》2015年第2期。
② 同上。
③ 闵学勤：《社区权力多元认同中的公民性建构》，《社会》2011年第4期。

二 变量操作化方法

农民工在社区中的公民身份与普通市民的社区公民身份有所不同，涉及成员资格的问题。本书借鉴已有成果，对农民工的社区公民身份指标体系构建做初步的尝试，将农民工社区公民身份操作化为道德素养、社区参与和社区认同3个二级指标。

（一）道德素养

问卷中对应道德素养的具体问题为："在日常生活中，您发生以下行为的频率是多少？" 1）随地吐痰；2）随处扔垃圾；3）乘公交车给老弱病残孕让座；4）看到有人破坏公共物品就会阻止；5）参加志愿活动。问题以量表形式呈现，答案设为"几乎没有、很少、经常"，分别赋值1—3分。我们对这几个指标进行因子分析，因子分析检验KMO值为0.554，信度较好，Bartlett球形检验结果显著，适合做因子分析。通过主成分因子分析法，提取特征值大于1的因子，共提取出两个因子，根据所容纳的项目特征分别命名为"利他因子"和"公德因子"。结果如表5—1所示。根据每个因子所解释的方差比例合成为"道德素养因子"，即道德素养因子 = 0.343^* 利他因子 + 0.294^* 公德因子。

表5—1　　　　　　　　　道德素养因子分析

项目	利他因子	公德因子	共量
随地吐痰	-0.017	0.876	0.768
随处扔垃圾	-0.036	0.877	0.770
乘公交车给老弱病残孕让座	0.678	0.031	0.461
看到有人破坏公共物品就会阻止	0.806	-0.088	0.657
参加志愿活动	0.730	-0.021	0.534
特征值	1.717	1.472	3.189
解释方差（%）	34.336	29.444	63.780

(二) 社区参与

社区参与考察受访者进行社区参与的内容与频率，在问卷中共设了4个问题，分别是"您是否参加社区组织的活动？"答案是"从未参加、偶尔参加、经常参加"，分别赋值1—3分；"您是否参与下列活动：给居委会、业委会等社区组织提意见/建议？在社区联名信上签名？在选举时为自己或别人拉票？"答案设为"没想过、从不参与、可能会参与、曾经参与"，分别赋值0，1，2，3分。运用主成分因子分析法，对该变量进行降维。经检验，这四个项目的KMO值为0.671，信度较好，Bartlett球形检验结果显著，通过因子分析的可行性检验。通过最大方差旋转法共提取出一个特征值大于1的因子，命名为"参与因子"，因子分析结果见表5—2。

表5—2　　　　　　　　　社区参与因子分析

项目	参与因子	共量
是否参加社区组织的活动	0.462	0.213
居委会、业委会等社区组织提意见/建议	0.850	0.722
在社区联名信上签名	0.850	0.722
在选举时为自己或别人拉票	0.705	0.497
特征值	2.154	
解释方差（%）	53.848	

(三) 社区认同

社区认同要素结合农民工身份的特殊性，反映农民工作为外来群体在社区中被接受的程度以及他们对社区的认同程度。在问卷中操作化为七个项目，分别是"根据所您所在社区的情况，判断以下说法的符合程度：社区委员会能调解社区居民矛盾；社区有意识地为外来人口提供服务；作为本社区居民，我感到自豪；社区居民是值得信任的；社区邻里之间经常相互帮忙；社区能够接纳不同背景的人；外来务工人员也能参与社区事务"，答案设为"非常不符合、不太符合、不了解、比较符合、非常符合"，对答案分别赋值1—5分。同样运用主成分因子分析法进行降维。测量结果显示，KMO值为0.916，信度较好，并且通过了Bartlett球形检验，适宜做因子分析。通过最大方差旋转法，对七个项目提取出一个特征值大于1的因子，命名为社区认同因子，因子分析结果见表5—3。

表5—3　　　　　　　　　　社区认同因子分析

项目	社区认同因子	共量
社区委员会能调解社区居民矛盾	0.765	0.586
社区有意识地为外来人口提供服务	0.845	0.714
作为本社区居民，我感到自豪	0.840	0.706
社区居民是值得信任的	0.842	0.709
社区邻里之间经常相互帮忙	0.841	0.707
社区能够接纳不同背景的人	0.833	0.693
外来务工人员也能参与社区事务	0.833	0.693
特征值	4.808	
解释方差（%）	68.679	

因变量市民化进程的操作化方法与前面章节一致，不再赘述。此外，我们还控制了性别、年龄、年龄平方、教育程度、婚姻状况、在务工地居住时间、流动范围等，其中性别、教育程度、婚姻状况和流动范围变量属于定类层次的变量，将以虚拟变量的形式进入模型中。控制变量是在模型中观察个人特征因素的净影响效应，可以进一步检测自变量对因变量的影响，排除干扰因素。

第三节 研究发现

一 社区公民身份与总体市民化进程

为了考察农民工社区公民身份状况对于其市民化总体进程水平的影响,我们以市民化进程水平为因变量,社区公民身份为自变量,同时纳入控制变量建立回归模型,结果见表5—4。

表5—4　　　　　　社区公民身份与市民化回归模型

自变量/常数项	模型1 (N=898) b (SE)	模型2 (N=881) b (SE)
性别[a]	0.004 (0.015)	−0.003 (0.015)
年龄	−0.002 (0.001)	−0.002 (0.001)
年龄平方/100	0.000 (0.000)	0.000 (0.000)
教育程度[b]		
初中	0.108 (0.028)***	0.101 (0.028)***
高中/中专	0.165 (0.029)***	0.156 (0.029)***
大专	0.241 (0.034)***	0.245 (0.033)***
本科及以上	0.417 (0.052)***	0.416 (0.052)***
婚姻状况[c]		
已婚	0.045 (0.019)*	0.042 (0.018)*
流动范围[d]		
本省流动	0.092 (0.018)***	0.086 (0.017)***
在务工地居住时间	0.011 (0.001)***	0.011 (0.001)***
道德素养		−0.015 (0.016)
社区参与	0.020 (0.007)**	
社区认同	0.042 (0.007)***	
常数	−0.227 (0.047)***	−0.208 (0.047)***
R^2	0.222	0.270

注:1. *** $p<0.001$, ** $p<0.01$, * $p<0.05$, ! $p<0.1$。

2. 参照类别:a,男性;b,小学及以下;c,未婚;d,跨省流动。

模型1是以市民化指数作为因变量，只加入控制变量的模型，以为后面的模型做对比观察预测变量的净效应。模型1的R^2为22.2%，表示所有控制变量可以解释市民化变量的22.2%。其中教育程度对市民化有显著影响，相对于小学及以下的学历来说，初中学历的农民工市民化程度提高0.108个单位，高中或者中专学历提高0.165个单位，大专学历提高0.241个单位，本科及以上的学历提高0.417个单位，受教育程度越高，市民化的程度越好。已婚农民工相较于未婚群体来说，市民化程度提高0.045个单位。流动范围对市民化也有显著的影响，省内流动相较于跨省流动提高了0.092个单位。在务工地居住时间越长，市民化也有显著的提升，每多增加一年居住时间，市民化相应增加0.011个单位。控制变量中的性别、年龄变量则没有表现出显著性影响。

模型2是以市民化进程指数作为因变量，加入社区公民身份的三个要素作为预测变量的模型。模型2的解释力较模型1提升了将近5个百分点，表示新加入的社区公民身份变量可以解释市民化5%的变异。在社区公民身份的具体维度上，社区参与和社区认同具有显著的积极影响。社区参与每提高一个单位，市民化提高0.020个单位。社区认同要素每提高一个单位，市民化提高0.042个单位。道德素养的影响为负，但是并没有表现出统计上的显著性。道德素养是一种普遍式的公民素养，不同于社区参与和社区认同，携带城市社会的特质，因此道德素养无法充分反映农民工接受城市生活方式的程度，进而无法有效促进市民化水平的提升。而社区参与与和社区认同两个维度一方面反映农民工在城市社区的权利实现程度，另一方面也体现城市社区对农民工的包容程度，因而是从农民工角度反映城市社会排斥的状况。社区是农民工市民化的组织载体，在社区中的公民身份实现得越充分，预示着农民工融入城市较为顺利，与城市市民的差异逐渐缩小。

二 社区公民身份与分维度市民化进程

为了探讨农民工社区公民身份的不同因素对其市民化不同维度的影响作用,我们以农民工分维度市民化进程为因变量,社区公民身份为自变量,同时纳入控制变量进行多元回归分析,得到模型3—7,见表5—5。数据分析结果显示,就业状况市民化模型和生活保障市民化模型的解释力最高,R^2分别达到17.0%和17.7%,而以心理认同市民化、社会关系市民化和经济生活市民化为因变量的三个模型解释力则稍弱,R^2分别为6.8%、9.3%和5.8%。

表5—5　　　　　社区公民身份与分类市民化回归模型

变量	模型3 就业状况 市民化	模型4 心理认同 市民化	模型5 生活保障 市民化	模型6 社会关系 市民化	模型7 经济生活 市民化
性别[a]	-0.133*	-0.034	0.011	0.068	0.118
	(0.065)	(0.068)	(0.064)	(0.068)	(0.070)
年龄	-0.007	0.002	-0.007	0.000	-0.002
	(0.005)	(0.005)	(0.005)	(0.005)	(0.005)
年龄平方/100	0.000	-0.000	0.000	-0.000	0.000
	(0.000)	(0.000)	(0.000)	(0.000)	(0.000)
教育程度[b]					
初中	0.686***	-0.089	0.026	-0.112	0.360**
	(0.122)	(0.129)	(0.121)	(0.128)	(0.131)
高中/中专	1.076***	-0.138	0.156	-0.147	0.361**
	(0.127)	(0.134)	(0.126)	(0.133)	(0.136)
大专	1.344***	-0.088	0.166	0.138	0.613***
	(0.149)	(0.156)	(0.147)	(0.155)	(0.159)
本科及以上	1.549***	0.333	0.834***	0.366	0.608*
	(0.231)	(0.243)	(0.229)	(0.241)	(0.247)

续表

变量	模型 3 就业状况 市民化	模型 4 心理认同 市民化	模型 5 生活保障 市民化	模型 6 社会关系 市民化	模型 7 经济生活 市民化
婚姻状况[c]					
已婚	0.114	0.076	0.511***	-0.289***	-0.148
	(0.081)	(0.086)	(0.081)	(0.085)	(0.087)
流动范围[d]					
本省流动	0.196*	0.238**	0.195*	0.097	0.034
	(0.077)	(0.081)	(0.076)	(0.080)	(0.082)
在务工地居住时间	0.004	0.019**	0.044***	0.025***	0.005
	(0.006)	(0.006)	(0.006)	(0.006)	(0.006)
道德素养	0.132	-0.108	-0.004	-0.223**	0.019
	(0.072)	(0.076)	(0.071)	(0.075)	(0.077)
社区参与	-0.027	0.110**	0.063	0.005	0.037
	(0.033)	(0.035)	(0.033)	(0.034)	(0.035)
社区认同	0.049	0.043	0.022	0.166***	0.146***
	(0.033)	(0.035)	(0.033)	(0.034)	(0.035)
常数	-0.744***	-0.206	-0.615**	0.039	-0.275
	(0.207)	(0.218)	(0.205)	(0.216)	(0.222)
N	881	881	881	881	881
R^2	0.170	0.068	0.177	0.093	0.058

注：1. *** $p<0.001$，** $p<0.01$，* $p<0.05$，! $p<0.1$。

2. 参照类别：a，男性；b，小学及以下；c，未婚；d，跨省流动。

社区公民身份对就业状况市民化没有显著的影响，社区与就业属于不同场域，二者间的关系原本就比较弱，没有表现出相关关系在预期之内。生活保障市民化也没有受到社区公民身份的显著影响，生活保障偏向客观物质维度，社区公民身份主要包含意识和行动方面的内涵，在转换成生活保障方面的作用有限。

社区公民身份中的参与要素对心理认同市民化有显著的促进作

用，社区参与每提高 1 分，心理认同市民化进程相应提高 0.110 分。社区参与一方面为农民工提供与城市居民互动的机会，对城市公共空间产生认同，从而有助于其产生定居意愿以及落户意愿；另一方面，参与素养意味着农民工个人具备参与城市社区活动的相关资格，这种资格让农民工与城市的心理距离拉近，"外来者"与"本地人"的界限变得模糊。社区参与能够创造频繁的互动，改善社区成员的技能，加强群体能力并建立和发展社会资本，实现社会融入。[①] 加强社区参与对农民工市民化来说非常有效。

社区公民身份中的道德素养维度对社会关系市民化具有显著作用，与预期不同的是，道德素养每提高 1 分，社会关系市民化进程得分反而下降 0.223 分。

社区认同对社会融入的作用最明显，对社会关系市民化和经济生活市民化都表现出显著性影响。社区认同要素每提高 1 分，社会关系市民化程度提高 0.166 分，社区认同指的是农民工认同自己是社区生活共同体的一员，不仅认同社区文化，也对社区对外来者的态度表示认同。农民工的认同建构实际上是学习和接受新的生活方式和价值观，不断调整自己社会关系的过程。[②] 社区认同促进农民工建立城市社会网络，达到社会关系市民化。社区认同要素提高 1 分，经济生活市民化程度提高 0.146 分。杨廷钫等人[③]的研究指出，农民工社区嵌入是农民工实现工作嵌入城市的重要内容。社区认同是个人融入城市生活的重要部分，能够减少不必要的适应期精力耗损，有助于个人更快更好地适应城市生活。

---

① 关信平、刘建娥：《我国农民工社区融入的问题与政策研究》，《人口与经济》2009 年第 3 期。

② 孔娜娜：《认知、服务、参与：新生代农民工认同建构与社区融入》，《学习与实践》2013 年第 2 期。

③ 杨廷钫、凌文铨：《新生代农民工工作嵌入测量量表构建》，《人口与经济》2013 年第 4 期。

本章从社区公民身份的三个维度入手，分析了社区公民身份与农民工总体市民化进程和分类市民化进程的关系，从研究假设的检验结果来看，社区公民身份是农民工市民化进程的有效预测变量。

第六章　社会弹性与农民工市民化

新型城镇化是一种显著的国家转型，随之而来的是各种传统风险和现代风险的叠加，呈现出转型社会风险的特征，农民工作为社会结构层面的脆弱性群体，更容易受到风险的伤害，从而成为风险高发群体。[①]而弹性与脆弱性是一对共生的概念，是一个硬币的两面，弹性的增长将会带来脆弱性的降低[②]，因此社会弹性的提升应当能够减轻农民工在城市生活的风险，推动其顺利实现社会融合，最终实现市民化。本章从社会弹性视角出发，通过实证研究方法探讨社会弹性对农民工市民化的影响。

第一节　理论框架及研究假设

一　社会弹性及其内涵

弹性（resilience）一词源自拉丁文"resilio"，即弹回，其含义

[①] 苏昕：《风险社会视域下农业转移人口权利脆弱性研究》，《国外社会科学》2014年第4期。

[②] 唐庆鹏：《风险共处与治理下移——国外弹性社区研究及其对我国的启示》，《国外社会科学》2015年第2期。

是适应并从破坏性的事件中恢复过来。[1] 霍林将弹性定义为系统的一种性质，即系统受到干扰后恢复到稳定状态的能力。[2] 由于霍林的开创性工作，20世纪70年代以后，弹性成为学界关注的焦点，并在生态学、灾害管理以及心理学等领域得到广泛运用，弹性概念也从最初的生态系统恢复并维持现状的平衡能力[3]，扩展到适应能力和转换能力，即在不利处境中实现进一步发展的能力，由此弹性概念从生态系统扩展到社会生态系统。

社会生态弹性包括三个方面：第一是系统可以吸收扰动因素并能保持原来的状态，第二是系统自组织的程度，第三是系统可以增强学习和适应能力的程度。[4] 联合国减灾去险国际战略（United Nations International Strategy for Disaster Risk Reduction，UNISDR）将弹性界定为：暴露于风险之下的系统、社区或社会通过抵抗或改变来适应风险的能力。[5] 心理学主要将弹性视为一种个人的心理特质，一种从逆境中恢复到最初状态的能力，所以弹性也叫抗逆力，最初关注的是儿童和青少年的心理弹性，后来逐渐扩展到老年人、退伍军人等其他相对弱势群体。[6]

---

[1] Klein, R. J. T., R. J. Nicholls & F. Thomalla, Resilience to Natural Hazards: How Useful Is this Concept? *Environmental Hazards* 5, 2003.

[2] Holling, C. S., Resilience and Stability of Ecological Systems, *Annual Review of Ecology and Systematics* 4 (4), 1973.

[3] Gunderson, L. H., Ecological Resilience in Theory and Application, *Annual Review of Ecology & Systematics* 31, 2000.

[4] Carpenter, S. R., B. H. Walker, J. M. Anderies & N. Abel, From Metaphor to Measurement: Resilience of What to What? *Ecosystems* 4 (8), 2001.

[5] UNISDR (United Nations International Strategy for Disaster Risk Reduction), *Hyogo Framework for 2005 – 2015: Building the Resilience of Nations and Communities to Disasters*, 2005.

[6] Block, J. & A. M. Kremen, IQ and Ego-resiliency: Conceptual and Empirical Connections and Separateness, *Journal of Personality & Social Psychology* 70 (2), 1996.

通过梳理文献我们发现，运用弹性视角研究农民工市民化问题具有重要意义。就研究对象来看，本书所研究的农民工也是处于相对弱势地位的群体，农民工在城市生活面临经济、政治、福利等多重排斥，农民工的身份认同处于模糊状态，难以真正成为城市中的一员。就分析框架而言，已有研究大多局限于某一具体领域，只有奥布瑞斯特（Obrist）[①]从资本的角度出发，试图提出一个包括宏观、中观和微观在内的多层次弹性分析框架，但其解释力和框架应用仍然存在进一步探索的空间。就研究方法来看，已有研究多为定性研究，缺少基于大规模调查而进行的定量研究。有鉴于此，本书拟在实证研究的基础上，采用综合的社会学视角探讨社会弹性与农民工市民化之间的关系。

二 社会弹性的测量维度

有关社会弹性与农民工之间的关系，目前尚无相关研究，我们需要从社会学视角出发来探究两者之间的关系。

从宏观角度来看，社会弹性应该体现在社会结构当中。朱力认为，富有弹性的社会结构能够自发地搜寻、发现影响社会和谐的因素，可以有效地调节社会各部分及各种力量，从而使社会处于良性的状态之中。[②]在现代社会中，完全的平等虽然很难达到，但平等始终是人们追求的目标，一个富有弹性的社会必须能为人们提供平等的发展机会，并为社会中的每一个成员提供平等的流动机会，这样才能减少不同群体之间的隔阂，实现社会融合。

[①] Obrist, B., C. P. Feiffer & B. Henley, Multi-Layered Social Resilience: A New Approach in Mitigation Research, *Progress in Development Studies* 10 (4), 2010.

[②] 朱力：《中国社会风险解析——群体性事件的社会冲突性质》，《学海》2009年第1期。

从中观角度来看，社会是由社区构成的，社会是否有弹性，体现为每个社区是否具有开放性和包容性。社区的开放性和包容性体现在对来自不同地区、从事不同职业的居民无条件的接纳，包容和接纳是弹性社区的本质特征之一。具有弹性的社区可以增加应对社会风险的能力，有助于居民应对来自不同方面的挑战。社区是农民工主要生活场域之一，也是其实现身份认同的重要场所，社区是否具有包容特性，社区提供的公共服务能否惠及农民工群体，以及农民工与其他城市居民能否建立社会联系，对于农民工实现市民化具有重要作用。

从微观角度来看，弹性概念可以通过个人所拥有的社会支持、个人是否具有创新意识以及个人的心理弹性来测量。社会支持是个人可以获得的各种社会资源，个人能够获得的社会支持越多，越能提高个人的社会适应性。创新意识和心理弹性是个人所具有的品质特征，其中创新意识是指个人所具有的改变环境的意识和素养，创新意识越强，适应和改变环境的能力就越强。以往学界关注的创新主体主要是企业和非营利组织等商业创新和社会创新行为，很少有人关注农民工是否具有创新意识。实际上，那些能够走出熟悉的乡村社会、能在陌生城市谋生和长期居住的农民工，本身即为农村中的佼佼者，其中不乏农村精英。那么这些农民工是否具有创新意识，这些创新意识对其社会融合有何影响？这是本书要回答的问题之一。心理弹性是一种抗压能力。迁移或流动会产生一种因环境和文化的转变而带来的心理和社会情感的压力，它独属于移民群体，并且不同于一般的日常压力，这种特殊压力被称为"流动压力"。[①] 已有研究表明，心理弹性可以提高个体的适应能力，促进

---

① Berry, J. W., Immigrantion, Acculturation and Adaptation, *Applied Psychology* 46 (1), 1997.

个体发展。① 本书将心理弹性纳入分析框架，探讨心理弹性对农民工市民化有何影响。

综上，本书从社会学角度探讨社会弹性概念，将社会弹性界定为：社会应对各种风险和挑战、化解各种矛盾并实现进一步发展的能力，这种能力主要包括复原力、适应力和抗逆力。本书力图突破心理学视角，将宏观和中观的社会性因素纳入研究视野，从宏观、中观、微观相结合的角度，综合考察社会弹性对农民工社会融合的影响。本书暗含的假设是：心理弹性可以缓解流动压力，帮助农民工获得有效的社会支持，有助于农民工通过创新来实现自身的发展；社会弹性在中观层面体现为社区弹性，富有弹性的社区可以包容和接纳异己分子，有助于农民工实现城市居民的身份认同；社会弹性在宏观层面体现为社会开放性和流动性，富有弹性的社会可以为农民工提供平等的发展机会和流动机会。因此，本书从机会平等、社区包容、社会支持、创新能力和心理弹性5个维度入手，研究社会弹性对农民工市民化的影响。

第二节 变量测量与分析策略

一 变量测量

（一）自变量：社会弹性

1. 机会平等

机会平等是指具有相同社会背景的成员可以享受到平等的权利

---

① Leipold, B. &W. Greve, Resilience: A Conceptual BridgeBetween Coping and Development, *European Psychologist* 14（1），2009.

和发展机会。该变量通过询问被调查者对下列陈述的同意状况来测量，即"外地人和本地人一样有同等机会获得职位晋升""外地人与本地人一样有同等机会参与公共事务""外地人可以享有与本地人一样的社会保障待遇""外地人可以享有与本地人一样的受教育权利"，答案包括"完全不同意、不太同意、说不清、比较同意、非常同意"，分别赋值1—5，然后将这四个题目进行因子分析，KMO值为0.799，Bartlett球型检验显著，经过最大方差法旋转得到1个因子，解释方差达到79.30%。

2. 社区包容

社区包容一方面是指农民工可以享受到社区的各种公共服务并参与社区事务，另一方面是指农民工有机会参与到社区的各种社会关系中，能够与社区居民进行正常的交往与联系，彼此之间互相信任和帮助。本书通过询问被调查者对下列陈述的符合状况来测量，即"社区有意识地为外来人口提供服务""外来务工人员也能参与社区事务""社区能够接纳不同背景的人""社区居民是值得信任的""社区邻里之间经常相互帮忙"，答案包括"非常不符合、不太符合、不了解、比较符合、非常符合"，分别赋值1—5。然后对这7个题目进行因子分析，KMO值是0.887，Bartlett球型检验显著，最后提取出1个因子，解释方差达到72.3%。

3. 社会支持

社会支持主要是指人们在社会中得到的来自他人的各种帮助。本书通过"在遇到困难时，有没有得到下列个人和组织的帮助"题目进行测量，答案包括"配偶、父母兄弟姐妹、亲戚、朋友、同事、工作单位、党团工会"等个人和组织以及"宗教、社会团体"等非官方组织。如果"有"赋值为1，"没有"赋值为0。最后将各项相加得到一个总的分值，得分区间是0—8，数值越大，说明得到的社会支持越多。

4. 创新能力

创新能力（creativity）是指个人具有的开创新颖性和适切性工作方式的能力，通常包括智力因素和非智力因素两种能力，前者包括思维和认知等能力，后者包括创新意识、独立性、好奇心等品质。[①] 创新能力用下列题目的符合状况来测量："您是否经常想改变现状、在工作中经常采用新方法、敢于尝试新工作或新岗位、敢于尝试一种新的生活方式。"答案包括"完全不符合、不太符合、说不清、比较符合、非常符合"，分别赋值为1—5。KMO值是0.748，Bartlett球型检验显著，通过因子分析形成1个因子，解释方差达到61.17%。

5. 心理弹性

本书将心理弹性视为一种能力，即个人应对各种不利状况的能力，有时也将其称为抗逆力。目前国内通用的心理弹性量表是梁宝勇和程诚[②]设计的《中国成年人心理弹性量表》。本书获得了两位作者的使用授权。结合课题研究需要，我们对量表进行了改造，形成了适合农民工群体的弹性量表。新的量表包括18个项目，通过询问被调查者对这些题目的同意程度进行测量，答案包括"完全同意、比较同意、不太同意、非常不同意"，分别赋值为1—4。因为这些项目包括正向和反向两类问题，本书在进行数据分析时，对这些问题进行反向赋分，然后对这些题目进行了因子分析，KMO值为0.913，Bartlett球型检验显著，经过最大方差法旋转后形成了4个因子，将4个因子分别命名为"乐观性因子""内控性因子""接纳性因子"和"维持运用关系因子"，解释方差58.25%，然后

---

① [美] 罗伯特·J. 斯滕博格：《创造力手册》，施间农等译，北京理工大学出版社2007年版，第3—13页，第205—225页。

② 梁宝勇、程诚：《心理健康素质测评系统·中国成年人心理弹性量表的编制》，《心理与行为研究》2012年第4期。

按照方差贡献率形成心理弹性因子。

表6—1　　　　　　　　　　　心理弹性因子

项目	乐观性因子	内控性因子	接纳性因子	维持关系因子
我能战胜困难是因为能力强	0.162	0.728	-0.073	0.112
未来五年提升生活水平机会很大	0.243	0.725	0.026	0.248
我可以肯定能将计划付诸行动	0.327	0.727	-0.085	0.146
我会想多种办法解决面对的问题	0.499	0.510	-0.072	0.153
身处逆境我会采取有效措施改变	0.500	0.362	-0.028	0.025
发生不幸事件，我能很快走出来	0.764	0.250	-0.051	0.114
遭遇重大挫折我也不会被压垮	0.767	0.253	-0.028	0.095
经历过不幸让我变得更坚强	0.761	0.205	-0.040	0.114
面对压力我能及时调整原订计划	0.688	0.302	-0.027	0.202
我总能看到事情光明的一面	0.702	0.153	-0.046	0.282
我相信事情会向积极方向发展	0.566	-0.007	-0.047	0.205
遭遇困难我知道在哪里获得帮助	0.416	0.248	-0.058	0.511
我会与一些人分担我的忧伤	0.223	0.187	-0.146	0.647
陷入困境很多人会向我伸出援手	0.092	0.038	0.012	0.688
身陷困境我会主动寻求帮助	0.174	0.194	-0.187	0.699
痛苦经历让我难以肯定人生价值	-0.159	-0.057	0.792	-0.152
艰难的日子让我感到绝望	0.102	-0.034	0.816	-0.153
对曾经的过失，总难以原谅自己	-0.086	-0.044	0.815	0.027
特征值	4.034	2.401	2.046	2.004
解释方差（%）	22.409	13.339	11.365	11.133

（二）控制变量

为了提高模型的质量，我们将性别、年龄、有无伴侣、受教育程度、居住时间以及流动范围作为控制变量纳入模型之中。

二 分析策略

由于因变量是连续型变量，我们采用多元回归方法，分析社会弹性对农民工市民化的作用机制。

第三节 研究发现

一 社会弹性与农民工市民化总体进程

表6—2中模型1放入的是包括性别、年龄、受教育程度等控制变量，模型2则是在模型1的基础上放入社会弹性变量。在放入社会弹性变量之后，模型的R^2由15.4%提升到20.9%，增加了5.5%，模型拟合效果良好。

关于控制变量的研究结果不再赘述。模型2是我们分析的重点，通过模型2我们可以发现社会弹性各个维度对农民工市民化的影响。

机会平等对农民工市民化具有正向作用，但是不具有统计显著性（$P>0.1$）。机会平等程度越高意味着社会越开放，农民工越能获得平等的发展机会，农民工也就更有机会参与到各种组织和活动中，市民化水平就越高。而在本书中，这一变量并不显著，可能是因为，由于以户籍制度为基础的各种社会制度的影响，农民工依然难以享有与市民一样的发展机会，获得的发展机会总体水平比较低。

社区包容对农民工市民化具有统计显著性（$P<0.01$），社区包容每增加一个单位，农民工市民化就会增加0.017个单位，即社区包容程度越高，越能促进农民工的市民化。桑纳（Sumner）认

为，人们对外群体常常表现为冷漠、轻视或有偏见，尤其在内群体与外群体处于对立状态时。① 而社区包容有助于缓和这种对立，缩小农民工与城市居民之间的社会距离，提升农民工的市民化水平。

社会支持对农民工市民化具有统计显著性（$P<0.05$），一般来说，获得的社会支持越多，越有利于农民工应对各种困难，越有利于农民工实现市民化。相关研究表明，社会支持有利于农民工的经济融合，获得的社会支持越多，农民工的经济融合状况越好。② 因为较多的社会支持有助于他们获得就业信息甚至直接获得工作，提升社会经济地位，促进经济融合。

创新能力对农民工的市民化水平不具有统计显著性（$P>0.1$）。创新能力较强的农民工一般对外界事物具有较高的兴趣，社会活动的参与意愿也比较强，愿意与市民建立更多的联系，从而促进农民工的市民化，但是在本书中并不具有统计显著性，这可能与农民工的创新能力整体水平较低有关。

心理弹性对农民工的市民化具有统计显著性（$P<0.001$），即心理弹性越高，市民化程度就越高。何雪松等人发现，具有积极生活取向的移民社会融合程度更高③，积极的生活取向是应对移民压力的重要资源，有助于移民反思迁移的意义并将压力转化为可以接受的挑战。④ 另外，戈夫曼（Goffman）认为，个体或群体一旦被贴

---

① Sumner, B. W. G. Folkways : A Study of the Sociological Importance of Usages, Manners, Customs, Mores, and Morals, *Journal of Nervous & Mental Disease* 35 (3), 1911.

② 李树茁、任义科、靳小怡、费尔德曼：《中国农民工的社会融合及其影响因素研究——基于社会支持网络的分析》，《人口与经济》2008年第2期。

③ 何雪松、楼玮群、赵环：《服务使用与社会融合：香港新移民的一项探索性研究》，《人口与发展》2009年第5期。

④ Wong, D. F. K., Differential Functions and Sources of Social Support of Mainland Chinese Immigrants During Resettlement in Hong Kong: A Qualitative Analysis, *Journal of Social Work Research* 2 (2), 2001.

上负面标签，就会产生羞愧、耻辱乃至犯罪感。① 而心理弹性作为一种抗逆力，能够有效化解负面评价，促进农民工对城市的心理认同。

表6—2　　社会弹性与总体市民化回归模型

自变量/常数项	模型1（N=813）		模型2（N=808）	
	b	SE	b	SE
性别[a]	-0.004	0.010	-0.005	0.010
年龄	0.016***	0.004	0.017***	0.004
年龄平方	-0.022***	0.006	-0.024***	0.006
受教育程度[b]				
初中	0.075***	0.019	0.070***	0.019
高中/中专	0.105***	0.020	0.091***	0.0020
大专及以上	0.166***	0.023	0.151***	0.023
有伴侣[c]	0.007	0.014	0.000	0.014
在务工地居住时间	0.005***	0.001	0.004***	0.001
流动范围[d]	0.052***	0.012	0.051***	0.012
机会平等			0.001	0.001
社区包容			0.017**	0.005
社会支持	0.007*	0.003		
创新能力			0.002	0.002
心理弹性			0.042***	0.010
常数项	0.159*	0.071	0.081	0.075
F	17.422		16.298	
R^2	0.163		0.222	
Adj R^2	0.154		0.209	

注：1. ***$p<0.001$，**$p<0.01$，*$p<0.05$，ᵗ$p<0.1$。
　　2. 参考类别：a，女性；b，小学及以下；c，无伴侣；d，省内流动。

---

① Goffman, E., *Stigma: Notes on the Management of Spoiled Identity*, New York: Simon & Schuster, 1963, pp.1-10.

二 社会弹性与分维度市民化进程

为了探讨社会弹性不同因素对市民化不同维度的影响，我们以农民工分维度市民化进程为因变量，社会弹性为自变量，同时纳入控制变量进行多元回归分析，得到以下五个模型（见表6—3）。数据结果显示，就业状况市民化模型和生活保障市民化模型的解释力最高，R^2分别达到14.8%和18.3%，而社会关系市民化、心理认同市民化和经济生活市民化为因变量的三个模型解释力则稍弱，R^2分别为9.6%、7.3%和4.0%。通过模型的结果，我们可以发现，社会弹性的不同维度对市民化不同方面的影响存在差异。接下来我们分析社会弹性对农民工市民化不同维度的作用。

机会平等只对农民工的社会关系市民化具有微弱的统计显著性（$P<0.1$），说明机会平等程度越高，越能促进社会关系市民化，即农民工如果拥有平等的机会，就会愿意积极拓展自己的社会关系网络，与市民进行更多的交流。但是机会平等对市民化的其他维度不具有统计显著性，这可能是由社会整体的机会平等程度较低造成的。

社区包容则对生活保障市民化、经济生活市民化、社会关系市民化以及心理认同市民化都具有统计显著性，这在一定程度上说明了社区对促进农民工市民化具有重要作用。农民工从传统的农村社区进入城市社区，在生活习惯、文化习俗以及人际关系等方面需要进一步进行适应，城市社区能否将农民工吸纳进来就至关重要。富有包容性的社区不但可以给予农民工以物质上的支持，同时也可以给农民工精神上的支持，促进他们实现市民化的进程。

社会支持则对生活保障和社会关系市民化具有统计显著性。当农民工进入城市后，由于自身实力较为薄弱，必然会遇到一系列困难，来自社会网络的支持，对他们在城市落脚以及建立社会关系具有重要作用，华金·阿朗戈①认为，社会网络对移民的社会适应非常重要。国内学者的研究表明，农民工已有的和重新建构的社会网络作为一种社会资本，在一定程度上可以弥补人力资本缺乏带来的不足，帮助他们获得工作。②但是社会支持对另外三个维度却不具有统计显著性，说明要想真正立足城市并在心理上认同城市，仅仅依靠外部支持是不够的，仍然需要其他方面进一步努力。

创新能力只对经济生活市民化和心理认同市民化具有统计显著性。这可能是因为创新能力强意味着能够更容易接受新的观念，也使农民工在内心更认可城市，愿意实现市民化。但是，创新能力对经济生活市民化的影响是负向的，但也只是具有微弱的统计显著性。一般来说，社会创新意识越强，社会创新行为越多，意味着拥有更多的解决问题的方式和手段，应该能够增强其市民化的能力，之所以出现这样的结果，可能与测量方式以及数据的处理方式有关。另外，在本书中，创新能力并没有对就业状况市民化、生活保障市民化和社会关系市民化产生作用，与之前的预期不一致，这可能是与农民工创新能力整体水平较低有关。

心理弹性对社会关系、心理认同、社会保障以及经济生活市民化都具有统计显著性，说明心理弹性对于农民工市民化具有重要的推进作用。良好的心理弹性一方面可以使个体保持积极的情绪和良好的心态，有利于提升心理健康水平，形成良好的社会适应能力；另一方面，具有较强心理弹性的农民工，在面对各种不利处境时，能够运用各种资源去摆脱困境，也会努力提升自己的能力，不断适应社会环境。

---

① ［西］华金·阿朗戈：《移民研究的评析》，《国际社会科学》（中文版）2001年第3期。

② 王毅杰、童星：《流动农民职业获得途径及其影响因素》，《江苏社会科学》2003年第5期。

表 6—3　　社会弹性与分类市民化回归模型

变量	模型 3 就业状况 市民化	模型 4 心理认同 市民化	模型 5 社会关系 市民化	模型 6 生活保障 市民化	模型 7 经济生活 市民化
性别[a]	0.011	-0.027	0.001	-0.020*	0.009
	(0.020)	(0.027)	(0.015)	(0.010)	(0.012)
年龄	0.051***	0.026*	-0.005	0.016***	0.005
	(0.008)	(0.011)	(0.006)	(0.004)	(0.005)
年龄平方/100	-0.072***	-0.031*	0.008	-0.022***	-0.010
	(0.011)	(0.015)	(0.008)	(0.005)	(0.006)
初中[b]	0.129***	-0.014	0.044	0.043*	0.015
	(0.036)	(0.049)	(0.027)	(0.019)	(0.021)
高中/中专	0.233***	-0.035	0.051!	0.057**	0.019
	(0.038)	(0.051)	(0.028)	(0.019)	(0.022)
大专	0.309***	0.010	0.107**	0.083***	0.065*
	(0.044)	(0.059)	(0.033)	(0.022)	(0.026)
有伴侣[c]	0.001	0.016	-0.038!	0.030*	0.012
	(0.027)	(0.037)	(0.021)	(0.013)	(0.016)
本省流动[d]	0.055*	0.084**	0.045*	0.042***	0.008
	(0.023)	(0.032)	(0.017)	(0.011)	(0.013)
在务工地居住时间	-0.001	0.007**	0.007***	0.007***	0.001
	(0.002)	(0.003)	(0.002)	(0.001)	(0.001)
机会平等	0.001	0.001	0.003!	-0.002	0.001
	(0.002)	(0.003)	(0.002)	(0.001)	(0.001)
社区包容	-0.002	0.030*	0.044***	0.012*	0.011!
	(0.010)	(0.014)	(0.008)	(0.005)	(0.006)
社会支持	0.011	0.024**	0.002	0.010**	-0.002
	(0.007)	(0.009)	(0.005)	(0.003)	(0.004)
创新能力	9.562E-5	0.013**	0.002	-0.001	-.004*
	(0.003)	(0.005)	(0.003)	(0.002)	(0.002)
心理弹性	0.031	0.060*	0.032*	0.040***	0.048***
	(0.020)	(0.027)	(0.015)	(0.010)	(0.012)

续表

变量	模型3 就业状况 市民化	模型4 心理认同 市民化	模型5 社会关系 市民化	模型6 生活保障 市民化	模型7 经济生活 市民化
常数	-0.360*	-0.351¹	0.277*	0.401***	0.413***
	(0.145)	(0.196)	(0.111)	(0.072)	(0.085)
N	1096	1096	1096	1096	1096
R^2	0.148	0.073	0.096	0.183	0.040

注：1. ***$p<0.001$，**$p<0.01$，*$p<0.05$，¹$p<0.1$。

2. 参考类别：a，女性；b，小学及以下；c，无伴侣；d，省内流动。

三 结论与讨论

第一，社会弹性对农民工的市民化不同维度的影响存在差异。通过研究发现，相比而言，社区包容与心理弹性不仅对市民化总体进程具有影响，而且对市民化的多个维度也具有显著影响，机会平等、社会支持和创新能力对市民化的影响较小。虽然社会弹性与市民化的关系并未完全符合预期，但通过模型的解释力来看，研究的结果为社会弹性与市民化之间建立理论联系提供了经验支撑，说明社会弹性可以作为思考市民化问题的一个视角。社会弹性既强调个人所具备的应对风险和挑战的能力，又强调不同层面应对不利处境的环境因素，这为我们提供了一个综合的分析框架，同时也启发我们在研究中要充分认识到应对风险与挑战的积极因素。

第二，社区包容对增进市民化的作用显著，这为社会政策的制定工作提供了启发。社区包容是实现农民工市民化的一个重要因素，因此，我们需要采取一系列措施来增加社区的包容性。本书通过对一些农民工深入访谈发现，社区在以下方面入手可以增加社区的包容性。首先，由于国家日益重视社区在农民工社会融合中的作用，许多社区开始为农民工提供一系列服务，包括就业、教育、卫生、计生等，然而由于农民工流动性比较大，对这些服务并不了解，很少主动去获得这些服务。这就需要社区工作人员积极了解社区内农民工的情况，采取各种措施使农民工能够了解并获得这些服务。其次，为了更好地服务农民工，社区管理者在工作中需要在一定范围内做制度上的变通。比如，在访谈中，我们发现一些农民工在寻找工作时需要开具居住证明，按照相关程序，农民工需要持有暂住证才能到社区居委会获得居住证明，然而，许多农民工并没有暂住证，有些社区工作人员则通过其他方式确认农民工已在社区居住一段时间，同意为其开具居住证明，为农民工减少了不少障碍。社区管理者能够根据实际情况做适当变通势必可以减少农民工在社会融合中的障碍，这样可以增加农民工对社区的归属感。

第三，心理弹性对促进市民化作用显著，说明农民工的心理弹性非常重要。已有的研究中，很多学者关注农民工的心理健康问题，通过寻找影响农民工心理健康的社会因素，探讨如何提升农民工的心理健康水平。[①] 这些成果丰富了农民工群体的相关研究，但更多的是从"问题"视角出发来思考，而社会弹性理论属于"优势"视角，既能综合评估社会因素尤其是社会中的保护性因素对提升农民工市民化水平的积极作用，又能关注微观层面农民工抗逆力和创新能力的重要影响。本书的政策意涵在于，既要在制度上倡导社会政策的公平性，又要在中观和微观层面，关注社区和社会组织如何增强包容性和提升农民工的心理弹性水平，最终实现农民工的市民化。

---

① 悦中山、李卫东、李艳：《农民工的社会融合与社会管理——政府、市场和社会三部门视角下的研究》，《公共管理学报》2012年第4期。

第七章 农民工市民化影响因素综合分析

第三章到第六章以量化分析的方式，探讨了农民工的市民化进程及社会质量、社区公民身份和社会弹性因素对农民工市民化的影响，这有助于我们对农民工市民化状态的整体把握，但是要更为深入全面地理解农民工的市民化故事，还需要定性资料的支撑。本章将在继续进行定量分析的同时引入定性分析，运用访谈资料，围绕着劳动就业、休闲消费、社会关系、公共服务以及社会空间等方面，展示农民工眼中的市民化图景。一方面验证并支撑前面章节的量化分析结论，如将农民工市民化的内容划分为五个维度是否反映了农民工的生活实际、一些有悖于研究假设的结论是否有其合理性；另一方面为后文的市民化政策建构提供更为鲜活的经验支撑。

第一节 农民工的市民化意愿

谈及市民化，很多人想当然地假设农民工是愿意转变为市民的，只是各种障碍因素的存在阻碍了其目标实现，而对他们的真实意愿考虑较少。随着积分落户政策在全国大范围推广，实现户籍意义上的市民化比以往任何时候都更容易，但实际上愿意放弃农村户籍、定居并落户城镇的农民工所占比例并不高，这一事实提醒我们：农民工真实的市民化意愿应当引起关注。市民化意愿是市民化进程的起点，也是协调市民化与城市发展的关键①，因此把握农民工市民化意愿现状并分析其背后的影响因素，对于推进农民工市民化进程、实现新型城镇化目标具有重要意义。在本节和下一节，我们将分别借助访谈资料和问卷数据，来分析农民工市民化的意愿及其影响因素。

近年来，随着国家不断加大农民工工作力度，一系列与农民工相关的政策法规相继出台并得到不同程度的落实，农民工群体在城市生活的境遇较早年已有很大改观，特别是在劳动权益保障、子女受教育权利等方面，由户口带来的明显排斥有所缓解，但是在社会交往、休闲消费、空间隔离、社区服务等领域，社会排斥以及由此产生的不平等仍旧广泛存在。农民工群体是如何看待这些变化的？他们对城市生活以及城市人是如何评价的？他们是否愿意定居城市并变成城市居民呢？这是本书试图回答的问题。

一 城市环境评价

城市环境是农民工群体考虑是否定居城市并实现身份转变的一个直接因素。所谓城市环境，指的是满足城市主体生存和发展需要的各种物质和社会条件的总和。首先，主体具有作为生物体生存的最基本的生理需求，城市必须能够提供土地、空间、食物、用水等，这构成了城市的自然环境；其次，主体还有较高层次的物质需求，城市必须能够提供交通、住房、生活设施等人工物质资源，这是城市的物质环境；最后，主体作为社会人还有更高层次的社会需求，需要城市社会创造出适宜的政治、经济、文化等社会性资源，

---

① 叶俊焘、钱文荣：《不同规模城市农民工市民化意愿及新型城镇化的路径选择》，《浙江社会科学》2016 年第 5 期。

这些属于城市的社会环境①,我们在城市环境的访谈计划中,从上述三个方面展开询问。厦门作为各大宜居城市排行榜上的"常客",在自然和物质环境上的优势比较明显,农民工作为城市生活主体,对于这一点持完全肯定的态度。

> 厦门是一个文明城市,环境不错,绿化好,空气好,是宜居城市。(访谈对象3,男,物业工作人员,48岁)

而深圳作为改革开放的前沿阵地、四大一线城市之一,其优点也是显而易见。

> 深圳比较发达。国家以前支持,总的评价还是不错的。很多事情其他地方还不清楚,这边都是最早知道的。(访谈对象27,男,物业公司维修工人,40岁)

但是在对社会环境的评价上,分化则比较明显。以对厦门人的评价为例,有访谈对象表示厦门人对外来人口的态度比较友好,这种判断通常建立在与其他城市的比较之上。

> 厦门人算是友好的,不像上海人。上海人排外,厦门人不会。(访谈对象2,男,绿化工人,48岁)
> 厦门本地人不欺生,你给他一分的尊重他就给你两分的尊重。不像有些地方瞧不起外地人,特别是广东人、上海人。我也不用讲闽南语,买东西不讲闽南语也是那个价钱,跟他讲也是这个价,他的地域观念不会很明显。(访谈对象4,男,已

---

① 汪和建:《城市物质环境质量及其评价体系》,《南京大学学报》(哲学·人文·社会科学)1994年第1期。

获得厦门户口，66岁）

也有持相反看法者：

> 说实话我觉得厦门本地人还不如外地人，像我有时候都不太爱载本地人，觉得他们不好。本地人事儿多，有的地方明明不能拐弯，他却非要让你拐，还有，有很多人会让你开到小区里面去，进去之后车出都出不来。当然这里人不都是这样，但是我有接触到这种人。（访谈对象5，男，出租车司机，31岁）
>
> 感觉这里的人吧，跟我们那里的人不一样，我们那里买东西三五毛钱都不要，这里的人一毛钱都要，我感觉他们都特别小气，一毛两毛的要什么要。以前我开店的时候，五毛钱都不要，有的人买一两百块钱的，三五块都免了不要了，这边一两毛都要。（访谈对象8，女，流动小吃摊位，45岁）

但是，也有城市居民认为外地人更爱计较，比如我们访谈一位户籍为厦门市的出租车司机，请他谈谈他对外来人的印象。他说他很少跟外地来的司机交往或者做朋友，原因是"外地人比较啰唆"。我们问：能不能举个例子？他说："比如开车有时候会刮擦，你刮了别人或者被人刮了，开车嘛，会有啦。那我们本地人都不会报警，因为三五百块钱的事情，不值得，你报警又耽误工夫又影响下一个年度的保险费（缴纳），对谁都不好。你看没什么大事还把警察叫来的，都是外地人。"

已有研究多从市民的角度出发，分析他们对作为"外来者"的农民工形象的建构及其背后的深层机制。城市人通常使用三种手法建构流动人口形象：一体化与单一化、非历史化和非人化，以及异常化，正是通过这种去人性化和客体化的话语，建立起流动人口和城里人之间不平等的权力关系。① 相对地较少反过来从农民工视角出发展开讨论，我们认为后者同样值得关注，因为它对流动人口能否实现心理层面的社会融入并做出定居决策具有重要影响。城市居民平等包容的公民精神，代表了一个城市的人文现代化程度，是城市精神文明软实力的集中体现。② 一个城市是否具有这种精神以及农民工群体能否感受到这种深层次的社会意识，事关他们对未来城市生活的向往程度以及和城市居民的交往预期，这势必会影响到他们的市民化意愿及努力程度。因此，在重视城市自然环境和物质环境的同时，社会环境建设更需要进一步加强。

二　城市认同感和归属感

农民工对自身生活处境的主观感受影响着他们的市民化意愿，而前者又与他们选择的参考框架直接相关，既有研究认为，农民工多倾向于和农村社会而不是城市社会相比较。以隶属群体作为参考框架这本顺理成章，但是农民工从农村流动到城市，甚至在城市生活多年，作为其参考框架的社会群体可能会越来越多元化，这其中既包括与自己有稳定密切的联系和交往的群体，也包括和自己处在相同地位的群体，还可能包括那些既没有实际联系也不属同一社会范畴、仅仅是共同生活在某一空间中的人③，也就是说老家乡民和城市居民都可能成为农民工群体的参照框架。与前者相比较，城市的相对高收入为他们提供了满足感，而与后者相比较，鲜明的群体

---

① ［美］张鹂：《城市里的陌生人：中国流动人口的空间、权力与社会网络的重构》，袁长庚译，江苏人民出版社2013年版，第33—35页。
② 崔岩：《流动人口心理层面的社会融入和身份认同问题研究》，《社会学研究》2012年第5期。
③ 孟慧欣、Miguel A. Salazar、胡晓江：《农民工的权利观、剥夺感与社会参考框架》，《学海》2013年第3期。

差距则会使他们产生相对剥夺感。

> 本地户口最起码有生活保障,本地户口对我们来说就类似于铁饭碗一样,你不愁吃不愁没工作,你不用干活他也有失业金给你领。(访谈对象1,男,绿化工人,33岁)
>
> 和本地人肯定有差别,人家本地人是本地户口,我们是外地户口。孩子上学差很多,社保有差别。我们外来的社保交得少,本地的交得多,退休金我们也领得比他们少。而且去公园啊,鼓浪屿啊,也有区别,本地人更方便。(访谈对象2,男,绿化工人,48岁)
>
> 这个问题是这样子,在这边的收入跟老家比是会好一点,但是不敢跟别人比,就是说一个基本的生活能够维持,能够向好的方向去靠拢。(访谈对象3,男,物业工作人员,48岁)
>
> 有户口的人和没户口的人社会保障差别相当大,入学啊,找工作就业啊,还有那个住房公积金,廉租房啊,区别也相当大。(访谈对象6,男,台资工厂后勤管理人员,46岁)

农民工群体内部自有其劳动收益分配和社会资源分配的规范,因此多将城乡差别归因于个人自身能力,对于能够获得的比较收益持相对满足感,而较少与城市居民相比较而产生的相对剥夺感。[①] 但也有研究发现,农民工是在和城市人的对比之中获得自身定位的,并由此影响到对社会公平的感知[②],公平感是社会稳定的基础,而不公平感则会激发相对剥夺感,进而动摇整个社会合法性的基础

---

① 孟慧欣、Miguel A. Salazar、胡晓江:《农民工的权利观、剥夺感与社会参考框架》,《学海》2013年第3期。

② 胡荣、陈斯诗:《农民工的城市融入与公平感》,《厦门大学学报》(哲学社会科学版)2010年第4期。

并引发社会冲突。① 对本地人和外地人之间差距的明显感知还会直接影响对务工城市的认同感和归属感,这一点不仅得到了前面章节数据分析结果的支持,也从我们的访谈中得到验证:

> 我还是湖北人,不可能是厦门人,我的恋乡情结很重。即使我在这里生活养老,从根子上骨子里来说,你不可能真正融入这里的生活圈子,不可能。哪怕你买了房,还是外地人。(访谈对象6,男,台资工厂后勤管理人员,46岁)

对城市的认同感和归属感是农民工产生留城意愿进而做出留城决策的一个重要变量,这在逻辑上十分清晰,但访谈表明,那些已经定居城市并实现市民化的个体对城市的认同感显然高于还未成功市民化的个体,这一点从两个来自同一个县城的访谈对象的对话中可以看出来,其中一个已经买房并拥有厦门户口(访谈对象4,男,已获得厦门户口,66岁),另一个还在争取变成户籍意义上的"厦门人"的过程中(访谈对象1,男,绿化工人,33岁)。

> 访谈对象1:认同肯定是连城人啊,老家肯定是不能忘的是不是。
> 访谈对象4:我不一样,我不认同连城人,为什么呢,连城没有发展力,还是要到外面发展。
> 访谈对象1:那不一样,你是从那边来的,你就是连城人。
> 访谈对象4:我倒不那么认为。你年轻人到外面,还是外面的世界更精彩,这跟认同是两码事,根在那边我不会忘记。我每年最少回去两次,我父母的坟墓在那边,我要回去。但我

---

① [美]刘易斯·科塞:《社会冲突的功能》,孙立平等译,华夏出版社1956年版,第19—22页。

不认同连城人。毕竟那地方更闭塞，还有那地方的领导跟这边的领导不同，眼光都不同啊，他们都是为自己人。厦门不同。祖宗我们肯定不会忘记，但是连城跟厦门根本没法比。在厦门要看你自己的能力，你有能力没有人欺负你的。连城呢，连城人本地人欺负你的，本地人赚两个钱就是草头王，他会踩你。我还是觉得外面的世界更精彩。

访谈对象1：这就是有厦门户口的待遇，所以他为什么会赞同这边，有厦门户口了就不一样吗？所以肯定是这样子的，他是享受到了，但是你没有户口的人就没有。

很难证明究竟是较强的身份认同感带来了积极的市民化结果，还是户籍意义上市民化的实现提升了身份认同感，更可能的情况是城市归属感、身份认同感与农民工市民化之间存在着非单向关系。本书的数据分析结果表明前一条路径可能确实存在，但访谈发现后一条路径同样真实有力，这实质上再一次反映了建立在户籍差别基础上的一系列社会权利差别的客观在场。也许在现阶段的我国城市社会，情感和心理因素对于市民化意愿的作用在现实的市民化阻力面前仍然十分有限，反而是实现市民化这一事实本身对归属感及认同感的影响更加真实可见，这一观点在下一部分关于房价的讨论中显现得更为直观。

三 城市定居意愿

影响农民工留城意愿的因素主要有四类。一是个人因素。男性、年轻人、受教育程度较高者、经济社会地位较高者、社会资本存量丰富者、不喜欢农村生活方式者更愿意定居城市。二是家庭因素。婚姻状况、是否举家迁移都会影响留城意愿。三是流动因素。迁移时间长短、迁移成本、迁移范围等会在个体留城意愿上造成差别。四是社会环境因素。如政府信任度、社团参与状况、本地人态度等。[①] 我们通过访谈发现，那些明确表示要定居厦门的受访者确实在以上几个方面基本符合已有研究结论。除此之外，也有一些受访者明确表示要回老家或到其他城市，还有一些对是否留在务工城市持观望态度，其原因从现实层面的经济压力延伸到认同感和归属感等比较抽象的层面：

没有在这里（深圳）定居的打算，因为在能力范围内定居是不可能的，超出我的能力了。（访谈对象27，男，物业公司维修工人，40岁）

我以后不打算留在厦门，我觉得厦门人一点也不友好。我们住在一起的人，一栋楼的人，都住这么久了，还是互相都不认识，连个话都不说，我们老家就不会这样啊。（访谈对象5，男，出租车司机，31岁）

以后要回去啊，回农村老家去。在这里赚几年的钱，够儿子们结婚用，差不多也就回去了。那老话怎么讲，落叶归根，老了就要回去，在这里你认识几个人，在家里面你跑这里跑那里，都认识。在这里你干吗？做生意老了人家年轻人都嫌你脏，没人买，上班都没人要，给不了你几个钱。像我们这么大岁数，还能做几年。我以后回去还可以继续开店，在我们老家开店是可以的，都是我们的地方，想什么时候开就什么时候开，家里面什么都有，货架什么都有。（访谈对象8，女，流动小吃摊位，45岁）

值得一提的是，几乎所有的受访者都提到买房是他们定居城市

[①] 蔡禾、王进：《"农民工"永久迁移意愿研究》，《社会学研究》2007年第6期。

的最大压力源，即使那些最坚定的想要留下来的受访者也无一例外：

> 主要还是房子的问题，房价实在是太贵了。（访谈对象5，男，出租车司机，31岁）
>
> 有那个梦想想买房，但是厦门买房压力非常大，集美这边也要两万多元了，我刚刚开始准备。（访谈对象7，男，台资工厂工人，25岁）
>
> 现在深圳房价太贵了，你要在深圳定居，首先要有一套房子是不是？你要有一个落脚的地方，你要有房，租房的话，那怎么可能，太不现实了。我们以后准备回湖北发展（回到丈夫老家城市）。（访谈对象15，女，"80后"，甘肃陇南人，运动品专卖店导购员。现在一家三口租房居住）

在住房与排斥之间存在着密切关系，每个社会都有其自身的住房供给结构，这个结构本身就有巨大的社会排斥性。市场提供的商品房和政府提供的公共住房各有其排斥倾向，前者依据收入和财富将贫穷的人排斥在外；而后者则将那些没有资格住公共住房的人排斥在外。[1] 在我国，经由嵌入城市就业制度的住房提供制度、城市租房制度，以及嵌入户籍制度的城市住房保障制度和城市住房规划，低收入的农民工群体陷入住房困境之中[2]，而这一困境成为他们眼中定居城市并实现市民化的最大障碍。

---

[1] Ball, M. & Harloe, M., Rhetorical Barriers to Understanding Housing Provision: What the Provision Thesis Is and Is Not, *Housing Studies* 7 (1), 1992.

[2] 彭华民、唐慧慧：《排斥与融入：低收入农民工城市住房困境与住房保障政策》，《山东社会科学》2012年第8期。

第二节 农民工市民化意愿的影响因素分析[①]

上一节利用访谈资料，讨论了农民工的市民化意愿现状，本节将转向定量分析，探讨社会质量、公平感对农民工市民化的影响及其作用机制。

一 文献回顾与研究假设

（一）农民工市民化意愿及其影响因素

研究农民工市民化，可以按照人口学家提出的"意愿—行为"模式，即市民化行为是由市民化意愿转化而来的，通过分析市民化意愿水平及其影响因素，就可以有效预测市民化结果。[②] 何谓市民化意愿？蔡禾、王进认为，对迁移意愿的完整理解应该包括行为性和制度性两个层面，据此将农民工的迁移意愿划分为非制度性永久迁移意愿、制度性永久迁移意愿、循环迁移意愿和不确定性迁移意愿四类。[③] 参照这一方法，本书从主观态度和制度层面来理解市民化意愿，前者对应的是农民工是否愿意在城市永久定居，后者指的是农民工是否希望获得城市户口。

[①] 本节主要取自课题组成员的研究成果《就业质量、社会公平感与农民工的市民化意愿》，该成果发表于《福建论坛》2017年第11期，此处略有删减。

[②] 张笑秋：《心理因素对新生代农民工市民化意愿的影响》，《调研世界》2016年第4期。

[③] 蔡禾、王进：《"农民工"永久迁移意愿研究》，《社会学研究》2007年第6期。

已有研究表明，农民工市民化意愿总体不高[①]，并且呈现出代际差别[②]、城市规模差别[③]等。农民工作为"理性人"，其市民化意愿的产生与变化都是理性分析的结果，那么有哪些因素会影响其市民化意愿呢？在个体层面，学者们已经从农民工人口学特征、心理特征、社会经济特征等方面展开大量讨论[④]；而在宏观层面，制度和结构因素、区域环境因素等也得到很多分析[⑤]，但系统地探讨农民工就业质量和公平感对市民化意愿影响机制的研究相对较少。市民化意愿的产生和增强可能都有赖于农民工就业质量和社会公平感的提升，但具体作用方式如何，尚未得到系统的实证研究和理论解释。

（二）就业质量与农民工市民化意愿

就业质量是一个多维度的综合概念，对它最宽泛的定义可以包括与就业活动相关的一切客观特征、劳动者的特征、劳动者与就业岗位的匹配程度以及劳动者的主观评价等内容。就业质量和体面工作有密切关系，在1999年国际劳工大会上，国际劳工组织提出了"体面工作"概念，指的是劳动力在自由、公平、安全和有尊严的条件下获得体面和有成效的工作。体面工作包含四个维度，即工作的基本原则和权利、社会保护和社会保障、劳工获得工作的权利和

[①] 张翼：《农民工"进城落户"意愿与中国近期城镇化道路的选择》，《中国人口科学》2011年第2期。

[②] 张笑秋：《心理因素对新生代农民工市民化意愿的影响》，《调研世界》2016年第4期。

[③] 叶俊焘、钱文荣：《不同规模城市农民工市民化意愿及新型城镇化的路径选择》，《浙江社会科学》2016年第5期。

[④] 王桂新、陈冠春、魏星：《城市农民工市民化意愿影响因素考察——以上海市为例》，《人口与发展》2010年第2期。

[⑤] 史乃新：《结构与制度视角下的农民工市民化》，《城市问题》2011年第11期。

机会以及三方社会对话。① 体面工作理念在很大程度上可以帮助厘清就业质量的核心内涵,从体面工作框架出发,就业质量研究得到世界各国关注。

对一个经济体的就业质量进行客观评价是就业质量研究的重要内容,在这一领域,以国际劳工组织、欧盟委员会和欧洲基金会等三个国际组织的贡献最为突出。② 我国学者也在构建本土化的就业质量指标体系上做了大量努力,具体到农民工的就业质量,学者们提出的具体指标虽然有差异,但几乎都涉及工作特征、工作稳定性、工作权益保障、就业能力等维度③,部分研究还关注到了就业质量的主观面向,即工作满意度④,这些因素都和农民工市民化意愿有所关联。

工作特征反映的是工作的货币报酬、工作时间以及职业地位,是衡量就业质量的核心指标。良好的收入保障是流动人口产生留城意愿的重要原因⑤;工作时间不仅能够直接反映工作强度,还会从侧面反映农民工的社会交往状况,工作时间过长会对闲暇生活形成挤压,使农民工无暇发展城市社交网络,而后者对其城市融入具有积极作用;职业地位越高,农民工越倾向于具有市民化意愿,与体

---

① Ghai, D., Decent Work: Concept and Indicators, *International Labour Review* 142 (2), 2003.

② 刘素华、董凯静:《再论就业质量》,《河北师范大学学报》(哲学社会科学版) 2011 年第 1 期。

③ 唐美玲:《青年农民工的就业质量:与城市青年的比较》,《中州学刊》2013 年第 1 期。

④ 钱芳、陈东有、周晓刚:《农民工就业质量测算指标体系的构建》,《江西社会科学》2013 年第 9 期。

⑤ 李树茁、王维博、悦中山:《自雇与受雇农民工城市居留意愿差异研究》,《人口与经济》2014 年第 2 期。

力劳动者相比，非体力劳动者更愿意落户①；较高的职业地位不仅意味着更稳定的收入保障，还意味着农民工能够从工作中得到尊重②，因此能从物质和精神两方面促使农民工产生较强的市民化意愿。

工作稳定性是指员工的就业岗位比较稳定，有一个较长的职业发展周期，对工资和职位晋升有积极正面的预期，而转型经济的一个重要特征是不确定性，我国农民工群体面临的最大的不确定性就是就业的不稳定，即失业风险。对于社会保险参与率不高并且缺乏城市社会支持网络的农民工而言，失业意味着他们在城市失去了安身立命的根本，维持生存已属不易，后续的市民化更是无从谈起；反之，稳定的就业不仅能够为当下生活提供物质保障，还可能促使外来人口对未来生活产生积极预期，从而倾向于市民化。

工作权益保障衡量的是农民工与工作单位关系的正规程度，关系到农民工抵御风险的能力，是就业质量的基础指标，涵盖劳动合同签订、社会保险参与、工资拖欠以及用人单位成立工会情况等方面内容。劳动关系的实质是一种契约关系，而签订劳动合同就是建立和维持这种契约关系的主要手段③，是最重要的劳动权益，对于从源头上保护农民工的合法权益、建立和谐稳定的劳动关系具有重要作用；农民工在多变的城市环境中面临的风险比较大，能否被纳入城市社会保障体系中，享受城市社会保险，是农民工应对风险的一个重要保障。城市社会如果能为其提供医疗、养老、工伤、失

---

① 刘林平、胡双喜：《土地、孩子与职业稳定性：外来工入户意愿的影响因素研究》，《南通大学学报》（社会科学版）2014年第2期。
② 潘泽泉、邹大宽：《居住空间分异、职业地位获得与农民工市民化意愿：基于农民工"三融入"调查的数据分析》，《湖南师范大学社会科学学报》2016年第6期。
③ 刘林平、陈小娟：《制度合法性压力与劳动合同签订——对珠三角农民工劳动合同的定量研究》，《中山大学学报》（社会科学版）2010年第1期。

业、生育等社会保险，将有利于增强其城市生活稳定性，并对市民化意愿产生正向影响①；农民工愿意在各种脏、苦、累、险的部门工作，多数情况下是生活所迫，但是如果辛苦劳作之后无法及时拿到劳动报酬，甚至根本无法得到报酬，那对他们的打击将是多重的，势必会降低其城市生活意愿；工会作为代表劳动者利益的组织，不仅能够维护农民工社会保险、工资待遇、工作环境等方面的正当权益②，还可以丰富其业余生活，扩展人际网络，这些切实的福利能够增强农民工的市民化意愿。

就业能力是农民工竞争力和创造力的根源，衡量的是农民工自身的人力资本状况以及用人单位和社会对农民工进行的人力资本投资状况。人力资本对于农民工经济地位获得具有决定性影响，也是促成农村劳动力定居城市的重要因素。③ 受教育程度作为最重要的人力资本，是市民化能力的核心，更高的受教育程度意味着更好的工作及社会流动前景；而职业培训是正式教育之外积累人力资本的最主要途径之一，其对农民工经济地位的影响与正规教育的作用相差无几，因为参与职业培训不仅能够产生新的人力资本，还能对原有的人力资本形成有效补充和转化④，进而增加农民工向上流动的可能性。

就业是一个主客观相结合的过程，由于参照群体不同、生活经历不同，同样的工作对不同的人可能具有不同意义，因此对就业质量的考察应该纳入劳动者对就业状况的主观评价，即就业满意度。

---

① 王桂新、胡建：《新生代农民工社会保障与市民化意愿》，《人口学刊》2015年第6期。

② 孙中伟、贺霞旭：《工会建设与外来工劳动权益保护——兼论一种"稻草人机制"》，《管理世界》2012年第12期。

③ 李楠：《农村外出劳动力留城与返乡意愿影响因素分析》，《中国人口科学》2010年第6期。

④ 赵延东、王奋宇：《城乡流动人口的经济地位获得及决定因素》，《中国人口科学》2002年第4期。

就业满意度涉及劳动的体验问题，劳动体验顾名思义，就是因为劳动产生的情感状态。农民工对城市生活境遇的认知和情感会影响其市民化意愿[①]，如果他们对当前的生活和工作状况比较满意，则可能更希望继续留在城市工作、生活，并进一步加入城市户籍，反之则可能选择返回农村并保留农村户籍。

根据以上讨论，我们提出本章的第一个研究假设及相应的五个子假设：

假设7.1：就业质量越高的农民工，市民化意愿越强；

假设7.1.1：就业特征越优良的农民工，市民化意愿越强；

假设7.1.2：工作越稳定的农民工，市民化意愿越强；

假设7.1.3：工作权益保障状况越好的农民工，市民化意愿越强；

假设7.1.4：就业能力越强的农民工，市民化意愿越强；

假设7.1.5：工作满意度越高的农民工，市民化意愿越强。

（三）社会公平感与农民工市民化意愿

就业不仅直接为农民工的城市生活提供物质保障，由就业产生的职业声望、物质财富、社会权力上的差异还是影响社会公平感的因素之一，高质量的就业有助于社会公平感的产生。公平感指的是主体将自己所得与付出之比与他人进行比较时产生的主观感受[②]，作为社会心态的一部分，社会公平感折射了人们对社会客观现实的感受与评价。市民化意愿在本质上是一种心理活动，必然受到心理机制的影响。国外人口迁移研究已逐渐形成由态度、价值、感知和动机等组成的迁移心理学，而国内市民化研究比较强调经济和社会

[①] 姚植夫、薛建宏：《新生代农民工市民化意愿影响因素分析》，《人口学刊》2014年第3期。

[②] Adams, J. S., Inequality in Social Exchange, In Berkowtiz, L. (Ed.): *Advances in Experimental Social Psychology*, New York: Academic Press, 1965, pp. 267 – 300.

因素，相对而言对心理因素的分析则缺乏系统性，更多的是将之视为因变量并分析其影响因素。在此我们将心理因素视为影响农民工市民化意愿的自变量，并以社会公平感作为心理因素的代表。公平感对市民化意愿存在显著影响，农民工对当前社会主观感知越公平，越愿意融入城市。① 据此提出本章第二个研究假设：

假设7.2：对社会感知越公平的农民工，市民化意愿越强。

二 变量的操作化

（一）因变量：市民化意愿

如前文所述，本书从主观态度和制度两个层面上来理解市民化意愿，因此对市民化意愿的操作化也从城市定居意愿和城市落户意愿两方面展开。

1. 城市定居意愿

如果农民工愿意定居城市，说明其在主观上愿意市民化，因此问卷中对应的问题是"您想在本市定居吗"，"想"赋值为1，"不想"赋值为0。

2. 城市落户意愿

鉴于获得城市户口仍旧是农民工实现市民化的制度性标志，因此问卷中对应的具体问题是"您想获得本市户口吗"，"想"赋值为1，"不想"赋值为0。

（二）自变量

1. 就业质量

参照以往研究，本书将就业质量操作化为工作特征、工作稳定

---

① 张笑秋：《心理因素对新生代农民工市民化意愿的影响》，《调研世界》2016年第4期。

性、工作权益保障、就业能力、工作满意度等五个维度共 11 个指标。

工作特征包括劳动收入、工作时间以及职业地位，其中劳动收入是指城市工作每月平均收入（包括奖金、分红等），放入分析模型时取对数；工作时间是指每周工作小时数；工作类型的测量方法是直接询问调查对象的具体职业，然后进行后期编码，按声望、收入等标准划分为高端、中端和低端三类；工作稳定性通过失业风险来间接反映，具体操作化方法与前文一致，数值越大，代表工作稳定性越低。工作权益保障包括劳动合同签订、社会保险参与、是否拖欠工资以及务工单位是否成立工会等四个二级指标。就业能力的测量指标包括农民工的受教育程度和参与职业技能培训状况。工作满意度在问卷中直接询问，由受访者在 1—5 分之间进行选择，分值越高，表示农民工对工作越满意。

2. 社会公平感

对社会公平感的测量方法是直接询问调查对象"您认为当今社会公平吗"，由被访者在 1—5 分之间进行选择，分值越高，代表对社会公平程度的评价越高。

控制变量的选择及操作化方法与前文一致。对各变量的具体描述见表 7—1。

表 7—1　　　　　　　　　　变量描述

变量	N	描述
因变量		
城市定居意愿	1239	类别变量，想定居 = 1，不想定居 = 0，均值 0.45，标准差 0.49
城市落户意愿	1246	类别变量，想落户 = 1，不想落户 = 0，均值 0.45，标准差 0.49

续表

变量	N	描述
自变量		
工作特征		
月收入对数	1257	定距变量，取值范围5.70—11.51，均值8.07，标准差0.43
每周工作时间（小时）	1221	定距变量，取值范围4.00—126.00，均值54.72，标准差15.89
职业地位	1243	类别变量，低端=1；中端=2，高端=3，均值1.27，标准差0.55
工作稳定性		
失业可能性	1232	定序变量，不可能=1，不太大=2，一般=3，比较大=4，非常大=5，均值2.48，标准差0.99
工作权益保障		
劳动合同签订	1252	类别变量，没签=1，不需要签=2，签了=3，均值2.53，标准差0.80
社会保险参与	1175	类别变量，有保险=1，没有保险=0，均值0.68，标准差0.47
被拖欠工资经历	1230	类别变量，有=1，没有=0，均值0.16，标准差0.36
企业成立工会	1291	类别变量，成立=1，未成立=0，均值0.28，标准差0.45
就业能力		
受教育程度	1271	定序变量，小学及以下=1，初中=2，高中/中专=3，大专及以上=4，均值2.53，标准差0.84
参加职业培训	1246	类别变量，参加过=1，未参加过=0，均值0.37，标准差0.48
工作满意度		
工作满意度	1286	定序变量，非常不满意=1，不太满意=2，一般=3，比较满意=4，非常满意=5，均值2.97，标准差0.81
社会公平感	1255	定序变量，非常公平=5，比较公平=4，一般=3，不太公平=2，非常不公平=1，均值2.75，标准差0.98

三 研究发现

农民工行为性迁移意愿和制度性迁移意愿的影响因素及其作用机制是不同的，前者主要受个体迁移动力的影响，后者则主要受地域因素和制度合法性压力的影响。[①] 受此启发，本书尝试分别探讨就业质量、社会公平感与两类市民化意愿的关系。由于城市定居意愿和城市落户意愿都是二分变量，所以采用二元 Logistic 回归模型。

（一）城市定居意愿的影响因素

我们以农民工城市定居意愿为因变量，以就业质量各指标为自变量，同时纳入控制变量建立定居意愿模型1，在模型1的基础上放入社会公平感变量，得到定居意愿模型2。

1. 就业质量与定居意愿

在工作特征维度，月收入对农民工城市定居意愿无显著影响，这与研究预期以及王桂新等人[②]的研究结论不一致，但支持了李楠[③]等人的研究发现，一个可能的原因是城乡收入差距的日益扩大以及城市消费压力，特别是住房消费压力的上升，抵消了绝对收入水平上升对定居意愿产生的推动效应；职业类型方面，以低端职业为参照类别，中端职业者城市定居意愿更强烈，而高端职业者在定居意愿方面无显著差别；每周工作时间的效应未通过显著性检验。

[①] 蔡禾、王进：《"农民工"永久迁移意愿研究》，《社会学研究》2007年第6期。

[②] 王桂新、陈冠春、魏星：《城市农民工市民化意愿影响因素考察——以上海市为例》，《人口与发展》2010年第2期。

[③] 李楠：《农村外出劳动力留城与返乡意愿影响因素分析》，《中国人口科学》2010年第6期。

总体而言，假设 7.1.1 未能得到验证。

在就业稳定性方面，我们原本设想，失业风险越大意味着调查对象的就业稳定性越差，而在社会保险参与状况不理想的条件下，直接威胁到农民工在城市社会的基本生存，不仅如此，离开旧的工作岗位还意味着原有的社会关系的解散，而且生活环境的频繁变动不利于农民工感受并接受当地居民的生活方式，也很难在心理上认同并归属于当地城市，但是数据分析结果表明，失业风险对农民工城市定居意愿无显著影响，假设 7.1.2 未得到数据支撑。其原因可能在于此次调查的农民工就业层次较低，近 80% 从事的是低端职业，这种稳定但低水平的就业并不足以使农民工萌发城市定居意愿。

在劳动权益保障维度，劳动合同签订情况、是否拖欠工资以及是否成立工会都对农民工的城市定居意愿具有显著影响。具体而言，有拖欠工资经历的农民工其城市定居意愿是没有这种经历的农民工的 55.2%（$e^{-0.594}=0.552$），可见拖欠工资经历挫伤了农民工定居城市的积极性；工会的成立能够增强农民工的城市定居意愿，虽然本书只是询问调查对象务工单位是否成立工会，并未进一步追问他们是否参与工会，但是成立工会这一行为本身已经能表明农民工所工作的企业比较正规，可以推想其他方面的权益保障状况也会相对较好；劳动合同签订状况对城市定居意愿的影响方式与我们的预想完全相反，从数据分析结果来看，签订劳动合同的调查对象其城市定居意愿反而低于没有签订劳动合同者。进一步分析发现，有四分之三的受访者签订的合同在三年以下，这种短期合同能够带来的职业安全感有限，并且可能存在的不平等合同条款也导致他们在谈判中处于弱势地位，从而对他们的落户意愿产生抑制作用。在未签订合同和不需要签订合同的受访者之间，城市定居意愿不存在明显差别。假设 7.1.3 仅得到部分验证。

在就业能力维度，无论是初中、高中或中专，还是大专及以上受教育程度的受访者,与小学及以下受教育程度的受访者相比,城市定居意愿均无显著差别;参与职业培训的系数为正,但未达到0.1的显著性水平。假设7.1.4未得到验证。同样的情况也发生在就业满意度维度,我们设想主观就业质量是定居意愿的重要影响因素,对当前就业状况的积极评价有助于农民工产生城市认同感以及对未来生活的乐观期望,进而产生定居城市的愿望,但数据分析结果显示,尽管工作满意度越高,农民工产生长久定居意愿的可能性,但并未通过显著性检验,假设7.1.5同样未得到数据支撑。

2. 公平感与定居意愿

通过对比城市定居意愿的两个模型可以看出,随着社会公平感变量的引入,模型的 -2 Log likelihood 值减少,虚拟 R^2 值增大,模型拟合度提升。在控制其他变量的情况下,农民工的公平感得分每增加1分,其城市定居意愿增加47.6% ($e^{0.389}=1.476$),假设7.2得到验证。由于人普遍具有公平偏好,因此在农民工定居意愿的选择中,公平感不仅会被作为判断的伦理准则,还会成为判断的行为准则,直接指导着行为选择,如果农民工对工作与生活环境的感知是公平的,那么即使客观状况不尽如人意,他们也会产生长期居留意愿,反之,强烈的不公平感则会伴随着相对剥夺感,催生候鸟式的迁移行为。

3. 控制变量与定居意愿

最后分析控制变量与定居意愿的关系。农民工的定居意愿因年龄、在流入地居住时间和流动范围的不同而存在差异。年龄的系数为正,年龄平方项系数为负,这显示出年龄和定居意愿之间的关系呈倒"U"型结构,随着年龄的增长,农民工的定居意愿会增强,但增长速度不断减小,直至出现下降趋势,但是无论是年龄还是年龄平方项的效应都未达到0.1显著性水平;在务工城市居住时间越长的农民工,城市定居意愿越强烈;已有研究表明,在务工城市工作生活时间越久，社会融合状况越好①，这种积极体验会促使农民工产生定居意愿。在流动范围方面，省内流动农民工比跨省流动农民工的定居城市意愿更为强烈。

（二）城市落户意愿的影响因素

与行为层面上的市民化相比，制度层面上的市民化有着更为根本性的意义，因为后者不仅意味着农民工脱离乡土社会环境，还意味着其农村承包地与宅基地的权属会发生变更，一旦迁移户口就没有"退路"了，因此我们设想就业质量和社会公平感对城市落户意愿的影响机制会与城市定居意愿有所不同。城市落户意愿模型1以落户意愿为因变量，以就业质量为自变量并纳入了控制变量，模型2在模型1的基础上加入了社会公平感变量，模型拟合度有所提升。

从就业质量来看，模型1的结果显示，绝大多数对定居意愿有显著影响的测量指标也对入户意愿有影响，反之亦然，差别主要表现在职业技能培训、合同签订以及控制变量中的流动范围三个指标上。近三年来参与职业技能与未参与社会保险的农民工相比，其城市入户意愿增强33.0%（$e^{0.286}=1.330$）；不需要签订劳动合同的农民工，其产生城市落户意愿的可能性低于未签订劳动合同者；原本对落户意愿有显著影响的职业地位对定居意愿不再有明显作用，同样的，流动范围对城市定居意愿的影响也不再显著，省内流动和跨省流动的农民工之间城市落户意愿并无明显差别，可能是因为近年来国家在出台土地流转相关政策盘活农村土地的同时，与城镇户口直接挂钩的资源分配减少，城镇户口的含金量不如从前，因此当农民工需要在入户和放弃土地之间做出抉择时，流动距离的影响作用就被削弱了。

社会公平感和其余控制变量对城市落户意愿的影响方式与对定居意愿的影响基本一致，故不再赘述。

---

① 张文宏、雷开春：《城市新移民社会融合的结构、现状与影响因素分析》，《社会学研究》2008年第5期。

表 7—2　影响农民工市民化意愿的二元 Logistic 回归模型
（括号内为标准误）

变量	定居意愿 模型 1 系数（标准误）	定居意愿 模型 2 系数（标准误）	落户意愿 模型 1 系数（标准误）	落户意愿 模型 2 系数（标准误）
性别[a]	0.115 (0.148)	0.142 (0.152)	-0.164 (0.146)	-0.173 (0.149)
年龄	0.079 (0.060)	0.105 (0.062)	0.061 (0.059)	0.081 (0.060)
年龄平方/100	-0.111 (0.074)	-0.136 (0.083)	-0.066 (0.080)	-0.094 (0.081)
婚姻状态[b]				
已婚	0.071 (0.202)	0.021 (0.210)	0.124 (0.198)	0.074 (0.203)
离婚或丧偶	-0.003 (0.638)	-0.269 (0.675)	0.746 (0.666)	0.551 (0.688)
务工地居住时间	0.035* (0.015)	0.036* (0.015)	0.030* (0.015)	0.030* (0.015)
流动范围[c]	0.562** (0.165)	0.650*** (0.171)	0.233 (0.165)	0.289! (0.169)
工作特征				
月收入对数	0.084 (0.184)	0.070 (0.186)	0.100 (0.181)	0.052 (0.187)
每周工作时间	0.005 (0.005)	0.007 (0.005)	0.005 (0.005)	0.006 (0.005)
职业地位[d]				
高端职业	0.051 (0.3720)	0.001 (0.328)	0.434 (0.318)	0.385 (0.323)
中端职业	0.440* (0.211)	0.441* (0.216)	0.284 (0.208)	0.267 (0.210)

续表

变量	定居意愿 模型1 系数 (标准误)	定居意愿 模型2 系数 (标准误)	落户意愿 模型1 系数 (标准误)	落户意愿 模型2 系数 (标准误)
工作稳定性				
失业可能性	-0.025 (0.074)	0.000 (0.076)	0.040 (0.073)	0.039 (0.074)
工作权益保护				
劳动合同[e]				
签了	-0.422* (0.215)	-0.285 (0.221)	-0.549** (0.212)	-0.539* (0.216)
不需要签	-0.383 (0.3352)	-0.394 (0.356)	-0.748* (0.344)	-0.820* (0.347)
社会保险[f]	0.028 (0.185)	-0.050 (0.191)	0.154 (0.183)	0.057 (0.186)
被拖欠工资[g]	-0.594** (0.192)	-0.558** (0.198)	-0.507** (0.188)	-0.483* (0.191)
成立工会[h]	0.522** (0.157)	0.538** (0.162)	0.527** (0.156)	0.545** (0.159)
就业能力				
受教育程度[i]				
初中	-0.042 (0.260)	-0.147 (0.269)	-0.167 (0.260)	-0.156 (0.268)
高中/中专	-0.193 (0.276)	-0.250 (0.285)	-0.182 (0.276)	-0.149 (0.283)
大专及以上	0.130 (0.334)	0.139 (0.343)	-0.072 (0.334)	0.001 (0.341)
职业技能培训	0.167 (0.148)	0.099 (0.153)	0.311* (0.146)	0.286[!] (0.150)
工作满意度	0.109 (0.088)	0.088 (0.091)	-0.041 (0.087)	-0.066 (0.089)

续表

变量	定居意愿 模型 1 系数 (标准误)	定居意愿 模型 2 系数 (标准误)	落户意愿 模型 1 系数 (标准误)	落户意愿 模型 2 系数 (标准误)
社会公平感		0.389*** (0.074)		0.254*** (0.072)
常数项	-3.384! (1.733)	-4.770** (1.80)	-2.698 (1.704)	-3.428! (1.753)
样本量	954	932	961	938
卡方	79.147***	99.408***	68.964***	79.096***
-2LL	1234.49	1175.59	1256.43	1214.75
Cox & Snell R^2	0.080	0.108	0.069	0.081

注：1. *** $p<0.001$，** $p<0.01$，* $p<0.05$，! $p<0.1$。

2. 参考类别：a，女性；b，未婚；c，跨省流动；d，低端职业；e，未签订劳动合同；f，未参与社会保险；g，没有被拖欠工资经历；h，单位未成立工会；i，小学及以下。

四 结论与讨论

农民工的市民化意愿不仅能够对我国新型城镇化产生积极效应，还能对流入地的经济发展与社会结构优化、农民工非物质需要满足等方面产生积极影响，因此探讨农民工市民化意愿的影响因素，在此基础上提出有针对性的对策建议，具有重要的现实意义。本节将农民工市民化意愿分为主观意义上的市民化意愿（城市定居意愿）和制度意义上的市民化意愿（城市入户意愿），并分别探讨了就业质量与社会公平感对两类市民化意愿的影响机制。数据分析结果表明，就业质量和社会公平感是农民工市民化意愿的重要影响因素，此外，市民化意愿还因农民工居住时间和流动范围的不同而表现出明显差异。这些研究发现具有较鲜明的政策内涵，即单纯的户籍开放政策并不是解决市民化问题的"万金油"，还需要从户籍之外的就业质量和公平感等因素寻求解决之道。

农民工在城市定居,特别是落户城市之后,土地的保障作用逐渐减弱乃至消失,就业就成为确保其生活质量的几乎唯一渠道,因此提升就业质量是促进农民工市民化意愿产生的有效途径。农民工群体在城市社会受到的最明显的排斥就是城市劳动力市场的二元化,在这样一个被地域差异和城乡差异多重分割的劳动力市场上,农民工处于最弱势的地位,收入低、劳动强度大、就业稳定性差、社会保险缺位,而无论是已有的多项研究还是此次调查都表明,农民工的就业状况及相应的就业满意度都对其市民化意愿具有显著影响。因此,首先应当完善并贯彻落实刚性的反对就业歧视的法律政策。其次,要加强对企业的监管,督促企业在工资待遇、社会保障待遇方面对农民工一视同仁。一方面要规定正规就业市场的单位和企业必须与农民工签订符合规范的劳动合同并为其购买社会保险,另一方面考虑到农民工大量就业于非正规劳动力市场,要对非正规就业市场进行监管,要求一些非正规小企业优先解决农民工工伤保险和大病医疗保险等问题,然后逐步推进其他保险项目。最后,建立健全农民工的利益保护和利益表达机制,使得他们在劳动权益受到侵害时能够得到及时帮助,消除拖欠工资等损害劳动权益行为产生的负面影响。

此外,缩小农民工同城市居民差距,提高社会公平度是提升市民化意愿的必要措施。客观的社会不平等是否会引起不公平感取决于参照群体的选择,社会公平感是社会稳定的基础,而农民工的社会公平感情况不容乐观。[①] 有学者指出,农民工群体内部自有其劳动收益分配和社会资源分配的规范,因此多将城乡差别归因于个人自身能力,对于能够获得的比较收益持相对满足感,而较少因与城

[①] 龙书芹、风笑天:《社会结构、参照群体与新生代农民工的不公平感》,《青年研究》2015年第1期。

市居民相比较而产生的相对剥夺感。[①] 但也有研究发现，农民工是在和城市人的对比之中获得自身定位的，并由此影响到对社会公平的感知。[②] 就业领域的不平等是不公平感的来源之一，除此之外，获得教育、医疗、环境等领域社会服务资源的权利也是他们最关心的现实问题。农民工群体普遍劳动时间长、工作强度大，而且亲属支持网络少，在工作—家庭平衡方面面临诸多挑战，对各类公共服务的需求尤为迫切。涵盖多个领域的社会服务能够帮助农民工家庭照料其成员，降低工作和日常生活成本，因而能够增大个人及其家庭过上有尊严生活的概率。应该通过更广泛、更公平的社会服务的提供，减轻农民工的家庭负担，提升整个家庭的福利水平，从而强化其主动市民化意愿。

第三节　社会经济保障与农民工身份认同研究

农民工进入城市，其生活空间和生活场域发生了巨大的变化，必须重新建立自身认同。布劳[③]认为，流动的人口不能简单地抛弃旧有的角色属性和角色关系，但如果不接受或不建立新的角色属性，那么他们就不能适应新的位置。所以身份认同对流动人口的社会融入和市民化具有重要意义。前两节我们分析了农民工市民化意愿，本节重点探讨社会经济保障对农民工身份认同的影响。

---

① 孟慧欣、Miguel A. Salazar、胡晓江：《农民工的权利观、剥夺感与社会参考框架》，《学海》2013 年第 3 期。

② 胡荣、陈斯诗：《农民工的城市融入与公平感》，《厦门大学学报》（哲学社会科学版）2010 年第 4 期。

③ ［美］布劳：《社会生活中的交换与权力》，孙飞、张黎勤译，华夏出版社 1988 年版，第 257 页。

一 文献回顾

(一) 身份认同及其影响因素

认同（identity）及其相关的议题一直是学界关注的焦点。心理学家最早关注认同问题，弗洛伊德研究了癔症性认同和梦认同①；埃里克森（Erikson）提出认同是一种熟悉自身的感觉，一种"知道个人未来目标"的感觉，一种从他信赖的人们中获得所期待的认可的内在自信。② 20世纪60年代，社会学家提出社会认同理论，把认同区分为个体认同和社会认同，其中社会认同是指个人对自己从属于特定社会群体的认知，并且群体成员资格对自己具有情感和价值意义。③ 根据社会认同理论，社会行为不能单从个人层面来理解，要较全面理解人类的社会行为，必须研究人们如何建构自己和他人的身份。社会认同理论在西方社会得到广泛应用，尤其是在移民和族群认同问题上。近年来，我国学者开始运用认同理论分析农民工的身份认同问题。已有研究表明，农民工身份认同处于模糊状态。④ 宏观的社会制度、微观的家庭和个人特质等因素，都会对农民工的身份认同产生影响。

---

① ［奥］西格蒙德·弗洛伊德：《梦的解析》，赖其万、符传孝译，作家出版社1986年版，第61—228页。

② Erikson, Erik H., *Identity and the Life Cycle*, New York: International Universities Press, 1959, p. 118.

③ Tajfel, H., Social Categorization, Social Identity and Social Comparison. In Tajfel, H. (eds.), *Differentiation between Social Groups: Studies in the Social Psychology of Inter-group Relations*, London: Academic Press, 1978, p. 63.

④ 王春光：《新生代农村流动人口的社会认同与城乡融合的关系》，《社会学研究》2001年第3期。

社会制度尤其是户籍制度对农民工认同具有重要影响。朱力[①]认为，由户籍制衍生的其他一系列政策和制度，如教育制度、保障制度、住房制度以及医疗制度等形成了准市民融入城市社会的制度性障碍。陈映芳[②]指出，农民工作为一个"农民"和"城市居民"并存的身份类别，是由制度与文化共同建构的第三种身份。社会网络对农民工身份认同也有影响。以初级群体为基础的社会网络会限制农民工的交往范围，阻碍农民工对城市的认同与归属。[③] 家庭因素对农民工身份认同的影响同样不可忽视。史学斌和熊洁[④]的研究发现，住房性质、家庭月收入以及本地亲戚等因素对农民工身份认同具有重要影响。彭远春[⑤]的研究发现，城市体验、进城期望以及乡土记忆对农民工身份认同起着独自、不可替代的作用，且由大到小影响着农民工身份认同。此外，消费对于农民工的身份认同具有显著影响，农民工的集体消费与其工人身份认同成正比，但私人消费水平却与其工人认同成反比。[⑥] 新生代打工妹希望通过消费淡化自己与城里人的社会差异，在消费领域实现其在生产领域无法实现的"自我转型"，追求一种更加平等、自由、有价值和受尊重的社会身份。[⑦]

---

① 朱力：《准市民的身份定位》，《南京大学学报》（哲学·人文科学·社会科学版）2000年第6期。

② 陈映芳：《"农民工"制度安排与身份认同》，《社会学研究》2005年第3期。

③ 朱力：《论农民工阶层的城市适应》，《江海学刊》2002年第6期。

④ 史学斌、熊洁：《家庭视角下外来农民工身份认同的影响因素研究——基于重庆的调查》，《农村经济》2015年第7期。

⑤ 彭远春：《论农民工身份认同及其影响因素——对武汉市杨园社区餐饮服务员的调查分析》，《人口研究》2007年第2期。

⑥ 王雨磊：《工人还是农民——消费对于农民工身份认同的影响分析》，《南方人口》2012年第4期。

⑦ 余晓敏、潘毅：《消费社会与"新生代打工妹"主体性再造》，《社会学研究》2008年第3期。

（二）社会保障、社会经济保障与身份认同

国内关于农民工社会保障的研究主要包括：农民工社会保障存在的问题研究，比如社会保险参与率较低以及社会福利水平较低等[①]；原因研究，从制度、政府以及企业层面分析社会保障各种问题背后的原因[②]；作用研究，宏观上看，良好的社会保障可以推进城镇化进程、促进社会稳定[③]，微观上看，社会保障有利于农民工实现社会融入[④]。从以上研究内容来看，国内学者所研究的社会保障主要包括社会保障和社会福利两个方面。

社会经济保障概念源于社会质量理论。在欧洲语境下，社会经济保障要求社会保护支持下的高质量的有偿就业，以此来保护人们的生活水准和获得各种资源，包括收入、教育、医疗保健、社会服务、环境、公共健康以及个人安全等。自从社会经济保障概念伴随社会质量引入中国以来，已有学者开展了一系列实证研究，相关研究发现，社会经济保障可以增强城市居民的创新意识[⑤]，提升农村居民的社会发展满意度[⑥]，增加居民的幸福感。[⑦]

[①] 张翼、周小刚：《农民工社会保障和就业培训状况调查研究》，《调研世界》2013年第2期。

[②] 任丽新：《农民工社会保障：现状、困境与影响因素分析》，《社会科学》2009年第7期。

[③] 杨家洋、王国辉、陈洋、吴静、宋超：《新生代农民工社会保障问题对城镇化的影响研究——以常州市武进区为例》，《社会保障研究》2012年第5期。

[④] 王桂新、胡健：《新生代农民工社会保障与市民化意愿》，《人口学刊》2015年第6期。

[⑤] 徐延辉、兰林火：《社会质量视域下城市居民创新意识研究》，《山东社会科学》2014年第2期。

[⑥] 张新文、詹国辉：《社会质量与社会发展的满意度是否关联？——基于江苏农村（2005—2014年）的分析》，《东南大学学报》（哲学社会科学版）2017年第3期。

[⑦] 袁浩、马丹：《社会质量视野下的主观幸福感——基于上海的经验研究》，《吉林大学社会科学学报》2011年第4期。

通过梳理文献我们发现，社会保障概念的内涵具有伸缩性，有的研究只包括了社会保险，实质上是将社会保障等同于社会保险，造成社会保障的内涵比较狭窄；有的研究则将社会保障与社会福利的概念混淆在一起，造成这一概念过于宽泛。本书认为，社会质量理论中的社会经济保障概念可能更适合本土化研究的需求，原因是：第一，社会经济保障和社会保障两个概念都是用来衡量人们的福利获得情况，目的在于增进人们的福祉，因此，两者的目标具有一致性；第二，社会经济保障概念所包含的内容要比社会保障更加丰富，涉及的范围更广泛，而且概念界定相对比较明确，争议较少；第三，社会经济保障有较为明确的测量指标体系，虽然这一指标体系是根据西方社会的特点而开发的，但这一指标体系契合了当前我国实现有质量的增长的战略发展要求，可以为我国追求高质量的社会发展提供理论借鉴。有鉴于此，本节采用社会质量理论中的社会经济保障概念，探讨社会经济保障对农民工身份认同的影响，进而为推动农民工市民化实践提供参考。

二 变量操作化及研究方法

（一）变量操作化

1. 因变量：身份认同

关于身份认同，本书比较赞同王宁对身份认同的定义，即身份认同是人们在社会生活中，对自己属于某一社会范畴或群体的自我意识及其价值观念与行为模式的认可，是人们对自己在社会中的地位、位置、角色、形象和与他人的关系的性质的接受程度。[①] 我们用"您觉得自己是本地城市的一员吗"这一题来测量身份认同，回

---

① 王宁：《消费与认同——对消费社会学的一个分析框架的探索》，《社会学研究》2001年第1期。

答"是"赋值为1,回答"否"赋值为0。

2. 自变量:社会经济保障

本书将社会经济保障分为经济资源与就业、住房与环境、社会保险和教育四个方面。

(1) 经济资源与就业包括家庭收支状况、个人收入、是否签订劳动合同、是否参加职业培训。收入通过询问被调查者年收入来获得,由于收入呈现偏态分布,所以对收入取对数。收支状况通过询问被调查者过去一年中家庭的收支平衡状况来测量,答案包括"要借款""需动用储蓄""收支相抵""有余款储蓄",分别赋值为1—4。劳动合同用"您和单位签订劳动合同了吗"来测量,"签了"赋值为1,"没签"和"不需要签"赋值为0。职业培训用"在过去三年中,您有没有参加过职业培训或拜师学艺"来测量,"有"赋值为1,"没有"赋值为0。

(2) 住房与环境用住房产权、住房面积和住房周围设施测量,将"自购房"视为有住房产权并赋值为1,"出租房""单位宿舍、寄住亲友家、寄住雇主家""单位工棚或自搭简易住房"以及"其他"视为无住房产权,赋值为0。住房大小通过"您目前的住房面积大约是_____平方米"来获得,周围设施通过询问调查对象住所周边有没有以下设施来获得:诊所/药店、小学/中学、公共交通站点、超市/便利店、银行/ATM机、公园/绿地/广场、正规医院、社区图书馆/图书室,回答"有"记为1,"没有"记为0,然后将8个项目的得分相加。

(3) 社会保险用"您所在企业(或单位)有没有给您买保险、您自己有没有购买商业保险"这两个问题来测量,"有"赋值为1,"没有"则赋值为0。

(4) 教育用"您孩子在哪上学"来测量,在"公办学校"赋值为1,在"民办学校"或"在老家上学"赋值为0。

（二）研究方法

由于因变量是二分变量，我们采用二元 Logistic 回归分析方法。二元 Logistic 回归模型可以分析因变量在各个类别之间发生转变的概率。

表7—3　　　　　　　　　　变量操作化

变量	N	描述
因变量		
身份认同	1243	类别变量，是城市一员=1，不是城市一员=0，均值0.33，标准差0.47
自变量		
经济资源与就业		
月收入	1265	定距变量，取值范围0-10000，均值3574，标准差3538
家庭收支状况	1253	定序变量，要借款=1，需动用储蓄=2，收支相抵=3，有余款储蓄=4
劳动合同	1252	类别变量，有签=1，没有签=0，均值0.72，标准差0.45
职业培训	1246	类别变量，有=1，没=0，均值0.37，标准差0.48
社会保险		
城市社会保险	1175	类别变量，有=1，没有=0，均值0.68，标准差0.47
商业保险	1275	类别变量，有=1，没有=0，均值0.12，标准差0.33
住房与环境		
住房产权	1291	类别变量，有=1，没有=0，均值0.076，标准差0.26
居住面积	1191	定距变量，取值范围1-450，均值35.32，标准差0.26
住房周边设施	1212	定距变量，取值范围0-8，均值6.05，标准差1.78
教育		
子女是否在公办学校就学	700	类别变量，是=1，否=0，均值0.21，标准差0.41

三 研究发现

为了更好地研究社会经济保障的不同维度对身份认同的作用，本书采用逐步回归的方法，依次将不同的自变量放入模型之中。本书建立了四个模型，依次放入经济资源与就业、社会保险、住房与环境和教育四个维度的变量。通过分析显示，四个模型模拟效果良好。接下来我们主要报告不同变量与身份认同之间的回归结果。

在模型1中，除了放入控制变量之外，主要加入了个人月收入对数、家庭收支状况、劳动合同、职业培训四个变量，通过模型的回归结果可以发现，只有职业培训这一变量具有统计显著性，即相对于没有参加职业培训的农民工，参与职业培训的农民工认同自己是城市人的可能性要增加115.8%。

模型2在模型1的基础上加入了城市社会保险和商业保险两个变量，通过模型的结果可以发现，职业培训变量仍然具有统计显著性，并且回归系数变化不大。商业保险变量具有统计显著性，购买商业保险的农民工认同自己是城市一员的可能性要比没有购买商业保险的农民工高72.9%。

模型3进一步加入了住房产权、住房面积和住房周边设施三个变量。回归结果显示，职业培训和商业保险变量依然具有统计显著性。在新加入的三个变量中，住房产权和住房周边设施具有统计显著性。具体而言，拥有住房产权的农民工更有可能认为自己是城市的一员，其可能性是没有住房产权农民工的3.94倍。住房周边设施越齐全，农民工越有可能认为自己是城市的一员，每增加一单位，农民工认同自己是城市一员的可能性就增加16.3%。

模型4则是在模型3的基础上加入子女受教育这一变量。我们可以发现，子女在公办学校上学对于农民工的身份认同具有统计显著性，子女在公办学校上学的农民工认同自己是城市一员的可能性是子女在私立学校或在老家上学的农民工的 2.14 倍,可能是因为子女在公办学校上学意味着农民工可以享受和城市居民一样的权利和公共服务,提升了农民工的身份认同。在模型 4 中,职业培训、商业保险、住房产权和住房周边设施仍然具有统计显著性,并且回归系数变化很小,这说明这些变量是影响农民工身份认同的重要因素。

在控制变量方面,只有居住时间在模型 1 和模型 2 中具有统计显著性。其他变量不具有统计显著性。一般而言,居住时间越长,农民工更有可能积累较多的财富并建立新的社会网络,从而有能力在城市中立足。另外,居住时间越长,意味着农民工越能适应城市的文化和生活方式,逐渐习得城市居民的生活习惯,从而认可自己是城市中的一员。

表7—4　　　影响农民工身份认同的二元 Logistic 回归模型

	模型 1		模型 2		模型 3		模型 4	
	β	Exp(β)	β	Exp(β)	β	Exp(β)	β	Exp(β)
男性[a]	-0.084	0.919	-0.075	0.928	0.007	1.007	0.073	1.076
年龄	0.013	1.013	0.008	1.008	0.011	1.011	0.004	1.004
有伴侣[b]	-0.091	0.913	0.006	1.006	0.068	1.070	0.083	1.086
受教育年限	0.043	1.044	0.019	1.019	-0.012	0.989	-0.011	0.989
经济资源与就业								
个人月收入对数	-0.150	0.861	-0.314	0.731	-0.411	0.663	-0.387	0.679
家庭收支状况	0.220	1.246	0.156	1.168	0.250	1.284	0.273	1.313
签订劳动合同[c]	-0.182	0.834	-0.417	0.659	-0.492	0.611	-0.510	0.600
参加职业培训[d]	0.572**	1.772	0.506*	1.659	0.521*	1.683	0.462*	1.588
社会保险								
在城市购买社会保险[e]			0.381	1.463	0.321	01.378	0.262	1.299
购买商业保险[f]			0.769**	2.158	0.547*	1.729	0.490¹	1.632

续表

	模型1		模型2		模型3		模型4	
	β	Exp(β)	β	Exp(β)	β	Exp(β)	β	Exp(β)
住房与环境								
住房产权[g]					1.371**	3.940	1.299**	3.418
住房面积					-0.002	0.998	-0.004	0.996
住房周边设施					0.151*	1.163	0.149*	1.161
教育								
子女在公办学校上学[h]							0.761**	2.140
常数	-1.501	0.223	0.207	1.230	0.066	1.069	0.075	1.078
样本量	1089		992		892		500	
-2LL	619.507		609.166		588.070		579.872	
Nagelkerke R方	0.051		0.079		0.133		0.153	

注：1. *** $p<0.001$，** $p<0.01$，* $p<0.05$，¹$p<0.1$。

2. 参照组：a，女性；b，没有伴侣；c，没签订劳动合同；d，未接受职业培训；e，没有购买城市社会保险；f，没有购买商业保险；g，没有住房产权；h，子女不在公办学校上学。

四 研究结论及讨论

本书探讨了社会经济保障与农民工身份认同之间的关系，主要结论如下：

第一，参加职业培训有利于促进农民工的身份认同。从人力资本的角度而言，参加职业培训是提升人力资本的重要手段，因此参加职业培训可以提高农民工的技术水平，增强他们在劳动力市场的竞争力，从而获得较好的工作，使他们有能力留在城市中。

第二，购买商业保险有助于增加农民工的身份认同。一般而言，能够购买商业保险的农民工经济实力比较强，比其他的农民工更有能力留在城市中。此外，拥有商业保险意味着在遇到困难时多了一份保障，这有助于增强农民工留在城市的信心，从而促进他们的身份认同。

第三,拥有住房产权可以促进农民工的身份认同。相关的实证研究也发现,拥有自己的住房比其他居住方式更能增加身份认同。① 在中国的传统文化中,住房具有重要意义,只有真正拥有自己的住房,才能减少漂泊感,"安居"才能"乐业"。住房对农民工及其家庭来说非常重要,拥有属于自己的住房意味着在城市中拥有立足之地,意味着生活的安稳。② 谢若登③指出,资产具有促进家庭稳定、创造未来取向以及增加个人效能等一系列福利效应。住房作为一种不动产,同样具有这些效应。拥有住房所有权可以使农民工在城市中不断积累自己的财富,积极参与各种社会活动,扩大交际范围,从而逐渐认同本地人的身份,最终融入城市。

第四,住房周围设施越好越有利于农民工的身份认同。住房周围设施越好,在一定程度上反映了农民工可以享受到良好的公共服务,增强他们对城市政府的满意度,较差的居住条件会影响农民工城市生活满意度以及居住的稳定性,这样必定会影响他们的身份认同。另外,周围良好的设施也可以为农民工参与城市的社会生活,建立新的社会网络创造条件,这样也可以增加他们对城市的认同感。

第四,子女在公办学校接受教育可以促进农民工的身份认同。如果农民工子女能够享受到与市民子女同等的受教育机会,一方面这会使农民工不会因为子女无法入学而被迫与子女分离,从而有利于农民工在城市更稳定地居住和生活;另一方面,这也有利于农民工子女获得更优质的教育资源,为实现社会流动提供了保障,这样

---

① 褚荣伟、熊易寒、邹怡:《农民工社会认同的决定因素研究:基于上海的实证分析》,《社会》2014年第4期。

② 张华:《农民工家庭城市融入的制约因素与对策分析》,《经济体制改革》2013年第2期。

③ [美]迈克尔·谢若登:《资产与穷人:一项新的美国福利政策》,高鉴国译,商务印书馆2005年版,第181页。

势必有利于增强农民工的身份认同。

总体而言,虽然并不是所有的变量都具有统计显著性,我们依然可以认为社会经济保障是促进农民工身份认同的重要因素。从理论层面来看,我们可以从市民权的角度进行分析,由于户籍制度的作用,农民工并没有享受到完整的市民权,受到来自各个方面的歧视,不管是参加职业培训、拥有住房产权和良好的居住设施,还是子女可以在公办学校接受教育,这都体现了农民工的市民权不断得到实现,因此这势必可以促进农民工的身份认同。此外,基于社会流动的角度,对于农民工本人或者其子女而言,参加职业培训、拥有良好的居住设施以及子女接受良好的教育是他们实现向上流动的重要途径和手段。从实践层面来看,农民工实现市民化是一个不断发展的过程,不可能一蹴而就,需要我们寻找重要的影响因素,有针对性地对这些影响因素采取措施,本书的结果也为我们如何促进农民工市民化,实现身份认同提供了借鉴。

另外,有两点需要注意。首先,个人收入和家庭收支状况并没有对农民工的身份认同产生影响。一方面,这可能与农民工整体的收入水平较低有关,使研究结果不具有统计显著性;另一方面,这也说明虽然收入是农民工实现市民化的基础,但是在推进农民工市民化的过程中,只是基于经济人的假设,单纯地增加农民工的收入并不能真正实现农民工的身份认同。促进身份认同,实现农民工市民化是一个系统的工程,社会经济保障是实现市民化促进身份认同的基础,我们还需要探讨其他方面的因素,正如王小章指出的,我们在讨论农民工问题时应该超越"生存—经济"叙事模式[①],超出这种预设才能真正解决市民化问题,实现身份认同。

其次,参加城市社会保险对于农民工的身份认同并不具有统计

---

① 王小章:《从"生存"到"承认":公民权视野下的农民工问题》,《社会学研究》2009 年第 1 期。

显著性。从理论上说,当农民工面临工伤、疾病等风险时,城市社会保险可以增加他们应对各种风险的能力,农民工就会倾向留在城市并成为城市居民。但是在本书中并不具有统计显著性,这可能是因为近年来国家加大了对社会保险的改革力度,农村社会保险待遇的提高,减少了城市社会保险的吸引力。这在一定程度上说明社会制度的影响逐渐在变小,但是并不意味着可以忽视制度因素的作用,制度在其他领域仍然扮演着重要角色,比如,目前一些城市对于外来务工人员的子女入学采取积分入学的方法,按照积分的高低来确定是否可以在城市入学,这种政策安排使许多农民工子女无法在城市中获得受教育的机会,农民工不得不将子女送到其他城市或者老家就学,降低了他们对城市的认同感。因此,仍然需要对相关社会制度进行深入改革。

第四节 农民工市民化客观维度的考察

本书为了分析之便,将农民工市民化划分为五个维度,其中心理认同市民化,即农民工的定居意愿和城镇落户意愿属于主观市民化,而另外四个维度则属于客观层面的市民化。在较为详细地考察了农民工的主观市民化状况和身份认同之后,接下来分析市民化的客观维度。苏黛瑞将20世纪80年代和90年代农村流动人口对城市生活的冲击看作对公民权的竞争,由于独特的户籍制度的存在,她给这场竞争的结果下了一个悲观的论调,认为流动人口几乎无法成为真正的公民。[①] 二十多年之后的今天,在经历了一系列户籍制

---

① [美]苏黛瑞:《在中国城市中争取公民权》,王春光、单丽卿译,浙江人民出版社2009年版,第306—319页。

度改革之后，户口对现阶段农民工市民化的阻碍作用是否依旧强劲？在按照城市生活逻辑建立的城市游戏规则中，农民工群体的境遇如何？他们又是怎样以自己的方式来争取公民权的？本节试图从与农民工群体市民化密切相关的几个主要方面，即劳动就业、休闲消费、社会交往和公共服务着手，来对这些问题进行回应。

一 劳动就业

就业是农民工在城市安身立命的根本，通过劳动就业获得劳动报酬也是大多数农民工进入城市的首要目的。然而在多重分割的劳动力市场上，农民工处于最弱势的地位。首先，无论在求职过程还是求职效果上，农民工都与市民相差甚远；其次，城乡结构和地域差异结合在一起，致使农民工受到作为外来人口和农民的双重差别待遇；最后，农民工还受到城市内部产业分割的差别对待，一些公共部门、专业技术部门、政府垄断部门的就业岗位基本与农民工无缘。总之，农民工整体被局限在被分割、被隔离的低水平就业市场上，呈现出在正规部门的劳动密集型企业和各种脏、苦、累、险、低收入职位的"正式就业"以及各类非正式就业并存的局面。[①] 从劳动的构成要素来看，劳动收入、劳动时间和劳动强度构成了抽象劳动的内容，而具体劳动则包括劳动技术、劳动控制和劳动体验等维度，本次访谈也主要从这几个方面了解农民工在城市的劳动就业状况，并在正式就业者和非正式就业者之间进行对比。

（一）工作强度大，休息时间少

在劳动时间和工作强度方面，本次访谈的发现和以前的研究结

---

① 万向东：《农民工非正式就业的进入条件与效果》，《管理世界》2008年第2期。

论无太大差别,即无论是正式就业还是灵活就业的农民工,都普遍存在劳动时间长且工作强度大,这一方面是因为本身的工作性质和企业规定,另一方面则是因为经济压力。

> 没有节假日,在这边反正没休息,除了过年。这边就没有法定节假日,我们就是加班,你有事情该请假请假,该调休调休,没有什么说让你休息那种的。加班有加班费,加班费就按国家规定的来算。上班期间基本上没什么休息,吃完饭就继续工作了。虽然是用机器生产,但我们的工作也不会轻松,机器还是要人来投料的。工作内容每天都是一样的,工作量很大。工伤很频繁,每个部门都有一定的不安全性。防护措施是有,但是有时候被割到被划到,也是没有办法控制的。(访谈对象7,男,台资工厂工人,25岁)

> 开出租车是很辛苦的,会腰肌劳损,还要熬夜,休息不好,厦门有好几个人都死了。(访谈对象5,男,出租车司机,31岁)

如果说受雇于企业的农民工超时工作是由于工作单位的规定,还可能存在强迫性,那么灵活就业或者自己创业的农民工同样选择长时间工作,则体现了经济压力在其中的作用:

> 一周七天都在工作,没给自己休息,休息干吗?休息谁给钱啊。我一天工作17个小时,早晨七点半就起来在家里面开始做,要准备嘛,反正一起来就开始削土豆,要一个多小时,削完了要用刷子一个一个地刷,刷完了再去切,切完了再去煮,也挺费事的,还有老张那里的活儿,因为我们两个是合伙的嘛。平时下午四点出来摆摊。之前还要煮那个粉啊,煮粉要煮好几个小时,煮完要冲水,还要装盒子,一个一个地太麻烦

了。(访谈对象8，女，流动小吃摊主，45岁)

> 早上七点到晚上十二点，都在店里。基本上没事就上班。基本上天天加班，休息就到晚上十二点了。(访谈对象9，男，打印店老板，29岁)

一些正式就业的农民工，按照单位的规定是实行8小时工作制，但是因为工资水平较低，难以支持在城市生活的开销，会选择在工作之余做一些兼职，这看似是在工作—生活之间做出的自主选择，但实际上是对收入状况不佳这一事实的一种无奈回应。

> 我们每月休息四天，打工的都是休息四天，我们是每周工作六天制的，每天上班8个小时。上班时间不多，工资又这么低，一般都会花一些时间再去做其他的兼职工作，不然按正常的工资，2000来块钱是根本没办法生活的。比如你本来是哪个行业的就会再兼职做一点同样的工作，像绿化的啊，其他小区里面需要绿化，就利用休息时间去给人家干活，割一下草啊什么的，一个月多个几百块钱也好，如果没有点兼职的话，这边就养不活了，就是靠挤时间啊，打工的人没有什么星期六星期天啊。下班之后做点什么，或者中午去给人家帮忙，比如给餐饮店送餐啊，方方面面的，做什么的都有，兼职多赚一点。(访谈对象2，男，绿化工人，48岁)

如果单从访谈对象提供的月收入总额来判断，农民工群体在劳动收入上并不明显低于城镇普通居民，如访谈对象7月收入有6000多元，访谈对象8和访谈对象22每月可以挣到七八千元，但这些收入都是通过极力压缩休息时间得到的，是在"多劳多得"的劳动观念支撑下实现的。在高强度、长时间的工作重压之下，农民工群体的工作—生活平衡状况值得更多关注。

（二）劳动体验消极

劳动体验，顾名思义就是因为劳动产生的情感状态。从我们访谈获得的信息来看，农民工群体消极的劳动体验集中在两个方面：一是对工作本身的厌恶和不满，另一个则是因为在劳动过程中体验到了本地人和外地人、城市人和农村人的差别，并由此产生不公平感。前者如访谈对象7所说：

> 不满意肯定是有。一个是管理制度，长年上班没休息。上面的领导不会管这么多，只管生产，要保证生产，有的人为了生活所迫，大半年啊或者连着干三四个月不休息。还有就是品质制度方面，一个轮圈给你，你做坏了，或者哪里不行都要扣钱，差不多每个作业员一个月都有一百多块钱或者几百块钱被扣掉，完全由我们来承担这个质量问题。（访谈对象7，男，台资工厂工人，25岁）

后者牵涉就业歧视问题。就业歧视是农民工就业过程中一个无法回避的话题，所谓农民工就业歧视，指的是因户籍等与职业需求无直接关系的因素，而不能与条件相同或相近的求职者获得平等的就业机会及待遇保障，包括工资、升迁、培训和就业保障等，从而使其平等的就业权受到损害的现象。[①] 正式就业的农民工往往最能直接感受到这种歧视的存在，在我们的访谈中，虽然受访者表示在工资水平、职业培训、工作时间、签订劳动合同等方面与同岗位的本地城市员工相比，明显的不公正现象并不多见，但是在升迁、劳动关联的社会保险等方面还是存在显著差别，这会使受访者产生不公平感。

---

① 冯虹、杨桂宏：《户籍制度与农民工就业歧视辨析》，《人口与经济》2013年第2期。

厂里绝大部分是外地人，但管理层绝大多数是本地人……这个晋升方面本地人和外地人是不一样的，本地人更容易。能升职的要么是有特殊贡献特殊能力的，要么就是关系特别厉害的，其他的你不可能有什么晋升。你做员工做很多年了，你在这个个人学历能力上没什么提升的话，根本不可能晋升。你能力很强，但是怎么说呢，哪个公司都有它的圈子，每个圈子你站得最近的人这个性质对你来说就不一样了。（访谈对象6，男，台资工厂后勤管理人员，46岁）

外地的没有厦门户口的是没有缴公积金的，只有厦门市户口的才有缴公积金，在这上面的话每个月会差一千多块钱。其他保险都会有，就差一个公积金没有，就是户口上面的一个差别。（访谈对象7，男，台资工厂工人，25岁）

我们单位都是累活，厦门人不愿意干，本地人上班的职业相对比较高端。（访谈对象1，男，绿化工人，33岁）

灵活就业的农民工对于就业差异的感受同样明显：

这里哪有本地的商贩，全都是外地的，人家本地的人收收房租就好了呀，干吗要做生意啊，就我们这些人做生意，租人家房子，人家每个月就收房租了，干吗还要干活，干这个又累又脏。（访谈对象8，女，流动小吃摊位，45岁）

随着市场经济的不断发展，由户籍制度带来的直接的就业歧视已有所弱化，但是，户籍分割与部门分割、岗位分割和教育分割等相结合，使得不同户籍的人在就业机会和工资收益等方面的差异具有隐蔽性，工资歧视部分的以部门差异和岗位差异等形式隐藏起来。① 城乡间和地区间的发展水平差异使农民工在就业的起点上处在不利地位，造成农民工群体产生不公平感以及消极的劳动体验。更严重的是，即使没有户籍制度的作用，第二代、第三代农民工也很可能因为在人力资本、社会资本方面的劣势而继续遭遇就业歧视与排斥，城乡分割具有固化的可能性，社会排斥的代际传递性和边缘地位的代际再生产效应展露无遗。如何消除城乡之间的机会差异是真正实现城乡间就业平等的关键。

二 休闲与消费

作为贴近社会现实的社会政策分析学者，应当从人们在日常生活中关注的问题出发，分析人们是如何安排他们的日常生活的，比如工作与休闲、食品、衣服和服务消费等，并由此揭示不平等和分化是如何在日常生活中显现的，以及新的不平等是如何被创造出来的。② 本书拟从消费习惯和休闲生活安排两方面来展示农民工群体的日常生活状况。

（一）"能省则省"的消费观

在消费主义日益盛行的现代社会，人们往往是在消费过程中获得其身份的，这一点对于城市流动人口同样适用。张鹂③曾指出，作为流动人口的一分子，在北京的温州商人未能获得正式的城市公民身份，所以他们必须通过参与城市经济生活来强化其存在感，一

---

① 余向华、陈雪娟：《中国劳动力市场的户籍分割效应及其变迁——工资差异与机会差异双重视角下的实证研究》，《经济研究》2012年第12期。

② 岳经纶、颜学勇：《走向新社会政策：社会变迁、新社会风险与社会政策转型》，《社会科学研究》2014年第2期。

③ ［美］张鹂：《城市里的陌生人：中国流动人口的空间、权力与社会网络的重构》，袁长庚译，江苏人民出版社2013年版，第48页。

个重要的方式就是通过消费实践来定义和证明自己的城市身份，与众不同、高出一般市民水平的消费是他们凸显自己社会地位的手段，通过买东西不仅能在形式上让城市和城市人服务于自己，还能宣示自己像城市人一样的消费者身份，这是一种与"流动人口"完全不同的身份类别。但是温州商人属于流动人口中收入水平较高的一个群体，对于大多数普通农民工来说，"能省则省"是他们日常消费最鲜明的特征之一。已有研究发现，从2007年和2009年开始，第一代、第二代农民工的平均月收入已经超过全国同龄的城镇居民月均收入，并且呈继续增长态势，但他们的消费却没有相应提升[①]，不仅缺乏彰显存在感的炫耀式消费，而且消费项目大多被压缩在维持日常生活最迫切的需求方面，无论是高制度门槛的住房、医疗、社会保险费用，还是低制度门槛的休闲消费，农民工的消费水平都不高。

尽管农民工自己生活以节俭为首要准则，但对于孩子的教育他们却十分重视，子女教育支出也成为农民工家庭主要的消费负担之一。这从一个侧面反映出部分农民工认可教育是一种提升个体社会经济地位的重要途径，值得为之做出必要的投入。

> 就是把别的地方省下来也要把这个方面（孩子上学花费）补上。（访谈对象1，男，绿化工人，33岁）
>
> 勤俭节约也要先保障小孩学习的费用。（访谈对象3，男，物业工作人员，48岁）
>
> 我刚开始买房就买在厦门，2009年就买了。后来因为女儿读书太贵，把房子卖掉了。她艺术学院读不起啊，学费比普通的贵很多倍，一个月一万块钱吧。（访谈对象6，男，台资工

[①] 柳建平、闫鹏鹏：《农民工内部分化的一个分析框架及实证》，《经济体制改革》2015年第5期。

厂后勤管理人员,46岁)

农民工群体相对节俭的消费习惯有时候会被城市居民认为是"小气""抠门",反映在语言上,就会使农民工群体产生一种被歧视感。

> 比如说买菜的时候,我们买菜吧,当然是这个菜越便宜越好,只要质量可以。但当地人就不一样,说你还吃这个。还有生活习惯不一样,我们喜欢吃很辣的东西,他们喜欢吃比较甜的,他们就会说我们,好像觉得我们吃的跟他们比很差一样,好像就是为了饱,很粗鲁一样,有种看不起人的感觉。很明显能感受到,特别是在菜市场这些地方。(访谈对象6,男,台资工厂后勤管理人员,46岁)

在布尔迪厄看来,包括饮食偏好在内的个人所有的文化实践都和行动者所处阶级的惯习相关,并由此形成了特定的消费品位,消费品位在反映区隔的同时,又进一步加强了阶级区分。[①] 在城市社会中存在着一些主导文化的符号、意义和仪式,上至艺术审美,下至穿衣吃饭,这被称为合法品位,反映了支配阶级的美学秉性,缺乏这些资源而表现出不同的行为模式的人会被边缘化,由此文化排斥就产生了。农民工在消费或生活习惯上表现出来的不同于本地人的特点,很容易被贴上"外地人""乡下人"的标签,进而产生文化上的排斥。

(二)匮乏而单一的闲暇生活

充分而合理的闲暇生活是实现人的全面发展的重要条件,闲暇

[①] [法]皮埃尔·布尔迪厄:《区分:判断力的社会批判》(上册),刘晖译,商务印书馆2015年版,第8—11页。

时间安排也是外来人口社会层面城市融入的重要表征,然而对农民工群体而言,劳动是他们生活的主要内容,休闲属于奢侈品。已有研究发现,虽然在城市生活和工作,但农民工群体还保留着在农村的生活方式,闲暇生活单一,休闲层次低[①],而原因则包括工作时间长、收入低、社会网络限制等。[②] 我们访谈的信息也显示农民工群体的闲暇时间普遍很少,且闲暇生活安排贫乏而单调,以消极休闲为主,劳动时间的挤压是重要原因。

>我们主要还是找朋友,聊聊天。(访谈对象1,男,绿化工人,33岁)

>我的生活是三点一线,偶尔休息一天,也基本上都是在家里休息,没有出去。就是看看电视什么的。(访谈对象7,男,台资工厂工人,25岁)

>我没看过电视,也没什么时间上网,广播不听,报纸也不看,所以别人说我什么都不懂。我说我都快累死了,我还去玩这个,我没时间看那个。儿子一个月休两天,休假在家里面,不出门。他也没交到什么朋友,都是炒菜认识的人……刚来的时候有去鼓浪屿,去了一次。厦大有去,是今年夏天七八月份的时候,放假,学生都走了,没什么生意,城管那几天都在抓,地上不让摆摊,那怎么办,就去厦大卖老冰棍。你休息一天不要吃饭啊。(访谈对象8,女,流动小吃摊主,45岁)

除了劳动时间的限制外,经济收入也是影响农民工休闲时间安

---

① 梅建明、熊珊:《基于"四个维度"的农民工市民化实证研究》,《中南民族大学学报》(人文社会科学版)2013年第4期。

② 郭星华、胡文嵩:《闲暇生活与农民工的市民化》,《人口研究》2006年第5期。

排的重要因素,那些工作单位能够提供免费休闲娱乐设施的农民工,其闲暇生活安排相对积极:

> 有空闲的时间就锻炼身体啊,打球,娱乐一下。我们公司有球社,乒乓球、羽毛球、篮球社,各种俱乐部啊,登山社啊,棋牌社啊,很多种,参加的人也很多,工会会拨一些经费。活动有专门的场地,厂里会专门划出一块区域,宿舍楼五楼划出一整层,全部是活动室,蛮大的。(访谈对象6,男,台资工厂后勤管理人员,46岁)。

从访谈资料来看,大多数受访者都将自己闲暇生活现状归因于工作繁忙,空闲时间少,但实际上关于劳动与闲暇生活的研究发现,劳动时间是农民工休闲选择的必要但不充分条件,消极的劳动体验才是导致农民工选择睡觉等消极休闲方式的核心要素。[①] 农民工从事的工作多具有时间长、强度大、技术扁平化、单调重复等特征,这些都可能使他们产生消极的劳动体验,积累不良情绪,在这种情况下,本该发生补偿作用的休闲却无法对流失的劳动意义做出有效保护,消极的劳动体验和不良情绪无法排解,这会对农民工的身心健康造成损害。和消费一样,休闲天生便具有阶层意涵,休闲不平等永远存在。

三 社会交往与社会网络

"社会网络对移民的重要性无论怎么估计都不过分。"[②] 移民社

[①] 栗志强、王毅杰:《农民工劳动与休闲关系研究》,《青年研究》2014年第6期。

[②] [西]华金·阿朗戈:《移民研究的评析》,《国际社会科学杂志》(中文版) 2001年第3期。

会网络是移民与迁出地居民和迁入地居民建立的人际关系的总和，包括依靠亲缘关系、地缘关系建立起来的先赋性网络，以及后致性的移民—居民网络两个主要组成部分。① 个体能够通过社会网络获得自身无法拥有的资源，包括情感支持、实际支持和交往支持等，这些资源能够帮助行动者有效应对生活中的风险，顺利渡过困境。同时作为重要的社会资本来源，它能帮助移民获得工作机会、廉价劳动力、低息贷款等各种资源，实现自身社会经济地位的提高。② 20世纪90年代的研究发现，农民工群体因为流动产生的社会生活场所的变化并没有从根本上改变他们以血缘、亲缘、地缘关系为纽带的社会网络边界，而且这种对血缘、地缘的依赖，是农民工群体在刚性结构安排下出于节约成本考虑的理性选择③，相对地，农民工在务工城市建立起来的移民—居民网络则没有那么发达。那么当代农民工群体的社会网络特征是否发生了明显变化呢？

(一) 社交网络先赋性特征明显

在被问及日常生活中与谁互动交流比较多时，绝大多数受访者都回答除家人之外，主要和老乡交往较多，其次是同事，而且同事基本上也都同为外地人。

> 肯定老乡交往比较多啦。（访谈对象1，男，绿化工人，33岁）
>
> 老乡啦，还有朋友啦。（访谈对象3，男，物业工作人员，48岁）

---

① 悦中山、李树茁、靳小怡等：《从"先赋"到"后致"：农民工的社会网络与社会融合》，《社会》2011年第6期。

② 转引自赵延东、王奋宇《城乡流动人口的经济地位获得及决定因素》，《中国人口科学》2002年第4期。

③ 李培林：《流动民工的社会网络和社会地位》，《社会学研究》1996年第4期。

> 跟老乡同事交往多一些。（访谈对象 6，男，台资工厂后勤管理人员，46 岁）

> 经常往来的是同事老乡，老乡比较多。（访谈对象 7，男，台资工厂工人，25 岁）

而且在某些特定职业类别内，如出租车司机，同事和老乡身份是重合的，地缘和业缘的作用难以明确区分。

> 在这边我的老乡很多，开出租车的百分之七八十都是河南人，我们经常会组织一些活动，经常聚在一起吃饭。比如我上夜班，经常就是微信、电话联系一下，就聚到一起吃饭聊天什么的。这几年收入不行了，所以差不多一个星期聚一次吧，前几年收入比较好的时候，基本上隔一天就会聚一次，每个人花个几十块钱，吃吃饭什么的。（访谈对象 5，男，出租车司机，31 岁）

在"遇到困难向谁求助"这个问题上，血缘、亲缘关系的作用更加凸显，外来人口寻找关系的顺序基本上是家庭、亲戚、朋友和熟人[①]，也就是一个从强关系扩展到弱关系的过程，访谈资料与量化分析结果高度吻合：

> 平常在生活中遇到困难，比如周转不开什么的，一般会找兄弟姐妹，这是最可靠的。（访谈对象 6，男，台资工厂后勤管理人员，46 岁）

> 平常如果有事情需要帮忙，金钱方面的话找亲戚比较多。

---

① 刘林平：《外来人群体中的关系运用——以深圳"平江村"为个案》，《中国社会科学》2001 年第 5 期。

(访谈对象7，男，台资工厂工人，25岁)

农民工在城市社会建立的以初级群体为基础的社会网络具有双重功能，一方面能够提供精神和物质支持，防止其快速沦为城市化的失败者，如在深圳从事运输业的平江人，由于在深圳缺乏本土性社会资源，加之从事行业的高风险性，往往以群体的形式生存和发展[1]；另一方面却强化了农民工群体的亚社会文化环境，不利于形成对城市社会的认同，阻碍真正市民化的实现。[2] 而且这种建立在农民工群体内部的社会网络虽然类似于传统的互惠的、相互信任的、能够承担风险和困难的保护性关系，但是源于乡土社会的那种功能实质上已经解构，顶多只能算是一种乡土社会的"仿制品"[3]；而因为职业相似性建立起来的社会网络也难以发展出一种基于行业或职业利益的新的社区组织，人与人之间多是一种临时的接触关系，这些都在一定程度上影响了农民工融入城市社会的广度。

(二) 与当地居民交往有限

研究发现，农民工群体在城市社会关系网络建构过程中遭遇到了排斥，这种排斥的形成机制源于一种空间策略、一种污名化的叙事和话语系统、一种对社会资源垄断的偏好，以及一种社会距离的自觉生成[4]，经由这些过程，农民工被局限在一个"自愿性的隔离区"内，与主流社会联系和交往的机会很少，更直观的说法就是与本地居民交往有限且处于较浅层次。事实上，近年来农民工群体与

---

[1] 刘林平：《外来人群体中的关系运用——以深圳"平江村"为个案》，《中国社会科学》2001年第5期。

[2] 朱力：《准市民的身份定位》，《南京大学学报》（哲学·人文科学·社会科学版）2000年第6期。

[3] 潘泽泉：《社会网排斥与发展困境：基于流动农民工的经验研究——一项弱势群体能否共享社会发展成果问题的研究》，《浙江社会科学》2007年第2期。

[4] 同上。

流入地居民之间的社会距离呈现增大状态，对城市居民生活的主动介入程度有所减弱，并且感觉与城市生活和城市居民之间的关系日趋隔离。① 有学者指出，无论是在农民工占绝对数量优势的"单体同质型"社区，还是在农民工与市民混合居住的"多体异质型"社区，农民工与本地居民的融合迹象都不明显。② 本书通过访谈也发现，大多数受访者和本地居民的交往十分有限。造成这一低度交往结果的原因是多方面的：

> 风俗习惯不同，他闽南人、厦门人不喜欢你到他们家，不像我们客家人。（访谈对象2，男，绿化工人，48岁）
>
> 本地人很难接触，本地人对外地人态度还算可以，但是在他们谈话或者言谈举止方面，好像有一点觉得自己高高在上的感觉。这种情况最明显是在上海，因为我们在上海有一个厂，我也在那边待过。没想过和本地人发展出更好的关系，无所谓，他们看不起我我还看不起他们呢，大家都是平等的，我又不求你什么，没有必要委曲求全。（访谈对象6，男，台资工厂后勤管理人员，46岁）

也可能是因为地理位置和职业分类的原因，周边都是以外地人为主：

> 我们交往圈子主要是同事和老乡，外省人是我们同事，厦门人很少干我们这种活。（访谈对象3，男，物业工作人员，

---

① 郭星华、储卉娟：《从乡村到都市：融入与隔离——关于民工与城市居民社会距离的实证研究》，《江海学刊》2004年第3期。
② 江立华、谷玉良：《居住空间类型与农民工的城市融合途径——基于空间视角的探讨》，《社会科学研究》2013年第6期。

48岁）

> 我住在×村里面，基本上就只有一个房东是本地人，其他都是房客，住的百分之九十五都是外地的。一个村子基本上都住满了，都是周边工厂里面的员工。整个村里面都是租房子的，都是外来人员居住的。（访谈对象7，男，台资工厂工人，25岁）

或者是因为工作忙碌，缺乏与当地居民建立深层关系的时间与精力：

> 基本上和本地人没什么交流，感觉这边除非那种打牌赌博的会跟本地人交往，一般跟他们交往的都很少，一般都上班下班，没什么时间。（访谈对象7，男，台资工厂工人，25岁）

苏黛瑞指出，流动人口会进入三类劳动力市场，即国家管理的正式市场、亲缘关系引导的非正式、非国家市场，以及几乎没有管理的匿名市场，相应地会产生三类关系网模式，分别是与国家的关系网、与同乡的关系网以及没有任何关系网，并最终在城市居民的公民身份层级上造成分化。[1] 多数受访者都表示自己在流入地的主要交往对象是老乡及部分同事，这样的社会关系网特征被学者们表述为"规模小、紧密度高、趋同性强、异质性低"[2]，但即便如此，相对于那些在务工地几乎没有建立或融入任何社会网络的农民工而言，这种网络能够提供的支持已难能可贵。那些几乎被隔绝于任何社会网络之外的个体，在务工地更是处于一种极端孤独的境地，如

---

[1] ［美］苏黛瑞：《在中国城市中争取公民权》，王春光、单丽卿译，浙江人民出版社2009年版，第261—263页。

[2] 王毅杰、童星：《流动农民社会支持网探析》，《社会学研究》2004年第2期。

访谈对象 8:

> 跟老乡没什么交往,没老乡,谁也不认识……也没交到什么本地朋友,稍微熟一点的本地人就是房东了。租他房的都是外地人啊,哪有本地人租他房子的……没有什么邻居啊,有谁啊,我们院子里就住着一个漳州人,孩子在这边上学。(访谈对象 8,女,流动小吃摊主,45 岁)

社会网排斥体现了社会排斥的关系面向,即个人或者群体被排斥出其他个人、群体甚至整个社会,这体现在被排斥者交往对象的规模、社会网络的密度和分布、经由社会网能够获得的支持,以及是否为当地的社会网络所接纳。一些结构性的过程会通过设置障碍来阻碍特定群体获得对其实现社会潜能极其重要的社会关系[1],这种社会网排斥使农民工在城市发展中陷入困境。[2] 此外,农民工群体的社会网排斥不仅受到风俗习惯差异、居住分隔、精力有限等原因的影响,即劳动力市场排斥、居住空间排斥、文化排斥等会作用于社会网排斥,反过来,社会网排斥也会进一步加剧其他层面的排斥。

四 住房与公共服务

农民工群体一般被视为城市公共产品的边缘人,公共服务获得

---

[1] Percy Smith, J., Introduction: The Contours of Social Exclusion, In Janie Percy-Smith J. (ed.), *Policy Responses to Social Exclusion*, Buckingham: Open University Press, 2000, pp. 1 – 21.

[2] 潘泽泉:《社会网排斥与发展困境:基于流动农民工的经验研究——一项弱势群体能否共享社会发展成果问题的研究》,《浙江社会科学》2007 年第 2 期。

总体不足，离"同城待遇"更是相距甚远。据调查，农民工的公共服务需求排在前三位的分别是就业、住房和社会保险，此外，相当多的已婚已育者将子女教育放置在极为重要的地位。[1] 本书从居住空间、社区服务、社会保险和随迁子女教育四个方面展示农民工享受公共服务的状态。

（一）居住空间隔离严重

有关农民工住房问题的研究认为，农民工在城市的生活表现出居住边缘化和生活孤岛化的特征[2]，近年来这一群体的住房条件有所改善，虽然仍以租赁私有房屋和寄住宿舍、工棚为主，但生活基础设施和住所周边环境整体良好。[3] 本书发现与已有研究基本一致，即虽然住房条件本身有所提升，但居住隔离仍旧明显，空间排斥问题比较严重。空间排斥是社会排斥的一个重要面向，是指在一个城市或地区的邻里或地带内部被排斥及其带来的对个人的限制[4]，弱势人群聚集会造成整个聚集区弱势，由此带来地方公共服务退却、环境持续恶化、基础设施落后、污名化等问题。

> 我是自己租房，就住在工厂附近，加阳台一起五六十平方米吧，我们一家三口住，公司也给分房，有宿舍，但是我没住。公司宿舍员工是四五个人一间，普通员工宿舍条件还可以，有热水、有洗澡的，有卫生间，有厨房，都有，一个房间

---

[1] 徐增阳：《农民工的公共服务获得机制与"同城待遇"：对中山市积分制的调查与思考》，《经济社会体制比较》2011年第5期。

[2] 王春光：《农村流动人口的"半城市化"问题研究》，《社会学研究》2006年第5期。

[3] 王桂新、沈建法、刘建波：《中国城市农民工市民化研究：以上海为例》，《城市学研究》2011年第1辑。

[4] 转引自陈树强《社会排斥：对社会弱势群体的重新概念化》，中国社会学网，2005年。

> 一个月 150 元，五个人平摊，水电费自己交。我租的房子房租也不贵，才 500 块，两房一厅……周边生活设施也还可以，医院就不说了，有小诊所，交通也比较便利……我们这边是属于灌南工业区管理，一般的社区服务是感受不到，工业区里是没有这些的。(访谈对象 6，男，台资工厂后勤管理人员，46 岁)

城市社会的空间隔离策略，既可能源于城市发展逻辑和城市支配性的利益需要，也可能是为了维护一种本体性安全，抑或是二者的结合，无论其出发点是什么，结果都是占据优势的局内人采取各种社会封闭策略以维持与他人之间的距离，而那些被排斥在特定空间之外的人则成为局外人，局内人和局外人之间的差别经常清晰可见。空间排斥实际上是对农民工平等公民身份的否认，进而产生社会网络排斥、公共服务排斥等一系列后果，确实应当从更复杂的日常实践和社会变迁中去理解当代中国的"空间—权力"关系。①

农民工聚居区往往存在着卫生较差、管理涣散、治安混乱等问题，从而给外界留下脏、乱、差的印象，长久以来，社会上都流传着"外来人口越多，违法犯罪率越高"的看法，尽管众多研究表明，这一判断是经不起数据检验的，但这种观点的盛行从侧面反映出人们对农民工及其聚居区的偏见。在农民工与普通市民的聚居区本来就存在空间隔离的情况下，社会差异所造成的隐形边界所产生的隔离效应甚至比客观存在的物理边界更强，并在农民工和市民的心理层面造成社交障碍。② 为了应对这一问题，需要对农民工聚居的社区进行增能，而增能的对象既包括社区，也包括农民工自身。

---

① [美] 张鹂：《城市里的陌生人：中国流动人口的空间、权力与社会网络的重构》，袁长庚译，江苏人民出版社 2013 年版，第 214 页。
② 江立华、谷玉良：《居住空间类型与农民工的城市融合途径——基于空间视角的探讨》，《社会科学研究》2013 年第 6 期。

（二）社区服务缺位

社区公共服务缺位是农民工群体普遍遭遇的一个问题，已有研究发现，现有的社区服务并未覆盖到农民工，他们缺少正式的和可及的社区服务。社区服务体系整体滞后于经济社会发展，无法完全满足本地居民的需求，面对移民的融入需求更是束手无策。① 在本课题组的调查过程中，受访者被问及有关社区服务的问题时，多半会流露出诸多无奈：

> 社区中本地人和外地人完全不同，他们有什么活动我们也完全不知情，也跟我们完全没有关系。（访谈对象20，男，流动水果摊摊主，33岁）
>
> 跟社区完全没交流。（访谈对象23，男，会计，28岁）

造成农民工群体社区服务缺位的原因是多方面的。首先是社区资源本身的有限性。这也是造成农民工在社区服务中处于不利地位，以及社区服务缺乏普惠性的根本原因。其次是社区工作人员及居民的观念问题。在社区人力物力等资源有限的情况下，无论是社区工作人员还是本地居民都天然地认为应当首先满足本地居民的需求，如有富余再考虑外来人口。最后是社区重管理轻服务的工作模式。社区在办理暂住证等方面确实给农民工提供了很多便利，但总体而言，社区日常还是更侧重于登记、收费、计生管理等工作内容，尚未建立起较为完备的服务导向的工作模式。这些现象说明，是否获得务工城市户籍对于农民工社区服务的获得状况影响深远，那些最初是农民工、但成功实现了市民化的访谈对象与依然是农民工的访谈对象之间的处境对比，为我们提供了例证。下面这位被访

---

① 刘建娥：《乡—城移民社会融入的实践策略研究》，《社会》2010年第1期。

者是一位获得了厦门市户籍的人：

> 我因为退休了，所以获得户口前后在经济上感觉差别不大，但是社区对我们老年人很关心，我感觉我们社区很不错，我感到厦门现在对老年人的健康很关心，每年都有一次到两次免费体检，有糖尿病或者高血压的，一个星期至少有一次电话跟进，像我是高血压，社区就会有个健康管理师……户口迁到这里第一年以后，社区对我们关心啊，历历在目，我有时候接到陌生电话，一看是社区居委会的，社区打来的，养老中心打来的，短信发来的，都是问候，问你怎么样啊，健康保健师是谁啊，要过来体检啊，我今天就是从社区体检回来的，都很热情。早上去体检，中午就是本地一日游，把我们组织在一起，让你有归宿感，觉得自己现在也是厦门人啦。我们老家就没有这些，绝对没有的。（访谈对象4，男，已获得厦门户口，66岁）

社区服务不足主要体现在四个方面：一是缺乏儿童照顾及教育服务。近年来，很多城市社区纷纷推行"四点半学堂"等服务，帮助双职工家庭解决孩子放学与父母下班之间这段时间的子女照顾问题，外来人口也能从中获益，然而受客观条件限制，能够进入"四点半学堂"的农民工子女始终数量有限，还有大量未成年子女要么独自在家，要么到父母经营的小摊小店前做作业、看电视，或者就在外面游荡。二是缺乏政策咨询服务。积分落户、积分入学、社会保险办理等都属于比较复杂的事务，对于一些文化程度较低或者年龄较大的农民工来说，是一个不小的挑战，但与此同时，这些事务又直接关系到他们的切身利益，对此社区尚缺乏充分有效的政策咨询服务。三是缺乏就业服务和职业技能服务。根据我国的失业率统计口径，农村劳动力是不被包括在登记失业率内的，因此城市社区的再就业服务鲜有照顾到农民工，也缺乏能够提升农民工在劳动市场竞争力的职业技能培训。四是缺乏发展性、娱乐性服务。子女照顾、政策咨询、就业服务方面的需求大致可以归为生存需要，这些需要尚未满足的情况下，农民工的发展性、娱乐性服务需求被忽视也是司空见惯之事，例如未能给农民工提供社区参与渠道、社区活动不对农民工开放等。

同样的，在遇到困难向谁求助这个问题上，农民工群体也有诸多无奈。亲友会成为农民工遇到困难时的首选求助对象，既有文化传统的影响，也可能是社区无法满足农民工的诉求：

> 外地人求助也没什么用的，本地人求助它是会（管的）……本地人有名额的，我是听房东说，一般困难户基本上是上面都有记录，什么什么情况，他们是一清二楚的，而且如果发生什么意外的话他们都能够申请。我们怎么样呢，你碰到了什么小问题你自己处理，大问题就是花钱。所以我们还是指望一点老家。老家就不一样，毕竟我们是户口在老家，政策方面就是人人平等。在这边就是外地人怎么样本地人怎么样（意即两种待遇）。（访谈对象14，女，家政阿姨，50岁左右）

> 我来这里十多年了，还没听说身边人受到社区帮助，也没有人去找社区帮助，因为社区根本不会理会这些事情。没有人尝试过。（访谈对象20，男，流动水果摊摊主，33岁）

随着新生代农民工逐渐成为农民工的中坚力量，农民工已经从早期的季节性、临时性流动向长期性甚至永久性流动转变，经济诉求也不再是农民工进城的唯一目的，实现对城市社会的融入日益成为他们追求的目标。社区可以也应该成为农民工融入城市的重要平台，确保农民工在社区服务获得、社区参与等方面逐步获得平等待遇。

(三) 社会保险参与呈现分化

农民工群体既是社会保险的参与主体,也是受益者,因为社会保险具有就业关联的特性,所以社会保险的参与状况不仅与农民工个体相关,还和企业密切相连,可以说企业在很大程度上决定了农民工是否享有社会保险以及能够获得的险种的多少。企业的规模和性质都会对农民工社会保险状况产生影响,总体而言,企业规模越大,员工的社会保障状况越好,而且港澳台投资或合资企业以及外资投资或合资企业的农民工拥有的社会保险种类更多。[①] 我们通过访谈发现,在规模较大的台资工厂工作的农民工(如访谈对象6、访谈对象7),其社会保险状况明显优于其他农民工群体,虽然与本地户籍人口相比还存在着一定差别,但基本的保险项目能够覆盖。

> 保险是企业给买的,我们没有五险,企业给的是三险。(访谈对象2,男,绿化工人,48岁)
>
> 我们公司现在给的是五险,就是公积金是差别对待的,没有住房公积金。(访谈对象6,男,台资工厂后勤管理人员,46岁)
>
> 公司好像是给买了医疗保险,其他的就没有了。(访谈对象29,男,保安,50岁)

除正规劳动力市场之外,还有大量农民工处于灵活就业状态,他们几乎被完全排斥在城镇社会保险体系之外,而购买商业保险对他们来说又是一笔太过奢侈的消费,因此这类人群基本处在一种不受任何险种保障的状态。

[①] 朱力、吴炜:《农民工的社会保险状况与影响因素分析——基于江苏省调查数据》,《学海》2012年第2期。

> 老家有农村合作医疗,其他的就没有了,你还想买保险,买保险又要花钱,你要一个月一个月掏钱,哪有那么多的钱。你想着孩子现在要结婚要花钱哪,你立马掏那么多钱哪有啊。
>
> (访谈对象8,女,流动小吃摊主,45岁)

进入21世纪以来,随着一系列农民工新政的推行,农民工群体的社会保险参与水平有了显著的提高,但大量灵活就业的存在是城市社会保险扩大覆盖面遭遇的难题。《社会保险法》等国家法律虽已明确规定灵活就业人员可以参加基本养老保险和职工基本医疗保险,但是地方政府在制定配套政策时,往往将农民工排除在外,规定只有具有本市户籍的灵活就业人员才能参加。[①] 在我国,灵活就业已成为一种重要的就业方式,在缓解就业方面发挥着重要功能,在短时期内无法被取代,因此,迫切需要设计出更合理的、将灵活就业人员考虑在内的农民工社会保险制度,减轻农民工市民化道路上的障碍。

(四) 随迁子女教育权益有所改善

农民工随迁子女的受教育权问题一直广受关注,因为这事关农民工子女社会经济地位的提升及农民工作为一个整体的弱势地位的改变,具有深远的意义。在受教育方面受到的排斥往往造成农民工群体的边缘化地位呈现出代际再生产的特性,因为无法享受平等的受教育权利,农民工子女在人力资本、社会资本积累以及亚群体文化传播方面都处于劣势地位[②],这都不利于市民化的顺利实现。正因为如此,解决农民工随迁子女的入学问题成为各地推进农民工市

[①] 高文书、高梅:《城镇灵活就业农民工社会保险问题研究》,《华中师范大学学报》(人文社会科学版) 2015年第3期。

[②] 江立华、胡杰成:《社会排斥与农民工地位的边缘化》,《华中科技大学学报》(社会科学版) 2006年第6期。

民化工作的重要着力点。厦门市政府相继颁布《厦门市人民政府关于进一步做好进城务工人员随迁子女义务教育工作的通知》《厦门市进城务工人员随迁子女小学积分入学办法指导意见》等政策文件，采用积分入学、电脑派位的方法，力求保障随迁子女平等受教育权利的实现。从访谈信息来看，农民工子女的受教育问题稍微有所缓解。

> 公立学校要派位，暂住证、医保、社保什么的都齐全了，就可以跟本地的小孩一样申请公立学校，积分派位。如果你是按照教育局参加派位的，那你民办的也是不用钱，也是一样不要学杂费的。但是，多少也会是有一点点差异的。公办的拨款比较多，民办拨款比较少，一些费用我们自己出，公办的他就不要，不过费用也都在接受范围内。借读费不要了，早都不要了，2008年就不要了。教育质量的话要看是在哪个小学，像我孩子在的那个学校还不错，老师有的比那个公办的还抓得更严。（访谈对象2，男，绿化工人，48岁）

而在数年前，如何让子女在务工地顺利接受教育是困扰农民工的一个大问题：

> 当初没把女儿带到厦门读书，是因为厦门的费用太高，公办学校根本进不去。现在好一点，以前根本不可能。要厦门户口，而且还要什么社区的证明，很多很多，门槛太高，你根本没办法。（访谈对象6，男，台资工厂后勤管理人员，46岁）

农民工公共服务均等化是满足农民工不断增长的公共服务需求、实现农民工市民化、解决农民工问题的基本原则、普遍标准和行动框架，其内容涵盖就业信息服务、就业技能培训服务、劳资关系服务、社会保障服务、住房、婚恋、计划生育和子女教育的生活服务、休闲娱乐的文化服务，以及土地流转、创业发展的金融服务等，要真正实现公共服务的均等化，就需要从这些具体维度着手采取现实措施。

本章通过混合资料分析，进一步深化并支撑了第四、第五、第六章分析的内容，本书发现，尽管随着社会发展和国家各类农民工相关政策的出台，针对农民工的社会排斥在形式上已发生改变，但其本质都是对农民工群体平等公民权的否定。张鹂曾用"城市里的陌生人"来形容北京城的外来务工者，到了今天我们发现农民工仍旧是城市社会熟悉的陌生人。同时，本书将农民工群体的市民化境遇置于"个人发展—社会发展"以及"生活世界—系统世界"这两对紧张关系之中，发现宏观的社会变迁对农民工个体发展具有强有力的支配作用，而个体能动性的反作用力极为有限；此外，农民工的系统世界和生活世界严重分割，前者越来越深入地入侵后者。这一研究发现具有深刻的政策内涵，即需要建构一套具有包容性的农民工市民化政策体系以对抗社会排斥，至少保证农民工在融入城市机会上的平等与公正。这样一种包容性的社会政策应当能够有效帮助农民工克服"个人发展—社会发展"以及"生活世界—系统世界"这两对关系中存在的不良的互动模式，同时还要具有可操作性。

第八章　有序推进农民工市民化的对策与建议

无论是对农民工市民化进程的定量测算,还是对市民化影响因素的建模分析,抑或是对市民化过程的定性解读,都是为了回应第一章所提出的推进农民工有序实现市民化的需要,因此本章将重心放到农民工市民化的包容性社会政策构想上,探讨包容性社会政策架构的要点,以及社会质量、社区公民身份和社会弹性理论为构建农民工市民化的包容性社会政策带来的启发。

第一节　农民工市民化的政策构想

新型城镇化背景下农民工有序市民化目标的实现离不开科学合理的农民工市民化政策的支撑,农民工市民化政策,指的是政府在城市化进程中为促进农业转移人口市民化而提出的具体措施及制定的行为准则,其基本功能是引导各种社会力量和资源为实现城市化和市民化目标而努力。① 有学者尖锐地指出,国家调整农民工市民化政策的过程就是一个社会排斥的过程,也是一个结构性不平等的再生产过程,农民工社会政策实践的逻辑就是一个从社会结构层面

---

① 王竹林、吕俊涛:《农民工市民化政策演进的实质和路径选择》,《农业经济与管理》2014年第4期。

不断对农民工予以社会排斥和社会隔离的过程，而社会排斥和社会隔离的过程也是结构性不平等的再生产过程。① 面对这一现状，需要我们引入包容性的社会政策架构，以切断社会排斥与结构性不平等之间相互强化的关系。

一 包容性社会政策的基本要义

所谓包容性社会政策，顾名思义，就是以包容性社会发展为理念，减轻社会排斥、促进社会包容的社会政策，所以包容性的社会政策体系都应该能够彰显出包容性社会发展观的核心论点，即要把社会成员看作平等的主体，通过减少机会不平等，来促进社会公平与经济社会发展成果的共享性。② 相应的政策构想包括发展大型的公共服务、推动公民的民主参与、保障个体参与交换的自由、确保司法制度的独立，以及建立和完善安全网，为处于困境中的个体提供帮助等。③

自 2005 年开始，我国学者开始包容性社会政策的学术探讨，为包容性社会政策的发展提供本土化的理论支撑。杜志雄等认为包容性发展理念具有经济增长、权利获得、机会平等和福利普惠四个基本要义，相应地在宏观政策上要求政府加强人力资本投资，以使民众获得高质量的人力资本价值公平；确保制度设计与政策制定的公平性，以便民众获得高质量的市场竞争环境公平；建立健全社会

---

① 潘泽泉：《中国农民工社会政策调整的实践逻辑——秩序理性、结构性不平等与政策转型》，《经济社会体制比较》2011 年第 5 期。

② Ali, I. & Juzhong Zhuang, Inclusive Growth toward a Prosperous Asia: Policy Implications, *ERD Working Paper Series* No. 97, 2007.

③ Didry C.：《"共和构想"是社会包容性政策的核心思想》，《社会科学》2012年第 1 期。

保障体系，使民众获得与经济增长相适应的高水平的社会保障[①]；向德平指出，包容性社会发展理念对于社会政策的启发在于追求公平正义、注重协调发展、强调权利保障和重视能力建设四个方面[②]；文军认为，随着中国社会从总体性社会转变为个体化社会，传统的社会政策遭到挑战，必须进行包容性社会政策的构建，个体化社会中的包容性社会政策建构应该努力关注更多不同群体的利益、重视对弱势群体的赋权以及大力发展社会工作事业。[③] 总体而言，在理念支撑上，包容性社会政策强调平等承认与尊重；在主体建设上，强调对底层群体和弱势群体的赋权；在政策建构的行动规则上，强调多元主体的平等参与；在建构路径上，支持对话与协商。[④] 学者们的论述为处于转型期的我国的社会政策建设提供了有益启发。

二 我国的包容性社会政策实践

自前国家主席胡锦涛于 2009 年、2010 年相继在亚太经合组织相关会议上提出要"倡导包容性增长""让经济全球化成果惠及所有国家、地区，惠及所有人民，在可持续发展中实现经济社会协调发展"以来，包容性社会发展思想已逐步成为指导顶层政策设计的重要理念。十八大报告指出，必须坚持维护社会公平正义，保证人民平等参与、平等发展的权利；必须坚持走共同富裕道路，使发展

[①] 杜志雄、肖卫东、詹琳：《包容性增长理论的脉络、要义与政策内涵》，《中国农村经济》2010 年第 11 期。

[②] 向德平：《包容性发展理念对中国社会政策建构的启示》，《社会科学》2012 年第 1 期。

[③] 文军：《"被市民化"及其问题——对城郊农民市民化的再反思》，《华东师范大学学报》（哲学社会科学版）2012 年第 4 期。

[④] 向玉琼：《社会正义的实现：从"排斥"走向包容性政策》，《南京农业大学学报》（社会科学版）2012 年第 4 期。

成果更多更公平惠及全体人民；必须最大限度地增加社会和谐因素，确保人民安居乐业、社会安定有序、国家长治久安；必须健全基本公共服务体系，加强和创新社会管理，推动社会主义和谐社会建设。顶层政策设计中对于"公平正义""平等参与""平等发展""共同富裕""和谐"等目标的诉求均体现了包容性社会发展的核心价值；十八届三中全会报告提出坚持和完善基本经济制度、健全城乡发展一体化体制机制、推进法治中国建设、推进社会事业改革创新等要求都能够为包容性社会发展制度的形成提供有利条件；2014年7月29日的中共中央政治局会议更是明确提出必须坚持发展是党执政兴国的第一要务，而发展"必须是遵循社会规律的包容性发展"，这是我国第一次将包容性社会发展理念写入顶层政策设计。

由此可见，包容性社会发展理念已经在顶层政策设计层次得到了重视和贯彻，但是在具体的政策设计上，由于生产主义社会政策理念依旧盛行，大多数国家的政策设计还停留在为"经济增长"注入"包容性"这一层次[1]，如欧洲2020发展战略，这说明强调经济增长的包容性增长概念已深入人心，但包容性发展，尤其是包容性社会发展的理念尚未得到充分重视，在我国情况更是如此，这有待于政策学者推出并推动实践一个全面具体的包容性社会发展战略。

三 以包容性发展审视市民化政策

按照政策目标的不同，可以将我国农民工市民化政策变迁过程划分为三个阶段，第一个阶段是从1958年《中华人民共和国户口登记条例》颁布到2000年，可以称为流动控制模式的政策阶段；

---

[1] 葛道顺：《包容性社会发展：从理念到政策》，《社会发展研究》2014年第3期。

第二个阶段是从 2000 年《关于做好农村富余劳动力流动就业工作的意见》《关于促进小城镇健康发展的若干意见》等政策文件的出台到 2010 年，可以称为生存保护模式的政策阶段；第三个阶段是从 2010 年发布《中共中央国务院关于加大统筹城乡发展力度进一步夯实农业农村发展基础的若干意见》至今，可以称为发展促进模式的政策阶段。① 从这一演变趋势来看，农民工市民化政策无疑是朝着提升农民工价值和尊严的方向发展的，但是，如果以包容性社会发展观来审视现阶段的相关政策，还是存在着很多有待进一步提升之处。

以包容性社会发展观审视农民工市民化政策，就是要把农民工在经济社会发展过程中是否实现了对发展成果的共享、主体地位是否得以提升作为评价依据来评估社会政策。② 简要梳理农民工市民化领域的相关政策，可以看出无论是在政策所秉持的价值观、政策的目的和目标，还是政策建构路径方面，都存在着一些和包容性社会发展理念不一致的地方。

在政策的价值观上，缺乏对农民工平等权利的承认与尊重。农民工最终能否市民化与是否给他们平等的市民化机会是两个问题，后者不一定能保证前者的实现，但后者是前者的基本前提。从就业、住房到社会保险、子女教育，农民工已经开始享受到一些权利，但是与城镇居民相比，仍然是不均等的。比如在就业政策方面，城镇登记失业率就没有把农民工统计在内，而只有登记为城镇失业人员，才有机会获得相应的失业救济与补助。再如社会保险，农民工虽然也可以参与一些社会保险项目，但是无论在保障水平还

---

① 喻名峰、廖文：《城市化进程中农民工社会政策的变迁与建构逻辑》，《湖南社会科学》2012 年第 4 期。
② 潘泽泉：《国家调整农民工政策的过程分析：理论判断与政策思路》，《理论与改革》2008 年第 5 期。

是覆盖范围方面，都与本地城镇居民相差甚远。

社会政策的目的和目标是两个不同的概念，目的是在一定的人力和社会条件下对理想品质的一种一般化的或抽象的陈述，而目标则是关于可见结果的具体的、可操作化的论述。[①] 我们的农民工市民化政策多把农民工视为一种负担，相应的政策目的就在于化解当前的矛盾和冲突，缺乏对农民工真正实现市民化的关怀，也忽视了对农民工实现市民化的能力建设。如《国务院关于解决城市低收入家庭住房困难的若干意见》提出要"集中建设向农民工出租的集体宿舍"，这对于满足低收入农民工的居住需求是很有必要的，却忽视了混合居住对于农民工城市融入的重要作用，不利于其进一步的市民化。无论是政策未能涵盖农民工，还是政策没有落实好，一个重要的原因就是政策的出台都不是以农民工市民化为最终目的。[②] 在政策的目标上，缺乏明确具体、操作性强的关于目标群体和绩效标准的陈述，政策落实情况主要取决于地方领导人的重视程度。以城镇灵活就业农民工的社会保险问题为例，2011年7月1日起实施的《社会保险法》虽然规定灵活就业人员可以参加基本养老保险和职工基本医疗保险，但是对于"灵活就业人员"的范围没有进行清晰界定，没有明确指出是城镇户籍的灵活就业人员还是灵活就业的农民工，这导致一些地方在制定配套政策时，都把农民工排除在外。

在政策的建构路径上，缺乏对农民工作为政策主体平等参与政策过程的地位的肯定，没有将农民工的真正诉求和声音反映到政策

---

① Chambers, D. E. & Wedel, K. R., *Social Policy and Social Programs: A Method for the Practical Public Policy Analyst* (5th Edition), Pearson: Allyn and Bacon, 2008, p. 65.

② 王春光：《中国社会政策调整与农民工城市融入》，《探索与争鸣》2011年第5期。

规定中来。农民工对与自身密切相关的社会政策的讨价还价能力的缺失,导致他们的城市生活处境只能得到一定程度的改善,但无法真正市民化。

有关农民工市民化政策的社会效果评估研究指出,国家的农民工市民化政策并未能带来农民工社会地位的上升,也没能帮助其完成社会身份的转变,实现对城市社会的全方位融入[1],本书的实证研究成果也证实了这一点。农民工不仅未能平等分享到经济社会发展的成果,相反是作为城市现代化的代价而出现的,不仅在经济生活方面,而且在社会关系、社会参与、社会文化等方面受到全方位的排斥。如何让这样一个群体在为国家经济社会发展做出巨大贡献的同时,分享到经济社会发展的成果,是包容性社会发展理念的重要诉求,但是如何将这一理念落到实处?

我国的农民工问题主要是由政府建构的,其根源在于不公平的户籍制度及依托之上的公共管理服务制度,因此要解决农民工问题,首要的责任应该在政府方面。[2] 我们认为,包容性的农民工市民化政策要求政府通过彻底的户籍制度改革消除对不同人实行不同管理和公共服务的制度,实现公共资源分配中的人人平等。彻底的户籍制度改革是解决我国农民工问题的根本办法,也是共享发展的农民工市民化政策的基础制度保障。但是户籍制度的改革不是一朝一夕之事,在这一基本大方向下,还需要社区、企业、农民工个体等有所作为,形成合力共同推进。社会质量、社区公民身份和社会弹性等更具操作化的理论为我们包容性市民化政策的推行提供了参考。

---

[1] 潘泽泉:《国家调整农民工政策的过程分析:理论判断与政策思路》,《理论与改革》2008 年第 5 期。

[2] 关信平:《中国流动人口问题的实质及相关政策分析》,《国家行政学院学报》2014 年第 5 期。

第二节 社会质量与农民工市民化

社会质量理论倡导社会和谐,以"可持续的福利社会"作为发展前景,力图改变社会政策和经济政策之间的不平衡关系,它考察各个社会的社会融合及社会参与状况,旨在创造出一个具有高度社会团结精神的社会,提倡应该把各个阶层的民众都纳入社会体系中,减轻社会排斥,以达到逐步实现全体社会成员对人类社会发展成果共享的社会政策目标。① 由此可见,社会质量理论与包容性社会政策的核心诉求一致,更为重要的是,社会质量理论通过将条件性因素操作化,使其"社会性"的本体论基础得以具体呈现,从而提供了一个有效的政策评价框架,这对于建立和完善包容性社会政策具有重要意义。一个具有强烈社会分化和等级特征的社会不可能具有很高的社会质量,同样,一个高质量的社会也不可能有很多社会权利被剥夺者、被排斥者。②

从宏观层面来讲,社会质量理论对包容性社会政策的启发意义可以从以下几方面体现出来:首先,它要求重构经济政策与社会政策的关系,确保在经济增长的同时促进社会进步;其次,它要求通过改革排斥性的社会政策体系以促进社会包容;再次,它要求构建公众对社会政策过程的参与机制,以实现社会赋权;最后,它要求

---

① 林卡:《社会质量理论:研究和谐社会建设的新视角》,《中国人民大学学报》2010 年第 2 期。
② 高红、刘凯政:《社会质量理论视域下中国包容性社会建设的政策构建》,《学习与实践》2011 年第 2 期。

社会政策的设计必须秉持社会公正的理念以增强社会凝聚。① 具体到农民工市民化政策问题，也可以将社会质量作为一个评判的标准。根据本书分析结果，可以从以下四方面展开关注。

一 提升社会经济保障水平

根据本书研究结论（详见第五章第三节），是否参加过职业培训、子女是否在公办学校接受教育、有没有购买商业保险、居住面积的大小和居住设施是否齐全对农民工的身份认同具有显著影响。据此可以认为，社会经济保障是提升农民工身份认同的一个重要手段，未来的社会政策应该在增强农民工社会经济保障方面更有作为。

在社会经济保障领域，农民工群体受到的最明显的排斥就是城市劳动力市场的二元化，在这样一个被地域差异和城乡差异多重分割的劳动力市场上，农民工处于最弱势的地位，收入低、劳动强度大、就业稳定性差、社会保险缺位。本书表明，不论是农民工就业层次还是对农民工就业权益的保障都对其市民化进展意义重大。因此，首先，应当完善并贯彻落实反对就业歧视的法律政策。其次，要加强对企业的监管，督促企业在工资待遇、社会保障待遇方面对农民工一视同仁。一方面要规定正规就业市场的单位和企业必须与农民工签订劳动合同并为其购买社会保险，另一方面要对非正规就业市场进行监管，要求一些非正规小企业优先解决农民工工伤保险和大病医疗保险等问题，然后逐步推进其他保险项目。最后，建立健全农民工的利益表达机制，使农民工在劳动权益受到侵害时能够得到及时帮助。

---

① 夏延芳：《社会质量理论对我国社会政策建设的启示》，《湖南社会科学》2014 年第 1 期。

此外，虽然快速的经济增长可能为推动农民工市民化做出巨大贡献，但经济增长本身并不必然带来社会的高质量，国家的经济发达与对弱势群体多个领域的排斥完全可能并存。因此在保障经济增长的同时，还要保证农民工群体对教育、医疗、环境等领域社会服务资源的获取，解决好他们最关心和最现实的利益问题，即解决好"学有所教、劳有所得、病有所医、老有所养、住有所居"等问题。已有研究表明，涵盖多个领域的社会服务能够帮助家庭照料其成员，降低工作和日常生活成本，因而能够增大个人及其家庭过上有尊严生活的概率。① 应通过更为广泛的社会服务的提供，减轻农民工的家庭负担，提升整个家庭的福利水平，从而强化农民工定居城市的物质基础。

二 培育社会信任氛围

社会信任是社会凝聚的黏合剂。已有研究表明，社会信任可以从以下方面促进农民工的城市社会融合。②

首先，社会信任增进了城市外来人口的权利平等感，尤其是政治信任对其具有显著的正向作用。当下我国民众的权利平等感主要来自政府机构多年的信誉、民众与政府打交道所积累的经验。"十三五"规划再次将户籍制度改革提上议案，坚持分类推进，以建立统一的城乡户口登记制度，最终形成户籍管理制度的"一国一制"，这是促进外来人口社会融入的制度保障。在此基础上，政府应该继续推进与户籍制度相关配套的福利改革，消除制度排斥。司法、行

---

① 联合国社会发展研究院：《反对贫困与不平等——结构变迁、社会政策与政治》，《清华大学学报》（哲学社会科学版）2011年第4期。
② 徐延辉、史敏：《社会信任对城市外来人口社会融入的影响研究》，《学习与实践》2016年第5期。

政、立法等机关应该充分考虑城市外来人口的需求和意愿,保障外来人口的合法权益,为其在城市生活和就业方面提供法律支持。

其次,社会信任增进了城市外来人口的社会参与。帕特南的研究还发现,社会信任有助于增进个体健康①,因此,社会信任在一定程度上可以降低市民化的经济成本。政府应改善城市外来人口与市民互动的社会环境,创造和增加外来人口与本地市民互动的机会。② 政府和社会应引导市民正确认识外来人口对城市社会经济发展的积极作用,为外来人口营造积极的融入环境,消除身份歧视,赋予外来人口平等的公民权,使之能够公平地享受经济发展成果,在城市获得社会福利和社会支持。

最后,社会信任有助于城市外来人口的地域认同。研究发现,市场信任对于外来人口心理认同和地域认同均有正向作用。③ 外来人口进入城市多是依赖市场机制维持日常生活和工作,向上流动的方式和渠道也多依赖市场。市场发展得越充分,对于个人来说,选择的空间越大,自由度也越高。从社会政策角度来说,政府应保证市场的透明、公正和正常运转,保证外来人口能够在市场中找到自己的位置。

社会信任对市民化进程的发展也有显著的推动作用,此次调查结果支持了这一论断,但与此同时,也发现农民工群体的社会信任水平不容乐观,表现在血缘、亲缘和地缘关系仍然是主导农民工社会信任的决定因素,农民工对超出熟人关系以外的信任对象信任度不高,然而农民工离开家乡到城市工作生活,在很多方面都需要基

---

① [美] 罗伯特·帕特南:《独自打保龄球——美国社区的衰落与复兴》,刘波等译,北京大学出版社 2011 年版,第 380—391 页。

② 李树茁、任义科、靳小怡、[美] 费尔德曼:《中国农民工的社会融合及其影响因素研究——基于社会支持网络的分析》,《人口与经济》2008 年第 2 期。

③ 徐延辉、史敏:《社会信任对城市外来人口社会融入的影响研究》,《学习与实践》2016 年第 5 期。

于市场关系建立起来的普遍信任对象的帮助，这对于他们顺利融入城市社会是不可或缺的，因此需要培育农民工群体的社会信任。首先，要引导舆论树立起农民工的正面形象，帮助他们建立自信心，勇敢地跨出熟人小圈子，减少与外界群体的隔阂，与当地城市居民的社会距离正是农民工普遍信任水平不高的原因。[①] 其次，要引导非正式组织建设，为农民工提供沟通渠道。人与人之间的合作来自持续的规范化互动，组织为这种互动提供了机会和场所[②]，为此可以推动建立诸如"工友之家""农民工互助合作组织"之类的非正式组织，培养农民工互助合作的意识与能力。最后，还应该引导城市居民逐步破除成见，认识到农民工为城市社会建设做出的重大贡献，建立和谐的互动机制。

与此同时，为了增强社会团结和社会凝聚，还要在全社会弘扬利他主义的价值观念。包括义务献血、捐赠、志愿服务等在内的利他主义行为都属于个体对社会的反馈行为，只有良好的社会环境才能激发成员的社会责任感，对社会进行输出，因此应该在全社会倡导一种助人为乐的利他主义观念。农民工群体参与利他行为最终有助于其市民化水平的提高，应当在深入剖析农民工群体从事利他行为动机的基础上，建立起符合农民工工作、生活特点的动力机制，引导他们广泛参与到利他行动中来，建立起"助人自助"的社会格局。

三　提高社会体系开放性

社会包容维度与包容性社会政策的理念最为接近，因为其处理

---

① 符平：《中国农民工的信任结构：基本现状与影响因素》，《华中师范大学学报》（人文社会科学版）2013年第2期。

② 张连德：《农民工社会信任危机的生成原因与对策探讨——基于皖北D县的调查》，《西北人口》2011年第5期。

的核心议题是公民权问题,主张以平等的公民权作为社会政策价值的基础,强调通过资源分配对组织、制度、社会关系和社会态度进行积极的抗争。社会质量架构下的融合包括宏观、中观、微观等不同层次,相应地就需要提升不同层次的社会体系的开放性。宏观层面要在法律上认可农民工平等的公民权利、政治权利和社会权利;中观层面要提升劳动力市场和公共服务市场的开放性,这一点和经济保障领域密切相关;微观领域则是要保障各类个人服务的可及性以及个体对多种社会团体网络的合理参与。

社会包容维度不仅衡量社会成员客观上被整合进各类社会系统的程度,而且还反映人们在何种程度上主观感觉到自己被其他社会成员支持和尊重,在何种程度上认可自己是社会一分子。本书发现在城市社会中感知到的社会歧视和社会群体差距程度对农民工的市民化水平不仅有直接的消极影响,而且还能够通过作用于身份认同发挥间接效应。所以如何化解城市居民对农民工的歧视以及增加各个社会群体之间的沟通交流就成为一个重要的课题,就业市场、公共服务领域的歧视问题可以通过政策法律的形式加以规定,但是心理和认知层面的歧视与误解还需要通过正面引导。

社会包容同样关注个体的社会参与。社会质量的基本概念就是在一定条件下个体参与社会的能力,这种参与涉及政治、经济、文化、法律、福利、环境等各个领域,目的是要通过参与促进个体发展和社会发展,并进一步达至社会公正、团结、人人平等和人类尊严。[1] 社团参与作为社会参与的一种重要形式,在本书中被验证能够推进农民工的市民化进程,但是,如果当参与仍然遵循着一种关系路径而缺乏差序性关系的拓展时,就无法将外人纳入自己人行

---

[1] [荷]沃尔夫冈·贝克、[荷]劳伦·范德蒙森、[英]艾伦·沃克:《理论基础》,[荷]范德蒙森、[英]沃克主编《社会质量:从理论到指标》,冯希莹、张海东译,社会科学文献出版社2015年版,第35—55页。

列，无助于良性的社会资本建设。① 为了真正发挥出社团参与的正向功能，应该引导农民工群体超越关系路径，通过建立在共识和法律基础上的制度路径进行社会参与。首先应当推进社团组织层面的建设，建立更多符合农民工需求的社团组织；其次要加强能够沟通联系这些组织的制度建设，使社会参与具有制度保障，促使社团参与真正发挥其提升社会资本的功效。

四 塑造积极的行动主体

要保证较高的社会质量水平，人们必须成为合格的行动者，社会质量理论假设所有的人类社会都具有潜在的能力，但是要在创建社会性的过程中发挥积极作用，行动者必须具备在集体认同背景下自我实现的能力。② 根据阿玛蒂亚·森的可行能力理论，国家和社会在加强和保障人们的可行能力方面具有广泛而重要的作用，但这是一种支持性的作用，而不是提供制成品的作用③，因此应当为农民工群体提供有利于其生存和发展的客观环境，同时激发其自主决策的能力。

就业是民生之本。已有研究表明，就业质量对于包括外来人口在内的城市居民的社会融合具有重要影响，具体表现在：收入对城市居民的经济融合产生非常显著的积极影响；职业分层对社会融合具有显著影响；社会保险的参与度对社会融合产生了显著的影响；

---

① 陈福平：《市场社会中社会参与的路径问题：关系信任还是普遍信任》，《社会》2012年第2期。

② [荷]沃尔夫冈·贝克、[荷]劳伦·范德蒙森、[英]艾伦·沃克：《理论基础》，[荷]范德蒙森、[英]沃克主编《社会质量：从理论到指标》，冯希莹、张海东译，社会科学文献出版社2015年版，第35—55页。

③ [印]阿玛蒂亚·森：《以自由看待发展》，任赜、于真译，中国人民大学出版社2002年版，第43页。

失业风险对于经济融合产生了显著的负向影响；工作满意度对城市居民的经济融合、社会融合和心理融合都产生了积极的影响。[1] 因此，提高工资收入、扩大社会保障覆盖面、全面提升劳动者的就业质量，对于促进农民工社会融合起着至关重要的作用。本书支持这一观点，同时发现农民工从国家提供的职业技能教育中收益不多。因此，应当认识到职业技能培训对于农民工群体实现职业升迁和地位上升的重要意义，以及农民工群体收入水平较低无力投资人力资本的客观现实，从战略高度上重视农民工的职业技能培训工作，对现有的职业培训，在培训内容、培训时间、培训地点、资金投入等方面加以完善，将职业资格认证与职业培训结合起来，增强职业技能培训的吸引力，进而提升农民工就业质量，增进农民工的社会融入能力。

除了经济融入之外，农民工的政治参与不仅有助于宏观层面的民主政治建设，而且也是农民工维护自身合法权益的重要方式[2]，因而也是一种有效的赋权途径。但是，并非所有的政治参与都是有益的。本书表明，非制度化和低制度化的政治参与不利于农民工市民化水平的提高，而表达型的政治参与则有助于市民化，因此应当疏通农民工制度化的政治参与渠道，引导其政治参与方式由非制度化向制度化参与转变。首先，应当根据农民工常年在外务工的实际，改变现行的《选举法》相关规定，由农民工自行选择在家乡还是在务工地行使选举权利；其次，还应该加强农民工政治参与的组织化水平，改善工会的结构和运行方式，把工青妇等组织的服务输送给农民工群体，鼓励农民工参与到各类合法团体中去，积累政治

---

[1] 徐延辉、王高哲：《就业质量对社会融合的影响研究——基于深圳市的实证研究》，《学习与实践》2014年第2期。

[2] 雷勇：《农民工政治参与问题研究述评》，《西南民族大学学报》（人文社会科学版）2015年第2期。

参与经验，提升自组织能力，改变其政治参与一盘散沙的状况；最后，还应该拓展政治参与渠道，发挥大众传媒、网络等媒介的舆论传播功能，降低农民工的政治参与成本。

第三节 社区公民身份与市民化

公民身份概念是一把双刃剑，因为公民身份虽然与公民权利密不可分，但却仅仅局限于社会中的"内部成员"，因此公民身份内含着排斥①；虽然原则上每个人都享有合法的公民身份，但实际上此概念总是把全体成员中的某些人排除在外②，公民身份所体现的正是针对特定共同体成员的承认与排斥的关系。我们提出要构建更具包容性的农民工市民化政策，就是要研究如何使处于共同体边缘地位的农民工获得相对完整的公民身份，而社区就是我们应当关注的重要场域。

社区公民身份的内涵至少包括市民道德素养、市民政治素养、市民社会素养和社区服务可及性等几个方面，本书通过数据分析表明，社区公民身份对农民工市民化进程有积极作用，这启发我们可以从落实农民工平等公民身份的角度来帮助农民工实现城市融入。那么该如何促进农民工获得社区公民身份、帮助其养成市民性呢？已有研究发现，促进社区市民性养成的因素至少包括城市变量（市场化程度）、社区变量（社区满意度、社区自治意识、社区权力多元认同度）和个体变量（性别、年龄、受教育水平、收入水平、是

---

① Pakulski, J., Cultural Citizenship, *Citizenship Studies* (1), 1996.

② Stevenson, H. J., A Case Study in Leading Schools for Social Justice: When Morals and Market Collide, *Journal of Educational Administrative* 45 (6), 2007.

否拥有产权），等等，此外体制因素、历史因素和文化因素也可能存在影响。[①] 本节我们重点从社区入手，探讨如何增强农民工的社区融入能力。

一 加强社区能力建设

农民工生活在城市社区，能否实现社区融入，主要看社区作为一个整体的认知和发展水平，因此必须加强城市社区能力建设。已有研究表明，政府效率、公共物品供给和财产权利保护等政府质量的指标对居民幸福感具有显著影响，而且这些反映政府治理质量的指标对居民幸福感的增进效应远远高于经济增长。[②] 除了政府公共服务等宏观因素之外，社区层面的公共服务、环境及民生等方面的改善也能明显地促进幸福感的提升。一项针对包括外来人口在内的城市居民的研究表明，社区能力对城市居民的幸福感具有积极影响，具体表现为：社区组织服务的能力越强，居民就越幸福；以邻里互助和网络构建为主要表现形式的社会资本有助于增强居民之间的合作与信任，因此社区培育社会资本的能力越强，居民的幸福感就越高；居民对社区的主观态度即社区效能感对其幸福感具有很大的影响，居民的社区外在效能感越强，他们的幸福感也越强。[③]

社区能力是社区作为一个整体所拥有的改善社区成员生活状态、提升社区成员福利的能力。已有研究表明，即使贫困社区也有

[①] 闵学勤：《社区权力多元认同中的公民性建构》，《社会》2011年第4期。

[②] 陈刚、李树：《政府如何能够让人幸福？——政府质量影响居民幸福感的实证研究》，《管理世界》2012年第8期。

[③] 徐延辉、兰林火：《社区能力、社区效能感与城市居民的幸福感——社区社会工作介入的可能路径研究》，《吉林大学社会科学学报》2014年第6期。

自我提升的能力,弱势群体也有互助和改善自身福祉的能力。[①] 那么如何提高社区能力? 结合我国社区发展的实际,我们认为查斯基(Chaskin)提出的社区能力建设战略框架富有启发意义。查斯基主张将领导力提升、社区组织建设、组织化发展和培育组织之间的合作关系四种策略结合起来,全方位提升社区能力。具体而言,领导力建设就是要培育一批能够通过多种方式引导社区发展的社区领导者;社区组织建设既要求建立一些新组织,又要增强已有组织的能力;组织化发展关注社区社会网络的建构并强调对利益主体的赋权;推进组织之间的合作则要求加强社区与其他组织之间的交流,促进信息和资源的流通。[②] 受此策略启发,我们认为社区可以引入专业化的社会服务组织,丰富社区社会服务的提供主体;与其他接收流动人口的社区形成联系,互相学习处理类似问题的经验,建立起跨社区的社会资本;在农民工群体中发展社区积极分子,增强与农民工的沟通交流等。通过社区能力建设,提升农民工的社区认同感和归属感,进而增进农民工的社区融入。

二 提升社区社会工作水平

社区社会工作是一个使用社会工作理论和方法,有目的解决社区社会问题的理论及实务方法。社区社会工作是促进社区发展的主要手段。结合我国社区实际,我们认为社区社会工作可以从社区居

[①] 陈福平:《邻里贫困下的社区服务与能力建设》,《中国行政管理》2013年第2期。

[②] Chaskin Robert J., Community InitiativeBuilding Community Capacity: A Definitional Framework and Case Studies from a Comprehensive, *Urban Affairs Review*, No. 36, 2001.

民的需求评估入手,解决社区参与不足以及社区内在效能感不强的问题,进而促进农民工城市社会融入。

首先,以社区居民需求为导向,通过对社区需求进行评估,提高居民的社区效能感。已有的研究表明,我国城市居民社区的实质性参与不够充分[①],不充分的原因并不是居民不需要参与,而是社区组织的参与不符合居民的参与需求。城市居民尚且如此,农民工的社区参与更是少之又少。未来在城市社区社会工作中,首先就需要对居民尤其是农民工的有效需求进行评估。只有将农民工的需求与专业社区工作者报告的需求有效地融合起来,形成准确的需求评估,才能充分满足农民工的真实需求。

其次,在对农民工真实需求有效评估的基础上,通过赋权和增能等手段改变社区内部的权利关系,提高农民工的参与意识和参与能力,使其在事关民生的公共事务方面具有更多的发言权和决策权,这些公共事务的参与才是实质性参与,只有增加农民工的"实质性参与",农民工才能充分感受到自身的权能,才能产生较强的社区效能感,社区参与才能对农民工的市民化产生实质性的影响。因此,在我国当前城市社区治理中,社区社会工作的当务之急是引导社区居民尤其是农民工投入公共事务当中,减轻农民工与城市居民的疏离感,增进农民工的社会融入。

最后,提升社区综合实力,优化社区服务体系。现有的社区服务无论是在满足本地居民还是农民工的需求方面都不尽如人意,其中的原因之一是观念没有及时转变。农民工是城市社区一分子。社区工作中,必须转变社区工作人员观念,提升社区工作技能水平。观念是行动的向导,有正确的思想观念才会有正确的行动,因此在落实农民工平等社区公民身份的过程中,首要的就是要让社区工作

---

① 杨敏:《作为国家治理单元的社区——对城市社区建设运动过程中居民社区参与和社区认知的个案研究》,《社会学研究》2007年第4期。

人员树立起平等、接纳、尊重的价值观念，无论是在日常沟通还是在思想观念里，都要采纳社会工作中"服务对象"这一称谓，从优势视角出发，挖掘服务对象潜能，致力于提升服务对象福祉；在正确的价值观念树立起来以后，需要进一步提升社区工作人员的专业技能水平，在提升入职门槛的同时改善社区工作人员待遇，调动其服务社区的积极性；同时为了适应不断变化的实践领域的挑战，还要定期为社区工作人员组织培训班、工作坊，使他们的知识和能力跟得上社区居民的多样化需要。

三 增强农民工社区参与权利和能力

目前农民工社区参与不足，一方面是由于农民工自身缺乏参与意识和参与能力，另一方面则是在客观上缺乏参与机会。就后者而言，必须从制度上认可农民工的社区参与权利，保障农民工通过社区选举平等地参与社区决策，并对社区活动及各类行动也享有参与权利。这不仅需要流入地政府的民政等相关部门对接收移民的社区提供资金与政策支持，还需要社区改变垂直化的行政管理模式，利用迅速发展的互联网平台，推动参与式管理，以增加农民工社区参与的便利性；而针对农民工自身的限制，社区应该加大社区选举、社区活动的宣传力度，并组织一些集中培训讲座，传授给包括农民工在内的社区居民基本的参与技能。通过内外部的合作，增强农民工在城市社区的话语权及主人翁意识。实际上，由于大部分进城务工人员属于乡村社会的精英，吸纳他们加入社区管理和决策，对于整个社区发展也有所裨益。

第四节 社会弹性与市民化

一 社会弹性与社会保护

国内学者对于社会弹性有所涉及,较早的研究通常是在与刚性社会的比较中讨论弹性社会,认为一个有弹性的社会结构应当具有松弛性、宽容性和伸缩性等特征,即使当这个社会产生强大的内部张力时也是如此,社会中的不同群体能够相互协调、形成合力,同时又能各展其能、有序流动。弹性社会结构的获得需要社会整合机制,比如化解群体间利益冲突的利益协调机制、化解社会矛盾的社会安全阀机制、释放社会结构性压力的社会流动机制以及抑制越轨型致富的社会控制机制,等等。[1] 郑杭生则将弹性社会的特征概括为"上层永不松懈、中层永不满足、下层永不绝望",认为现阶段为了减缓社会紧张,增强社会弹性,需要正确应对五大挑战:在市场经济的陌生人世界里建立共同体的挑战,在价值观多元化的时代促进意义共同性的挑战、在社会分化加剧的形势下实现公平正义的挑战、在社会重心下移情况下大力改善民生的挑战,以及在发展主体总体布局上理顺三大部门(政府组织、市场组织、社会组织)的挑战。[2]

本书从应对社会风险和挑战的角度出发来考察社会弹性,根据

---

[1] 朱力:《中国社会风险解析——群体性事件的社会冲突性质》,《学海》2009年第1期。

[2] 郑杭生:《五大挑战催生中国式"紧绷"——社会弹性与社会刚性的社会学分析》,《人民论坛》2009年第10期。

我们的研究结论，社会弹性的不同维度都对农民工在城市的社会融合有显著的影响作用。本书政策意涵在于，农民工群体在城市的生活具有脆弱性特征，需要依靠富有弹性的社会结构来帮助其应对社会风险，因此应该从制度上采取一些保护性措施，帮助农民工从不利处境中恢复并过上健康和安全稳定的生活。

二 社会弹性与社会支持

作为一种保护性因素，社会支持对于农民工克服自身的脆弱性特征并成功适应城市社会至关重要，人们会综合运用来自家庭、邻里、地方社区、地区、国家乃至超国家等不同领域的资源来应对挑战。[1] 本书数据分析结果同样表明，农民工在生活遇到困难时可以得到的社会支持对于他们的市民化进程有明显的推动作用，现阶段农民工得到的主要支持还是来自基于血缘和地缘发展出来的社会网络，但是由于这一群体社交网络的同质性较强，能够提供的帮助有限。因此，政府和社会组织都需要参与到农民工社会支持系统的构建中去，对农民工市民化问题进行利益相关者分析，明确农民工自身、亲友、务工地政府、流出地政府、企业以及各类社会组织的责任，各主体之间形成一种同心协力的良性互动局面，确保农民工在陷入困境时能够得到有效的物质、情感、法律等方面的支持与援助，比如优先解决农民工的工伤、医疗保险和社会救助问题等。

社会弹性是一系列创造性地积极应对过程的结果，群体成员不是消极动用现存资源，他们会展开创造性的努力以保证福利水平保

---

[1] Hall, Peter A. & Michele Lamont, Introduction: Social Resilience in the Neoliberal Era, in Hall, Peter A. & Michele Lamont (eds.): *Social Resilience in the Neoliberal Era*, Cambridge: Cambridge University Press, 2013, pp. 1 – 31.

持在能够被认可的水平[①]，因此创新意识和行为的培养也是增强弹性的有效途径。美国心理学家吉尔福特与霍夫纳尔把创造力解析为六大主要成分：敏感性，即容易接受新事物、发现新问题；流畅性，即思维敏捷、反应迅速，对于特定问题情境能顺利产生多种反应或提出多种答案；灵活性，即具有较强的应变能力和适应性，具有灵活改变定向的能力，能发挥自由联想；独创性，即产生新的非凡思想的能力，表现为产生新奇、罕见、首创的观念和成就；再定义性，即善于发现特定事物的多种使用方法；洞察性，即能够通过事物的表面现象，认清其内在含义、特性或多样性，能进行意义的变换。[②] 培养个体的创新意识和能力固然重要，但是对于社会政策而言，社会创新的启发性则更为集中地体现在：强调在服务供给过程中对弱势群体需求的满足和权利的保护[③]，社会创新要求在产品和内容维度满足弱势人群的基本需求；在过程维度改变治理和服务主体与其对象的关系，并增强弱势群体的社会参与；在赋权维度则要求增强人们的社会—政治能力及资源获取能力。[④] 这些都与社会质量理论的政策意涵具有内在的一致性。

在谈论农民工市民化政策时，人们更多的从制度改革角度展开论述，较少关注到农民工的心理需求，社会政策由于其公共性而较少深入个体身心这样的私人领域，但事实上，个人的心理问题通过

[①] Hall, Peter A. & Michele Lamont, Introduction: Social Resilience in the Neoliberal Era, in Hall, Peter A. & Michele Lamont (eds.): *Social Resilience in the Neoliberal Era*, Cambridge: Cambridge University Press, 2013, pp. 1 – 31.

[②] 俞国良：《创造力心理学》，浙江人民出版社1996年版，第19页。

[③] 李勇、徐延辉、兰林火：《社会质量测量维度与城市社区创新》，《中国社会科学》2014年第3期。

[④] Moulaert, F., F. Martinelli, E. Swyngedouw & S. Gonzalez, Towards Alternative Model (s) of Local Innovation, *Urban Studies* 42 (11), 2005.

大众传媒、信访等方式也可以公共化。① 本书研究表明，个体较高的心理弹性水平对于农民工的市民化程度有积极的促进作用，所以从政策高度关注农民工的心理健康和心理弹性，应该是包容性市民化政策的题中应有之义。当务之急是建立起针对农民工群体的社会工作机制，为流动人口提供心理疏导、情绪管理、职业生涯规划等心理辅导和培训，帮助流动人口形成积极的自我信念；以专业化的助人服务帮助农民工群体应对生活中的风险和挑战，缓解由经济生活不稳定造成的心理压力，以及由于城市居民的偏见造成的消极心态，促进农民工的心理健康。

第五节　社会工作介入市民化的路径研究

良好的社会政策只有得到有效执行才能取得好的结果，政策设计出来之后，如何将政府提供的福利服务输送给需要的人群，是社会政策领域亟须解决的一个问题。随着专业社会工作逐步介入农民工服务，政界、学界和实务界日益达成共识：破解农民工市民化难题，单靠政府制定农民工政策是不够的，还必须要有专业社会工作者介入，将社会政策转化为切实的社会服务。② 国家和政府日益重视农民工群体的福祉问题，过去几年相继出台了一系列有利的社会政策，采取了一些积极的社会行动，取得了明显的效果。但是，具体到农民工在社会交往、闲暇时间安排、子女教育需求等方面存在

---

① 刘小年：《论农民工市民化的政策支持：主体的视角》，《农村经济》2012年第2期。

② 关信平：《企业社会工作介入农民工服务：需要、内容及主要领域》，《学习与实践》2010年第4期。

的问题，单靠制度上的改良是不够的，还需要更多切实的社会服务，因此社会工作的介入就显得非常必要。社会工作具有诸多分支领域，其中和农民工群体相关的就包括婚姻家庭社会工作、矫正社会工作、儿童青少年社会工作、企业社会工作等，鉴于相当比例的农民工群体都在企业工作，并且普通的社区服务对他们而言难以企及，因此本书认为，从企业社会工作角度介入农民工市民化服务是一个重要突破口。

一 企业社会工作的内涵

所谓企业社会工作，是指运用社会工作的理论和方法，以企业及其职工为案主，以预防和解决企业及其职工问题为目标，以员工全面发展和企业科学管理为宗旨，以培养员工自助精神与互助能力为追求，促进员工与企业和谐发展的专业化介入手法与工作过程[①]，即在企业社会工作中同时追求员工的福利发展和企业效率提升。可以说，农民工"半市民化"的困境凸显了企业社会工作介入的必要性。

（一）企业社会工作的专业使命

国外社会工作的发展表明，移民始终是社会工作的重点服务对象之一。而农民工作为广义的移民一部分，理应成为社会工作的重要案主。社会工作倡导社会正义、助人自助等专业价值观，强调运用专业的方法和技术帮助社会上处于不利地位的个人、群体和组织，克服困难，恢复并发展其社会功能，以助其适应正常的社会生活。农民工群体在为城市建设和发展做出重要贡献的同时，在城市中依然处于弱势地位，给这一群体提供支持和帮助，增强其融入城

---

① 周沛：《企业社会工作》，复旦大学出版社2010年版，第8页。

市社会的能力，变被动融入为主动融入，既是农民工市民化的目标，也是企业社会工作的专业使命。

（二）企业社会工作的独特优势

首先，企业社会工作特别看重工作质量的重要性，这是对传统社会工作主要聚焦于家庭的一个重要补充。虽然同样聚焦于工作问题，但是企业社会工作服务与企业人力资源服务又有所不同，后者目的在于监督生产，而前者则在于通过专业价值观、方法和技术来满足个体需求，并同时提升企业福利。

其次，企业社会工作的服务领域包括员工福利服务、劳资关系服务、心理服务、休闲服务、职业生涯服务、弱势群体维权与充权、职工文化与企业文化建设、企业社会责任等，这些内容和农民工市民化几大维度契合度极高，因此能够有针对性地推进农民工群体有序实现市民化。

最后，社区是向城市居民提供公共服务的重要载体，但是，社区服务缺位是农民工普遍遭遇的一个问题，企业社会工作的介入可以在一定程度上弥补这一缺陷，并通过企业社会工作社区方法的运用，推动社区成为服务农民工的重要载体，有助于农民工的社区融入。

二 企业社会工作介入农民工市民化的策略

员工援助项目（Empolyee Asistance Program，EAP）是最初将社会工作与企业联系起来的纽带，在很长一段时间内都是企业社会工作的主导模式，并被证明在工业领域的"临床"服务中十分有效，但是，EAP大多是从管理学的视角来对所谓的"问题员工"进行界定并试图使个体发生转变，忽视了对工作环境的关注和改造。① 在我国的现实情况下，社会工作想要进入企业并服务于农民工，必须同时改造企业组织环境。因此，企业社会工作需要一个同时关注改善服务对象的心理社会功能和组织环境的实践模式，巴尔廓帕尔（Balgopal）提出的"扩展的临床视角"为我们提供了启发。

扩展的"临床"视角将企业社会工作的干预对象分为人和环境两部分，在每一部分又分为宏观和微观两个层次，这样企业社会工作干预就包括四个方面：

具体的个人（p），即具有特定问题和需要的个体；宏观的群体（P），即具有相同问题和需求的员工群体；微观的环境（e），即企业组织环境及家庭环境；宏观的环境（E），即宏观制度环境。由此，无论是对人的干预还是对环境的干预，都可以发生在宏观与微观不同层次上，从而形成四种不同的组合：p-e，P-e，p-E，P-E，为了表述方便，分别用A、B、C、D来表示。具体而言，A是对特定员工所处环境采取直接干预措施；B是对具有相同问题和需求的某类员工所处的特定环境进行改变；C是帮助特定员工处理官僚机构和组织层面问题；D则是从更广泛的政策层面来对某一类别的员工产生影响。② 根据扩展的临床视角，企业社会工作对农民工市民化的干预可从以下四方面展开。

（一）A：农民工个人问题的处理

1. 运用个案工作方法，维护农民工心理和精神健康

富士康事件之后，企业员工的精神健康问题引起社会各界广泛关注，已有研究发现，影响企业员工精神健康的因素可以分为工作

---

① Balgopal, P. R., Occupational Social Work: An Expanded Clinical Perspective, *Social Work* 34 (5), 1989.

② Ibid..

场所以外因素、工作场所因素以及跨越工作场所内外的因素。① 具体到农民工群体,影响其精神和心理健康水平的因素,既包括由工作本身带来的消极的劳动体验,如工作时间长、强度大、管理非人性化等,也包括城市生活所造成的受歧视感、疏离感、社会支持缺乏等。针对这些影响因素,企业社会工作可以通过个案工作手法,对存在较大心理和精神健康风险的农民工及时介入,给予专业的心理疏导;企业管理层应当改善管理制度,比如,要求线长、课长等基层管理者不能随意辱骂员工、在长时间持续工作的间隙安排5—10分钟的身体放松等,以便减轻员工的工作压力。

2. 面向农民工的婚姻家庭服务

婚姻家庭问题已成为困扰农民工的一个日益突出的问题,特别是对于尚无条件举家迁移的农民工来说,对于婚姻家庭的服务需求更为迫切。企业社会工作者可以结合农民工的实际情况提供服务:第一,对于未婚青年农民工进行恋爱婚姻辅导,帮助其树立正确的恋爱婚姻观,并组织联谊活动为农民工提供结识异性的机会;第二,对于出现家庭矛盾冲突的农民工,企业社会工作提供专业辅导,帮助他们有效应对家庭矛盾;第三,对于两地分居的农民工,为他们进行婚姻咨询;对于有随迁子女的农民工,提供子女关怀服务;第四,及时发现并通过认知、心理及行为辅导纠正农民工存在的不恰当的性观念,帮助农民工认识非理性性行为的风险,开展性道德和性健康教育。

(二) B：农民工群体性需求的回应

1. 运用小组工作方法对农民工提供支持

针对农民工群体休闲生活质量不高的问题,可以成立兴趣小组,比如篮球、羽毛球、吉他小组等,既给农民工提供一个

---

① 郑广怀:《迈向对员工精神健康的社会学理解》,《社会学研究》2010年第6期。

展示自我的机会，又能缓解工作带来的压力；针对农民工职业技能不高的问题，可以建立学习小组，比如英语口语、计算机技能、人际沟通小组等，动员有专长的企业内外人士作为义工来提供专业培训，由此提升农民工的技能水平。此外，参与小组还有一个重要功能，即能够通过小组活动帮助农民工形成朋辈支持网络。企业社会工作在组织小组活动过程中要注意培养小组领袖，这样即使社会工作者在项目结束后退出活动，各个小组活动也可以继续开展。

2. 对企业管理层的干预

部分农民工的群体性需求单靠改变农民工自身是无法满足的，还需要对企业展开适当干预。在目前企业社会工作尚未取得广泛社会认知的情况下，首先需要劝说企业，使企业管理层认识到企业社工服务于农民工群体，有助于劳资关系融洽，可以增强农民工对企业的认同感和归属感，降低员工流失率并提升生产效率，社会工作是降低企业管理成本、实现企业可持续发展的必要手段，由此获得企业管理层的认可，并获得人力资源管理部门的支持[①]；在此基础上，劝说企业管理层在保障农民工合法劳动权益方面可以继续改进。虽然现阶段企业社工在这方面做得还不多，但至少可以提醒企业存在着违法风险，帮助其分析利弊，把对农民工的侵害减少到最低。

（三）C：个人与组织和机构层面问题的应对

在C层面，企业社工的主要服务内容是推动农民工参与在职教育培训。针对农民工的教育培训是企业社会工作服务于农民工市民

---

① 本书作者于2011年曾与同事一起进入企业开展社工服务项目。该企业为一家位于厦门市的台资企业，由厦门大学社会学与社会工作系毕业生牵线搭桥，促成企业社会工作的开展。社会工作者进入企业过程即与上文所述相同。这次企业社会工作干预项目历时一年半，取得了较好的效果。

化的中心工作,具体可包括职业技能培训及城市生活能力培训等,而职业技能培训对于提升农民工的就业能力和实现社会流动具有极大的促进作用。① 企业社会工作者一方面可以扮演资源链接者的角色,帮助有需要的农民工链接来自企业、教育培训机构以及社会组织的资源;另一方面还可以扮演咨询者的角色,为员工提供继续教育咨询,此外,还可以扮演政策传达者的角色,将国家有关农民工继续教育的政策规定传达给企业和农民工。② 同时,还应该对农民工进行城市生活能力培训,如城市生活观念、城市人际交往能力、与各类城市机构打交道的技能培养等。

(四) D:农民工市民化的政策倡导

1. 运用社区工作方法,满足农民工城市生活需求

农民工要真正实现城市融入,仅仅实现经济整合是不够的,还必须被纳入城市社区服务对象范围中,企业社会工作者应该通过社区工作方法的运用,充分链接社区资源,推动农民工及其家庭实现社区融入。首先,在农民工聚集的社区内,企业社工应该会同社区服务中心,为农民工提供包括子女照顾、老年人照料在内的便民服务,比如目前在多个城市推行的"四点半学校",减轻农民工的生活负担;其次,企业社工应该制造机会,增加农民工与本地居民的互动交往,拉近社会距离;再次,要鼓励农民工进行社区参与,并培养农民工的社区参与能力,通过社区参与增强对社区的认同感和归属感;最后,企业社工应该与更广泛的社会组织建立联系,比如在东莞,很多异地商会成立了异地务工人员服务中心,为来自家乡的农民工提供包括经济救助、就业培

---

① 徐延辉:《教育救助与社会流动》,厦门大学出版社 2012 年版,第 127—157 页。

② 郑广怀、刘焱:《"扩展的临床视角"下企业社会工作的干预策略——以广东 D 厂的新员工为目标群体》,《社会学研究》2011 年第 6 期。

训、依法维权等在内的服务，企业社工应该与这类组织合作，为农民工争取更多资源。

2. 进行政策倡导，促进企业社会工作发展

有学者曾尖锐地指出，国家调整农民工市民化政策的过程就是一个社会排斥的过程，也是一个结构性不平等的再生产过程。[①]面对这种状况，企业社工可以通过对政府部门游说，来倡导包容性社会发展理念，推动出台包容性农民工市民化政策，以切断社会排斥与结构性不平等之间相互强化的关系。所谓包容性社会政策，就是旨在减轻社会排斥、促进社会包容的社会政策，一个具有包容性的农民工市民化政策体系在价值观上应该承认和尊重农民工在劳动就业、住房、社会保障、子女教育等诸方面的平等权利；在政策目标上要着眼于实现农民工市民化；在政策建构路径上则要肯定农民工平等参与政策过程的主体地位。这类政策的建立和推行绝非易事，但值得企业社会工作者为之不懈努力。除此之外，企业社工还肩负着促进企业社会工作发展壮大的使命，比如企业社工可建议政府出台相关政策，要求员工达到一定数量的企业必须设置一定数量的社工，并对企业在对员工提供服务中的职责做出明确规定。

三 企业社会工作的局限

农民工的城市生活境遇呼吁专业社会工作介入农民工服务。本节立足于农民工市民化现状及需求，以企业社会工作为例，论证专业社会工作介入农民工市民化的必要性及可行性，并借鉴扩展的"临床"视角，分析了企业社会工作介入农民工市民化的实践策略。

---

① 潘泽泉：《中国农民工社会政策调整的实践逻辑——秩序理性、结构性不平等与政策转型》，《经济社会体制比较》2011 年第 5 期。

扩展的临床视角包括A、B、C、D四个介入层面，本书根据我国农民工市民化的实际境况，分别就企业社会工作在这四个层面可能的介入重点进行了论述，相比较而言，C和D层面对企业社会工作者的挑战更大，要求企业社会工作者不能满足于对员工进行直接服务，还必须有能力干预企业的组织架构并优化社会运行机制，这样才能改善企业社会工作到微观环境和宏观环境，才能实现企业社会工作的可持续发展。

目前，企业社会工作在服务农民工市民化过程中也存在着一些问题及限制。

首先，企业的价值观和社会工作的专业价值观之间存在着张力。企业的目标是盈利，虽然企业社会工作的干预后果也能促进企业利润改善和实现企业的可持续发展，但是，对于企业而言，毕竟在短期内企业面临资源分配问题，所以，促进员工福祉的专业理念如何获得企业的认可和接纳是企业社会工作面临的首要挑战。

其次，目前企业社会工作只是面向一些大型企业，而相当数量的农民工是在一些规模较小的企业就业的，如何使企业社会工作的服务范围涵盖不同规模的众多企业，是企业社会工作面临的第二个挑战。

最后，企业社会工作的服务场域以企业为主，而农民工要实现市民化必须实现更广泛的社会融入，在这一点上企业社会工作可能会力不从心，因此在推进企业社会工作的同时，还需要进一步加强其他领域社会工作对农民工及其子女的服务力度，比如学校社会工作、婚姻家庭社会工作等，以便和企业社会工作形成合力。实际上已有学者提出了开拓农民工社会工作新领域的想法，并指出了农民工社会工作的内涵、目标、服务路径，等等。[①] 目前已有城市进入

---

① 谢建社：《开拓农民工社会工作新领域之思考》，《社会建设》2014年第2期。

实践阶段，比如东莞市购买新莞人专职社工，为来莞异地务工人员提供专业社工服务。未来企业社工应与其他不同领域的社工和社工机构共同行动，共同推动农民工群体融入城市社会，有序实现市民化。

结 束 语

一 研究的问题

本书探讨农民工的市民化问题，主要考察了三组议题：

第一，农民工市民化的进程测度。从经济生活、工作状况、生活保障、社会关系和心理认同等五个市民化维度出发，采用客观构权法构建农民工市民化进程指数，并运用该指数对农民工总体市民化程度和分维度市民化程度进行测算。

第二，农民工市民化的影响因素。以社会质量理论作为操作化理论，探讨社会经济保障、社会凝聚、社会包容、社会赋权四个条件性因素与农民工市民化进程之间的关系，并引入社区公民身份和社会弹性理论，探讨社会及个体弹性水平以及农民工的社区公民身份状况对于市民化进程的影响，进而通过定性分析来验证和支撑量化分析的结论。

第三，农民工市民化的政策构想。以实证研究结论为依据，结合相应的政策分析，提出包容性的农民工市民化政策构想，以及将市民化政策转化为社会服务的社会工作介入策略。

二 研究结论

本书数据分析显示，厦门、深圳、苏州、东莞四市农民工总体市民化进程只达到"半市民化"水平,且四个城市之间差别显著;新生代农民工与老一代农民工相比,市民化进程水平没有显著提升;省内流动农民工的市民化进程水平要高于跨省流动者。在组成农民工市民化进程评价指标体系的五个分维度中,市民化进程发展最快的是生活保障市民化,其次是工作状况市民化,接下来依次是心理认同市民化和经济生活市民化,市民化程度最低的是社会关系市民化,可见物质层面的市民化进程要快于社会和心理层面。

农民工市民化水平的高低不仅事关农民工个体及其家庭的福利水平,也关乎新型城镇化目标的顺利实现以及整个社会运行的稳定与发展。本书运用"城市工作人员生活状况调查(2016)"数据,分析了社会质量的四个条件性因素和社区公民身份、社会弹性对农民工市民化的作用机制,主要结论与研究发现如下:

第一,社会经济保障状况对农民工的市民化水平有显著影响,表现为农民工的职业地位越高、失业风险越小,其市民化进程越快。较高的职业地位以及较小的失业风险一般意味着较高质量的就业,这不仅能从物质层面直接支持农民工的市民化,还能从心理上坚定农民工定居城市的信心,这也是我们特别重视农民工就业质量问题的重要原因。

第二,社会凝聚和社会信任能够提升农民工的市民化水平,即社会信任水平越高、越是具有利他精神的农民工,其市民化程度越高。社会信任,特别是其中建立在市场关系之上的普遍信任,是一种良性的社会资本,能够为农民工适应城市生活提供重要的帮助和扶持,因而可以促进农民工的城市融合[1],而利他主义行为则是农

---

[1] 郭庆、高平安、于运江:《社会信任视角下的农民工城市融合》,《人口与社会》2014年第4期。

民工在城乡二元体制格局下主动完成市民化的一种努力①，利他精神有利于市民化的发展。

第三，社会包容是农民工市民化程度的有效预测变量，越是能被整合进各类社会关系中的农民工，其市民化水平越高，反之，社会歧视感知则会减缓市民化进程。以往研究多关注不同维度的市民化状况对农民工心理状态和精神健康的影响②，实际上农民工消极的主观认知也会影响其市民化进程。社团参与是社会参与的一种重要形式，农民工参与社团能够通过积累社会资本、培育信任、增加与本地居民沟通交流机会、扩展就业、住房等方面信息来源，增进市民化进程，所以社团参与农民工总体市民化及各分维度市民化之间，均呈现出显著的正向关系。

第四，社会赋权和农民工市民化水平之间有显著关系，表现为"表达型政治参与"能提升总体市民化水平，但现实社会中低制度化和非制度化的政治参与却与市民化进程之间存在负向关系。参与职业技能培训和对自致成功性的积极预期也对市民化水平有促进效应。政治参与、职业技能培训分别代表了政治赋权和教育赋权等不同赋权形式，而自致成功性则从一个更为抽象的维度反映了个体能够掌控其生活的能力。

第五，社区公民身份是农民工市民化进程的有效预测变量。在社区公民身份的三个要素中，社区参与和社区认同均对农民工市民化有积极影响，而道德素养的影响效应不显著。

第六，社会弹性对农民工市民化有显著影响，较高的社会弹性和个体心理弹性水平对农民工市民化具有正向影响。脆弱性是转型

---

① 王斌：《个体化的助人者：新生代农民工从事志愿服务的动机分析》，《深圳大学学报》（人文社会科学版）2014年第1期。

② 何雪松、楼玮群、赵环：《服务使用与社会融合：香港新移民的一项探索性研究》，《人口与发展》2009年第5期。

期社会中农民工群体的一个显著特征，而在转型阶段实现市民化也会面临各种风险和挑战，如失业、贫困等，有效应对这些挑战并确保农民工个体及其家庭的福利水平保持在一定程度之上，不仅需要农民工自身具备较强的心理素质，而且需要外界给予及时的情感支持和物质援助，所以那些具备乐观性品质、相信自己有能力主导生活、能够接纳过去的不愉快经历，并且在遇到困难时知道如何获得支持且实际能够得到社会支持的个体，市民化进程更快。

三 未来研究展望

本书通过深度访谈法，从市民化能力及市民化意愿两方面分析了农民工在城市生活的故事。农民工群体的境遇较早年已有很大改观，特别是在劳动权益保障、子女受教育权利等方面，由户口带来的明显排斥有所缓解，但在社会交往、休闲消费、空间隔离、社区服务等领域，社会排斥以及由此产生的不平等仍旧广泛存在。对农民工市民化意愿影响因素的定量分析进一步表明，就业质量和社会公平感能够影响农民工的城市定居意愿和落户意愿；社会经济保障对农民工的城市人身份认同有显著影响。农民工群体的市民化是宏观社会变迁和个体能动选择有机结合的过程，但二者之间尚未实现良性互动，表现为宏观社会力量对个体需求的结构性压制，而后者的能动性有限，同时，农民工的生活世界和系统世界都处于严重的分割状态，且后者日益严重地入侵前者。我们认为，未来需要进一步探讨的问题包括以下几个方面。

第一，社会质量建设与社会发展包容度的关系。目前我国已经成为世界上经济增长最快的国家之一，但是与经济的迅猛发展相伴的却是社会建设的严重滞后。很多国家发展的事实表明，如果经济增长没有带来社会的共同进步，就会出现扭曲的社会发展模式；经济发展如果没有改善整体人口的社会福利，也就毫无意义。① 因此我们倡导一种更具包容性的社会发展理念，以促进全体社会成员对社会经济发展成果的共享。

第二，关于市民化的政策构想。农民工群体在城市社会的"半市民化"处境为我们提供了一个直观感受我国社会发展包容程度的窗口，结果并不乐观。我们提出构建包容性的农民工市民化政策，就是要强调农民工与城市居民应该享有同等的公民权利，应该逐步消除农民工在市民化各个维度受到的社会排斥，提升农民工群体的福祉。然而在现阶段，包容性发展尚处于理念层次，如何将其转化为政策实践尚需在概念内涵上与其一致、但更具操作性的社会政策理论的助力，社会质量理论为我们提供了这样一个分析框架。欧洲实践表明，社会质量的概念工具有助于改变经济政策和社会政策之间的不平等关系，解决社会发展存在的具体问题，促进欧洲经济发展和社会进步之间的良性循环。根据本书的实证分析结果，社会质量各维度对农民工市民化进程存在着不同程度、不同方向的影响，相应地，对包容性社会政策建构的启发意义也有所差别。总之，在政策制定环节，应该把社会质量的要求考虑在内；在政策评估环节，也应该把是否有利于提升社会质量作为评价政策成功与否的重要标准之一。最后，对于社会政策研究者来说，社会质量的使用价值不仅取决于科学因素（与研究设计一致的问题定位、方法的准确性）和政治因素（选择的合法性、对权力关系的维护、政策控制），也取决于它们彼此的联系②，因此发展社会质量概念的科学合

---

① ［美］詹姆斯·米奇利：《社会发展：社会福利视角下的发展观》，格致出版社 2009 年版，第 27 页。
② ［荷］沃尔夫冈·贝克、［荷］劳伦·范德蒙森、［英］艾伦·沃克：《社会质量概念实证的和政策的适用性》，［荷］贝克等主编《社会质量：欧洲愿景》，王晓楠等译，社会科学文献出版社 2015 年版，第 307—319 页。

法性和政治适用性对发挥社会质量的政策效用必不可少,尤其是将一个发端于欧洲的社会政策理论应用于我国独特的农民工问题研究时更是如此。

第三,户籍制度改革和社会质量建设在市民化进程中的关系。本书强调社会质量对于农民工市民化的意义,并不意味着忽视户籍制度改革的重要性。对于实现农民工群体的市民化目标来说,户籍制度改革是硬环境建设,而社会质量发展是软环境建设;前者是制度保障,后者是在此基础上的升华,二者都有助于增进社会包容性。户籍制度改革并非是取消农业户口和非农业户口这么简单,关键是要破除依附于其上的福利体制,只有真正回归到人口自由迁移和居住地登记制度,破除城乡二元结构差别,实现实质上的城乡一体化,户籍制度改革才算大功告成。[①] 户籍制度是城乡二元结构的载体性制度,这决定了户籍制度改革是一个难度很高的系统性工程。社会质量提出了更进一步的要求,不仅强调社会保障和社会福利层面上的公平正义,还要重视整个社会的团结与凝聚水平。尽管社会质量理论具有鲜明的实践取向和政策取向,但是,社会质量本身并不能直接增加农民工的权利和福祉,它更多的是一种理论框架和测量手段。[②] 城乡二元的户籍制度不利于社会质量的提升,因为它会加剧城乡割裂,导致社会严重分化;制约社会流动,阻碍城市化进程;违背公平正义,积聚社会不满。户籍制度改革能够消除这些消极的社会后果,优化资源配置,弥合社会分裂,提升社会质量。[③] 所以,一方面要重视社会质量对市民化的促进作用,另一方

---

① 任远:《当前中国户籍制度改革的目标、原则与路径》,《南京社会科学》2016年第2期。

② 田丰:《社会质量的中国意义》,《北京晨报》2016年3月20日。

③ 张海东:《户籍制度改革促进社会质量提升》,《中国社会科学报》2014年9月12日。

面更不能忽视包括户籍制度在内的制度改革对于保障农民工权益的基础性作用。所以户籍制度改革和社会质量提升是一个并行不悖的过程。

综上，本书在理论视角选择、变量的操作设计等方面都有一定的创新性，同时，在数据资料代表性、在分析问题的广度和深度等方面还存在有待改进之处，未来将在社会质量本土化理论拓展方面做出更多努力。

参考文献

著作

［印］阿玛蒂亚·森：《以自由看待发展》，任赜、于真译，中国人民大学出版社2002年版。

［英］艾伦·沃克：《21世纪的社会政策：最低标准，还是社会质量？》，《社会政策评论》（第一辑），社会科学文献出版社2007年版。

［英］布莱恩·特纳：《公民身份与社会理论》，郭忠华、蒋红军译，吉林出版集团有限责任公司2007年版。

［英］吉登斯：《社会的构成》，李康、李猛译，生活·读书·新知三联书店1998年版。

［美］基思·福克斯：《公民身份》，郭忠华译，吉林出版集团有限责任公司2009年版。

［美］刘易斯·科塞：《社会冲突的功能》，孙立平等译，华夏出版社1956年版。

［美］刘易斯·科塞：《社会学导论》，杨心恒等译，南开大学出版社1990年版。

［美］罗伯特·J. 斯滕博格：《创造力手册》，施间农等译，北京理工大学出版社2007年版。

［美］罗伯特·普特南：《使民主运转起来》，王列、赖海榕译，江

西人民出版社2001年版。

［美］罗伯特·帕特南：《独自打保龄球——美国社区的衰落与复兴》，刘波等译，北京大学出版社2011年版。

［英］马歇尔：《公民身份与社会阶级》，郭忠华、刘训练译，江苏人民出版社2007年版。

［美］迈克尔·谢若登：《资产与穷人：一项新的美国福利政策》，高鉴国译，商务印书馆2005年版。

［美］米尔顿·戈登：《美国生活中的同化》，马戎译，译林出版社2015年版。

［法］皮埃尔·布尔迪厄：《区分：判断力的社会批判》（上册），刘晖译，商务出版社2015年版。

［美］苏黛瑞：《在中国城市中争取公民权》，王春光、单丽卿译，浙江人民出版社2009年版。

［美］西奥多·舒尔茨：《论人力资本投资》，北京经济学院出版社1990年版。

徐延辉：《教育救助与社会流动》，厦门大学出版社2012年版。

俞国良：《创造力心理学》，浙江人民出版社1996年版。

［美］约翰·克雷斯威尔：《混合方法研究导论》，李敏谊译，格致出版社2015年版。

［美］詹姆斯·米奇利：《社会发展：社会福利视角下的发展观》，格致出版社2009年版。

张海东：《2010年世博会与上海社会质量》，载上海大学文科发展研究院主编《后世博与上海发展》，上海大学出版社2011年版。

［美］张鹂：《城市里的陌生人：中国流动人口的空间、权力与社会网络的重构》，袁长庚译，江苏人民出版社2013年版。

陈向明：《质的研究方法与社会科学研究》，教育科学出版社2000年版。

文章

中文参考文献

［法］Didry C.：《"共和构想"是社会包容性政策的核心思想》，《社会科学》2012年第1期。

［英］艾伦·沃克：《社会质量取向：连接亚洲与欧洲的桥梁》，《江海学刊》2010年第4期。

蔡禾、王进：《"农民工"永久迁移意愿研究》，《社会学研究》2007年第6期。

陈丰：《从"虚城市化"到市民化：农民工城市化的现实路径》，《社会科学》2007年第2期。

陈福平：《邻里贫困下的社区服务与能力建设》，《中国行政管理》2013年第2期。

陈刚、李树：《政府如何能够让人幸福？——政府质量影响居民幸福感的实证研究》，《管理世界》2012年第8期。

陈捷、呼和·那日松、卢春龙：《社会信任与基层社区治理效应的因果机制》，《社会》2011年第6期。

陈映芳：《"农民工"制度安排与身份认同》，《社会学研究》2005年第3期。

程名望、乔茜、潘烜：《农民工市民化指标体系及市民化程度测度——以上海市农民工为例》，《农业现代化研究》2017年第3期。

褚荣伟、熊易寒、邹怡：《农民工社会认同的决定因素研究：基于上海的实证分析》，《社会》2014年第4期。

崔岩：《流动人口心理层面的社会融入和身份认同问题研究》，《社会学研究》2012年第5期。

符平、唐有财、江立华：《农民工的职业分割与向上流动》，《中国人口科学》2012年第6期。

葛道顺:《包容性社会发展:从理念到政策》,《社会发展研究》2014年第3期。

龚紫钰:《就业质量、社会公平感与农民工的市民化意愿》,《福建论坛》(人文社会科学版)2017年第11期。

辜胜阻、李睿、曹誉波:《中国农民工市民化的二维路径选择——以户籍改革为视角》,《中国人口科学》2014年第5期。

关信平:《中国流动人口问题的实质及相关政策分析》,《国家行政学院学报》2014年第5期。

郭星华、胡文嵩:《闲暇生活与农民工的市民化》,《人口研究》2006年第5期。

郭忠华:《农民工公民身份权利的分析框架——本土化创新的尝试》,《人文》2015年第2期。

胡荣、陈斯诗:《农民工的城市融入与公平感》,《厦门大学学报》(哲学社会科学版)2010年第4期。

胡荣:《社会资本与城市居民的政治参与》,《社会学研究》2008年第5期。

胡荣华、葛明贵:《对408名城市农民工心理健康状况的调查》,《中国卫生事业管理》2008年第3期。

[西]华金·阿朗戈:《移民研究的评析》,《国际社会科学杂志》(中文版)2001年第3期。

简新华、张建伟:《从农民到农民工再到市民——中国农村剩余劳动力转移的过程和特点分析》,《中国地质大学学报》(社会科学版)2007年第6期。

江立华、谷玉良:《居住空间类型与农民工的城市融合途径——基于空间视角的探讨》,《社会科学研究》2013年第6期。

蒋劲松:《论人大代表选举的合意性质》,《中国人民大学学报》2007年第5期。

雷开春、张文宏：《城市新移民的社会信任及其与社会交往的关系剖析》，《江苏行政学院学报》2012年第6期。

李明欢：《20世纪西方国际移民理论》，《厦门大学学报》（哲学社会科学版）2000年第4期。

李培林、田丰：《中国农民工社会融入的代际比较》，《社会》2012年第5期。

李培林：《流动民工的社会网络和社会地位》，《社会学研究》1996年第4期。

李强：《当前我国社会分层结构变化的新趋势》，《江苏社会科学》2004年第5期。

李强：《为什么农民工"有技术无地位？"——技术工人转向中间阶层社会结构的战略探索》，《江苏社会科学》2010年第6期。

李强：《影响中国城乡流动人口的推力与拉力因素分析》，《中国社会科学》2003年第1期。

李树苗、王维博、悦中山：《自雇与受雇农民工城市居留意愿差异研究》，《人口与经济》2014年第2期。

李勇、徐延辉、兰林火：《社会质量测量维度与城市社区创新》，《中国社会科学》2014年第3期。

梁宝勇、程诚：《心理健康素质测评系统·中国成年人心理弹性量表的编制》，《心理与行为研究》2012年第4期。

林卡、高红：《社会质量理论与和谐社会建设》，《社会科学》2010年第3期。

林卡、柳晓青、茅慧：《社会信任和社会质量：浙江社会质量调查的数据分析与评估》，《江苏行政学院学报》2010年第4期。

林卡：《社会质量理论：研究和谐社会建设的新视角》，《中国人民大学学报》2010年第2期。

刘爱玉：《城市化过程中的农民工市民化问题》，《中国行政管理》2012年第1期。

刘传江、程建林：《第二代农民工市民化：现状分析与进程测度》，《人口研究》2008年第5期。

刘传江、周玲：《社会资本与农民工的城市融合》，《人口研究》2004年第5期。

刘鹤龄：《利他主义新理念与和谐社会的构建》，《伦理学研究》2010年第6期。

刘建娥：《乡—城移民社会融入的实践策略研究》，《社会》2010年第1期。

刘林平、陈小娟：《制度合法性压力与劳动合同签订——对珠三角农民工劳动合同的定量研究》，《中山大学学报》（社会科学版）2010年第1期。

刘林平：《外来人群体中的关系运用——以深圳"平江村"为个案》，《中国社会科学》2001年第5期。

刘松林、黄世为：《我国农民工市民化进程指标体系的构建与测度》，《统计与决策》2014年第13期。

刘小年：《论农民工市民化的政策支持：主体的视角》，《农村经济》2012年第2期。

柳建平、闫鹏鹏：《农民工内部分化的一个分析框架及实证》，《经济体制改革》2015年第5期。

闵学勤：《社区权力多元认同中的公民性建构》，《社会》2011年第4期。

潘泽泉、邹大宽：《居住空间分异、职业地位获得与农民工市民化意愿：基于农民工"三融入"调查的数据分析》，《湖南师范大学社会科学学报》2016年第6期。

潘泽泉：《中国农民工社会政策调整的实践逻辑——秩序理性、结构性不平等与政策转型》，《经济社会体制比较》2011年第5期。

任丽新：《农民工社会保障：现状、困境与影响因素分析》，《社会科学》2009年第7期。

任远、乔楠：《城市流动人口社会融合的过程、测量及影响因素》，《人口研究》2010年第2期。

任远：《当前中国户籍制度改革的目标、原则与路径》，《南京社会科学》2016年第2期。

石智雷、施念：《农民工的社会保障与城市融入分析》，《人口与发展》2014年第2期。

孙中民：《从非制度化到制度化——农民工政治参与模式的变迁》，《江西社会科学》2007年第4期。

孙中伟、贺霞旭：《工会建设与外来工劳动权益保护——兼论一种"稻草人机制"》，《管理世界》2012年第12期。

唐庆鹏：《风险共处与治理下移——国外弹性社区研究及其对我国的启示》，《国外社会科学》2015年第2期。

万向东：《农民工非正式就业的进入条件与效果》，《管理世界》2008年第2期。

汪和建：《城市物质环境质量及其评价体系》，《南京大学学报》（哲学·人文·社会科学）1994年第1期。

王春光：《农村流动人口的"半城市化"问题研究》，《社会学研究》2006年第5期。

王春光：《中国社会政策调整与农民工城市融入》，《探索与争鸣》2011年第5期。

王桂新、陈冠春、魏星：《城市农民工市民化意愿影响因素考察——以上海市为例》，《人口与发展》2010年第2期。

王桂新、胡健：《新生代农民工社会保障与市民化意愿》，《人口学刊》2015年第6期。

王国霞、张慧：《农业转移人口市民化成本分担机制分类设计初探》，《经济问题》2016年第5期。

王宁：《消费与认同——对消费社会学的一个分析框架的探索》，《社会学研究》2001年第1期。

王思斌：《我国社会政策的弱势性及其转变》，《学海》2006年第6期。

王希：《多元文化主义的起源、实践与局限性》，《美国研究》2000年第2期。

王小章：《从"生存"到"承认"：公民权视野下的农民工问题》，《社会学研究》2009年第1期。

王兴周、张文宏：《城市性：农民工市民化的新方向》，《社会科学战线》2008年第12期。

王兴周：《农民工：跨省流动与省内流动》，《中山大学学报》（社会科学版）2006年第5期。

王毅杰、童星：《流动农民社会支持网探析》，《社会学研究》2004年第2期。

王毅杰、童星：《流动农民职业获得途径及其影响因素》，《江苏社会科学》，2003年第5期。

王竹林、吕俊涛：《农民工市民化政策演进的实质和路径选择》，《农业经济与管理》2014年第4期。

王竹林：《城市化进程中农民工市民化研究》，《西北农林科技大学博士学位论文》2008年。

魏后凯、苏红键：《中国农业转移人口市民化进程研究》，《中国人口科学》2013年第5期。

魏后凯：《构建多元化的农民市民化成本分担机制》，《中国社会科学报》2013年3月1日。

文军：《"被市民化"及其问题——对城郊农民市民化的再反思》，《华东师范大学学报》（哲学社会科学版）2012年第4期。

向德平：《包容性发展理念对中国社会政策建构的启示》，《社会科学》2012年第1期。

辛宝英：《农业转移人口市民化程度测评指标体系研究》，《经济社会体制比较》2016年第4期。

熊易寒：《新生代农民工公民权政治的兴起》，《开放时代》2012年第5期。

徐延辉、陈磊：《中国特色的社会质量指标体系研究》，《社会主义研究》2014年第2期。

徐延辉、兰林火：《社会质量视域下城市居民创新意识研究》，《山东社会科学》2014年第2期。

徐延辉、兰林火：《社区能力、社区效能感与城市居民的幸福感——社区社会工作介入的可能路径研究》，《吉林大学社会科学学报》2014年第6期。

徐延辉、史敏：《社会信任对城市外来人口社会融入的影响研究》，《学习与实践》2016年第5期。

徐延辉、王高哲：《就业质量对社会融合的影响研究——基于深圳市的实证研究》，《学习与实践》2014年第2期。

徐增阳：《农民工的公共服务获得机制与"同城待遇"：对中山市积分制的调查与思考》，《经济社会体制比较》2011年第5期。

薛天山、翟学伟：《西方人际信任研究的路径与困境》，《南京大学学报》（哲学·人文科学·社会科学版）2009年第2期。

杨菊华：《从隔离、选择融入到融合：流动人口社会融入问题的理论思考》，《人口研究》2009年第1期。

杨敏、郑杭生：《社会实践结构性剧变视野下的改革与和谐》，《社会科学》2007年第1期。

杨敏：《公民参与、群众参与与社区参与》，《社会》2005年第5期。

杨敏：《作为国家治理单元的社区——对城市社区建设运动过程中居民社区参与和社区认知的个案研究》，《社会学研究》2007年第4期。

叶俊焘、钱文荣：《不同规模城市农民工市民化意愿及新型城镇化的路径选择》，《浙江社会科学》2016年第5期。

余向华、陈雪娟：《中国劳动力市场的户籍分割效应及其变迁——工资差异与机会差异双重视角下的实证研究》，《经济研究》2012年第12期。

余晓敏、潘毅：《消费社会与"新生代打工妹"主体性再造》，《社会学研究》2008年第3期。

俞可平：《新移民运动、公民身份与制度变迁——对改革开放以来大规模农民工进城的一种政治学解释》，《经济社会体制比较》2010年第1期。

袁浩、马丹：《社会质量视野下的主观幸福感——基于上海的经验研究》，《吉林大学社会科学学报》2011年第4期。

岳经纶、颜学勇：《走向新社会政策：社会变迁、新社会风险与社会政策转型》，《社会科学研究》2014年第2期。

悦中山、李树苗、靳小怡等：《从"先赋"到"后致"：农民工的社会网络与社会融合》，《社会》2011年第6期。

悦中山、李卫东、李艳：《农民工的社会融合与社会管理——政府、市场和社会三部门视角下的研究》，《公共管理学报》2012年第4期。

张海东、石海波、毕婧千：《社会质量研究及其新进展》，《社会学研究》2012年第3期。

张海东：《90年代金融危机对韩国社会的影响》，《社会》2009年第1期。

张华：《农民工家庭城市融入的制约因素与对策分析》，《经济体制改革》2013年第2期。

张建丽、李雪铭、张力：《新生代农民工市民化进程与空间分异研究》，《中国人口·资源与环境》2011年第3期。

张金庆、冷向明：《现代公民身份与农民工有序市民化研究》，《复旦学报》（社会科学版）2015年第6期。

张文宏、雷开春：《城市新移民社会融合的结构、现状与影响因素分析》,《社会学研究》2008年第5期。

张笑秋:《心理因素对新生代农民工市民化意愿的影响》,《调研世界》2016年第4期。

张翼、周小刚:《农民工社会保障和就业培训状况调查研究》,《调研世界》2013年第2期。

张翼:《农民工"进城落户"意愿与中国近期城镇化道路的选择》,《中国人口科学》2011年第2期。

赵延东、王奋宇:《城乡流动人口的经济地位获得及决定因素》,《中国人口科学》2002年第4期。

郑广怀、刘焱:《"扩展的临床视角"下企业社会工作的干预策略——以广东D厂的新员工为目标群体》,《社会学研究》2011年第6期。

郑广怀:《迈向对员工精神健康的社会学理解》,《社会学研究》2010年第6期。

周小毛、何绍辉、杨畅:《中国特色社会质量理论与评价指标体系初探》,《湖南师范大学社会科学学报》2011年第6期。

朱力:《论农民工阶层的城市适应》,《江海学刊》2002年第6期。

朱力:《中国社会风险解析——群体性事件的社会冲突性质》,《学海》2009年第1期。

朱力:《准市民的身份定位》,《南京大学学报》(哲学·人文科学·社会科学版)2000年第6期。

英文参考文献

Adams, J. S., Inequality in social Exchange, In Berkowtiz, L. (Ed.): *Advances in Experimental Social Psychology*, New York: Academic Press, 1965.

Adger, W. N., P. M. Kelly, A. Winkels, L. Q. Huy & C. Locke, Migration, Remittances, Livelihood Trajectories, and Social Resilience,

Ambio 31 (4), 2002.

Adger, W. N., Social and Ecological Resilience: Are They Related?, *Progress in Human Geography* 24 (3), 2000.

Adger, W. N., K. Brown & E. L. Tompkins, The Political Economy of Cross-Scale Networks in Resource Management, *Ecology and Society* 10 (2), 2005.

Ali, I. & Juzhong Zhuang, Inclusive Growth toward a Prosperous Asia: Policy Implications, *ERD Working Paper Series* No. 97, 2007.

Allport, G. W., *The Nature of Prejudice*, Cambridge, MA: Addison-Wesley, 1954.

Baars & Jan, Time, Age and Automony, *European Journal of Social Quality* (1), 2000.

Balgopal, P. R., Occupational Social Work: An Expanded Clinical Perspective, *Social Work* 34 (5), 1989.

Ball, M. & Harloe, M., Rhetorical Barriers to Understanding Housing Provision: What the Provision Thesis Is and Is Not, *Housing Studies* 7 (1), 1992.

Barkin, S., S. Kreiter & R. H. Durant, Exposure to Violence and Intentions to Engage in Moralistic Violence During Early Adolescence, *Journal of Adolescence* 24, 2001.

Beck, W., Maesen, van der Laurent & A. Walker (eds.), *The Social Quality of Europe*, The Hague: Kluwer Law International, 1997.

Beck, W., Maesen, van der Laurent, F. Thomese & A. Walker (eds.), *Social Quality: A Vision for Europe*, The Hague: Kluwer Law International, 2001.

Berry, J. W., Immigrantion, Acculturation and Adaptation, *Applied Psychology* 46 (1), 1997.

Block, J. & A. M. Kremen, IQ and Ego-resiliency: Conceptual and Empirical Connections and Separateness, *Journal of Personality & Social Psychology* 70 (2), 1996.

Borowsky, I. W., M. Ireland & M. D. Resnick, Violence Risk and Protective Factors among Youth Held Back in School, *Ambulatory Pediatrics* 2 (2), 2002.

Brubaker, R. R., *Citizenship and Nationhood in France and Germany*, Cambridge Mass: Harvard University Press, 1992.

Cahill, M., *The New Social Policy*, Oxford: Blackwell, 1994.

Carpenter, S. R., B. H. Walker, J. M. Anderies & N. Abel, From Metaphor to Measurement: Resilience of What to What? *Ecosystems* 4 (8), 2001.

Chambers, D. E. & Wedel, K. R., *Social Policy and Social Programs: A Method for the Practical Public Policy Analyst* (5th Edition), Pearson: Allyn and Bacon, 2008.

Chaskin Robert J., Community InitiativeBuilding Community Capacity: A Definitional Framework and Case Studies from a Comprehensive, *Urban Affairs Review*, No. 36, 2001.

Cutter, S. L., L. Barnes, M. Berry, C. Burton, E. Evans, E. Tate & J. Webb, A Place-based Model for Understanding Community Resilience to Natural Disasters, *Global Environmental Change* 18 (4), 2008.

Cutter, S. L., B. J. Boruff & W. L. Shirley, Social Vulnerability to Environmental Hazards, *Social Science Quarterly* 84 (2), 2003.

Davidson, J. R. T., V. M. Payne, K. M. Connor, E. B. Foa, B. O. Rothbaum, M. A. Hertzberg & R. H. Weisler, Trauma, Resilience, and Saliostasis: Effects of Treatment in Post-traumatic Stress Disorder, *International Clinical Psychopharmacology* 20, 2005.

EFSQ, Development toward Sustainability, 2012 年 (http://

www. socialquality. org/site/index. html)。

EFSQ, Nine National Reports about 'Flexicurity of Employment', 2002 年 (http: //www. socialquality. org/projects/employment-and-social-quality/.)。

Erikson, Erik H. , *Identity and the Life Cycle*, New York: International Universities Press.

Faulks, K. , *Citizenship: Key Ideas*, London: Routledge, 2000.

Ghai, D. , Decent Work: Concept and Indicators, *International Labour Review* 142 (2), 2003.

Goffman, E. , *Stigma: Notes on the Management of Spoiled Identity*, New York: Simon & Schuster.

Gordon, D. , J. Hamilton, T. Korver, et al. , Social Quality and the Policy Domain of Employment Joint Report, 2002 年 (http: //www. socialquality. org/site/index. html)。

Granek, E. E. & M. A. Brown, Co-management approach to marine conservation in Mohéli, Comoros Islands, *Conservation Biology* 19, 2005.

Greeff, A. P. , A. Vansteenwegen & T. Herbiest, Indicators of Family Resilience After the Death of A Child, *Journal of Death and Dying* 63 (4), 2011.

Griffin, K. W. , L. M. Scheier, G. J. Botvin, T. Diaz & N. Miller, Interpersonal Aggression in Urban Minority Youth: Mediators of Perceived Neighborhood, Peer, and Parental Influences, *Journal of Community Psychology* 27 (3), 1999.

Gubrium, E. & Sony Pellissery, Antipoverty Measures: The Potential for Shaming and Dignity Building Through Delivery Interactions, *International Journal of Social Quality* 6 (2), 2016.

Gunderson, L. H. , Ecological Resilience in Theory and Application,

Annual Review of Ecology & Systematics 31, 2000.

Gunderson, L. H., S. R. Carpenter, C. Folke, P. Olsson & G. Peterson, Water RATs (Resilience, Adaptability, and Transformability) in Lake and Wetland Social-ecological Systems, *Ecology and Society* 11 (1), 2006.

Hall, Peter A. & Michele Lamont, Social Resilience in the Neoliberal Era, in Peter A. Hall & Michele Lamont (eds.): *Social Resilience in the Neoliberal Era*, Cambridge: Cambridge University Press, 2013.

Holling, C. S., Resilience and Stability of Ecological Systems, *Annual Review of Ecology and Systematics* 4 (4), 1973.

Kallen, H. M., *Culture and Democracy in the United States*, New York: Boni & Liveright, 1924

Kallen, H. M., Democracy Versus the Melting Pot, *Nation*, February 18 & February 25, 1915.

Klein, R. J. T., R. J. Nicholls & F. Thomalla, Resilience to Natural Hazards: How Useful Is this Concept? *Environmental Hazards* 5, 2003.

Lebel, L., J. M. Anderies, B. Campbell, C. Folke, S. Hatfield-Dodds, T. P. Hughes & J. Wilson, Governance and the Capacity to Manage Resilience in Regional Social-Ecological Systems, *Ecology and Society* 11, 2006.

Lee, E. S., A Theory of Migration, *Demography* 3 (1), 1996.

Leipold, B. & W. Greve, Resilience: A Conceptual Bridge Between Coping and Development, *European Psychologist* 14 (1), 2009.

Levine, K. A., Against All Odds: Resilience in Single Mothers of Children with Disabilities, *Social Work in Health Care* 48, 2009.

Lewis, W. A., Economic Development with Unlimited Supplies of Labour, *The Manchester School* (5), 1954.

Lopez-Marrero, T. & P. Tschakert, From Theory to Practice: Building More Resilient Communities in flood-prone areas, *Environment and Urbanization* 23 (1), 2011.

Maesen, van der L. & A. Walker, Indicators of Social Quality: Outcomes of the European Scientific Network, *European Journal of Social Quality* 5 (5), 2005.

Moulaert, F., F. Martinelli, E. Swyngedouw & S. Gonzalez, Towards Alternative Models of Local Innovation, *Urban Studies* 42 (11), 2005.

Nakagawa, Y. & R. Shaw, Social Capital: A Missing Link to Disaster Recover, *International Journal of Mass Emergencies and Disasters* 22 (1), 2004.

O'Leary, S., Nationality Law and Community Citizenship: A Tale of Two Uneasy Bedfellows, *Yearbook of European Law* 12 (1), 1992.

Obrist, B., C. P. feiffer & B. Henley, Multi-Layered Social Resilience: A New Approach in Mitigation Research, *Progress in Development Studies* 10 (4), 2010.

O'Donnell, D. A., M. E. Schwab-Stone & A. Z. Muyeed, Multidimensional Resilience in Urban Children Exposed to Community Violence, *Child Development* 73 (4), 2002.

Olsson, P., C. Folke & T. Hahn, Social-ecological Transformation for Ecosystem Management: The Development of Adaptive Co-management of A Wetland Landscape in Southern Sweden, *Ecology and Society* 9 (4), 2004.

Pakulski, J., Cultural Citizenship, *Citizenship Studies* 1 (1), 1996.

Park, R. E. & E. W. Burgess, *Introduction to the Science of Sociology*, Chicago: University of Chicago Press, 1921.

Park, Robert E., Human Migration and the Marginal Man, *American*

Journal of Sociology 33 (6), 1928.

Paton, D., L. Smith & J. Violanti, Disaster Response: Risk, Vulnerability and Resilience, *Disaster Prevention and Management* 9 (3), 2000.

Paton, D. & D. Johnston, Disastersand Communities: Vulnerability, Resilience and Preparedness, *Disaster Prevention and Management* 10 (4), 2001.

Paton, D., Disaster Preparedness: A Social-cognitive Perspective, *Disaster Prevention and Management* 12 (3), 2003.

Pelling, M., The Vulnerability of Cities: Natural Disasters and Social Resilience, *Geography* 15 (1), 2012.

Percy-Smith, J., Introduction: The Contours of Social Exclusion, In Janie Percy-Smith J. (ed.), *Policy Responses to Social Exclusion*, Buckingham: Open University Press, 2000.

Phillips, D., Community Citizenship and Community Social Quality: the British Jewish Community at the Turn of the Twentieth Century, *European Journal of Social Quality* (3), 2001.

Portes, A. & Zhou, M., The New Second Generation: Segmented Assimilation and its Variants, *Annals of the American Academy of Political and Social Sciences* 530, 1993.

Putnam, R., *Bowling Alone*, New York: Simon and Schuster, 2000.

Rai, A. A., B. Stanton, Y. Wu, X. M. Li & J. Galbraith, Relative Influences of Perceived Parental Monitoring and Perceived Peer Involvement on Adolescent Risk Behaviors: an Analysis of Six Crosssectional Data Sets, *Journal of Adolescent Health* 33 (2), 2003.

Ramirez-Valles, J., M. A. Zimmerman & M. D. Newcomb, Sexual Risk Behavior Among Youth: Modeling the Influence of Prosocial Activities and Socioeconomic Factors, *Journal of Health & Social Behavior* 39

(3), 1998.

Ratner, S., Horace M. Kallen and Cultural Pluralism, *Modern Judaism* 4 (2), 1984.

Ravenstein, E. G., The Law of Migration, *Journal of the Statistical Society of London* 48 (2), 1885.

Scheier L. M, G. J. Botvin, K. W. Griffin & T. Diaz, Latent Growth Models of Drug Refusal Skills and Adolescent Alcohol Use, *Journal of Alcohol & Drug Education* 44 (3), 1999.

Siegmann, K. A., Strengthening Whom? The Role of International Migration for Women and Men in Northwest Pakistan, *Progress in Development Studies* 105 (10), 2010.

Simon, J. B., J. J. Murphy & S. M. Smith, Understanding and Fostering Family Resilience, *The Family Journal: Counseling and Therapy for Couples and Families* 13, 2005.

Stark, O., Rural-to-Urban Migration in LDCs: A Relative Deprivation Approach, *Economic Development and Cultural Change* 32 (3), 1984.

Stevenson, H. J., A Case Study in Leading Schools for Social Justice: When Morals and Market Collide, *Journal of Educational Administrative* 45 (6), 2007.

Suleri, A. Q. & Savage, K. Remittances in Crises: A CaseStudy from Pakistan, *Overseas Development Institute*, 2006.

Sumner, B. W. G. Folkways: A Study of the Sociological Importance of Usages, Manners, Customs, Mores, and Morals, *Journal of Nervous & Mental Disease* 35 (3), 1911.

Terri L. O., C. Parry, M. Chesler, J. Fritz & P. Repetto, Parent-child Relationships and Quality of Life: Resilience Among Childhood Cancer Survivors, *Family Relations* 54 (2), 2005.

Tompkins, E. L. & W. N. Adger, Does Adaptive Management of Natural Resources Enhance Resilience to Climate Change? *Ecology and Society* 9 (2), 2004.

UNISDR (United Nations International Strategy for Disaster Risk Reduction), *Hyogo Framework for 2005 – 2015: Building the Resilience of Nations and Communities to Disasters*, 2005.

Vanderplaat, M., Beyond Technique: Issues in Evaluating for Empowerment, *Evaluation* 1 (1), 1995.

Walker, A. & Maesen, van der Laurent, Social Quality and Quality of life, *Paper for ESPA-NET Conference*, Copenhagen 13 – 15, November, 2003.

Walker, A. & Wigfield, A., The Social Inclusion Component of Social Quality, *Fourth Draft Discussion Paper*, Amsterdam: European Foundation on Social Quality, 2004.

Walker, B., C. S. Holling, S. R. Carpenter, and A. Kinzig, Resilience, Adaptability and Transformability in Social-ecological Systems, *Ecology and Society* 9 (2), 2004.

Werner, E. E., The children of Kauai: Resiliency and Recoveryin Adolescence and Adulthood, *Adolesc Health* 13 (4), 1992.

Wildavsky, A., Searching for Safety, *New Brunswic: Transaction Publishers*, 1991.

Wills, T. A., J. M. Sandy, O. Shinar & A. Yaeger, Contributions of Positive and Negative Affect to Adolescent Substance Use: Test of A Bidimensional Model in A Longitudinal Study, *Psychology of Addictive Behaviors* 13 (4), 1999.

Wong, D. F. K., Differential Functions and Sources of Social Support of Mainland Chinese Immigrants During Resettlement in Hong Kong: A Qualitative Analysis, *Journal of Social Work Research* 2 (2), 2001.

World Fertility Survey, *Manual on Sample Design*, The Hague, Netherlands: International Statistical Institute, 1975.

Wood, C. H., Equilibrium and Historical-Structural Perspective on Migration, *International Migration Review* 16 (2), 1982.

Young, I., Gender as Seriality: Thinking about Women as A Social Collective, *Signs Journal of Women in Culture & Society* 19 (3), 1994.

Zelinsky, W. & Barrett, A. Lee, Heterolocalism: An Alternative Model of the Socialspatial Behaviour of the Immigrant Ethic Communities, *International Journal of Population Journal* 4 (4), 1998.

Zhou, M., Segmented Assimilation: Issues, Controversies, and Recent Research on the New Second Generation, *International Migration Review* 31 (4), 1997.

致　谢

2009年是值得纪念的一年。从第一次接触社会质量概念至今，整整过去了十年。十年期间我主持了两个与"社会质量"密切相关的课题，本书是其中第二个课题的研究成果，也是与社会质量研究有关的第二本著作。虽然对于社会质量理论热爱有加，但是，因为社会质量理论内容十分丰富并且仍在发展之中，对于社会质量理论仍有诸多困惑和不解之处，因此希望学界同人对本成果能够不吝指正。

本书作为课题研究成果，从课题最初设计到获得立项之后的调研和数据收集整理，再到最后完成书稿，每一个环节都离不开团队支持和通力合作。

首先要感谢我的学生龚紫钰、邱啸和史敏三位博士。三位博士从前期文献查阅、问卷设计，到中期调研、访谈资料收集，再到后期研究报告的撰写，全程参与了本课题的研究工作。在本书成稿阶段，两位已经毕业的博士和一位在读博士生仍然持续跟进，使得书稿得以顺利完成。本书具体分工如下：

第一章，徐延辉、龚紫钰；第二章，龚紫钰、史敏、邱啸；第三章、第四章，徐延辉、龚紫钰；第五章，徐延辉、史敏；第六章，徐延辉、邱啸；第七章，徐延辉、龚紫钰、邱啸；第八章，徐延辉、龚紫钰。研究生龚叶琳帮助校对和文献整理。在此一并感谢！

其次还要感谢在课题调研过程中给予大力帮助的本系教师、外校同行以及大量的被调查者和被访者，没有他们的帮助本课题的完成同样不可想象。

最后还要特别感谢厦门大学公共事务学院的各位领导支持本书出版。公共事务学院是我在厦门大学供职的第一个单位，我在这里获得成长，也在这里跟各位同事结下深厚友谊。希望未来我们能够携手并进，为厦门大学的学科建设和人才培养作出更大贡献。

徐延辉
2019 年 7 月 18 日于厦门大学